민족신화
번역총서
006

이석구 李碩九, YI SEOK GU

연세대학교에서 중어중문학과 사회학을 전공했고, 동대학원에서 중어중문학 전공으로 석사학위를 취득한 후, 타이완 사범대학臺灣師範大學 중문과에서 『산해경의 우주 인식 및 상징서술 연구《山海經》宇宙認識及其象徵敍述硏究』로 문학박사 학위를 취득했다. 연세대, 서울시립대에서 강의하며 연세대학교 중국연구원 신화연구소에서 기획조정실장으로 신화와 상징을 연구하고 있다. 최근에는 A.I. 시대의 신화 연구 방법론에도 관심을 두고 연구하고 있다. 공저로『아시아 신화 속 지혜로운 존재』(공저, 민속원, 2025)가 있으며 연구논문으로 「메타버스(Metaverse)로 구현하는 중국신화 - 게더타운(gather.town)을 통한《산해경山海經》의 재현과 활용」(『중국소설논총』67집, 2022. 8.), 「산과 바다를 걸고 하는 헤어질 결심 - 영화 <헤어질 결심>을 통해 본 중국신화 이미지의 재해석」(『중국소설논총』69집, 2023. 4.), 「한중언어정보 편향 문제와 대안으로서 정보 맥락화 방안 고찰 - 인공지능 학습용 데이터 구축 지원사업의 사례를 중심으로」(『중국어문학논집』144호, 2024. 2.), 「영웅신화의 정치성에 관한 고찰 - 막스 베버(Max Weber)의 지배유형으로 본 예羿 신화」(『중국어문학논집』150호, 2025. 2.)이 있다. 최근에는 A.I. 시대의 신화 연구 방법론으로서 멀티모달 신화학과 신화 상징 데이터 처리에 관심을 두고 연구하고 있다.

Shi'ernuju(十二奴局)
Text by Zhao Guanlu(趙官祿), Guo Chunli(郭純禮), Huang Shirong(黃世榮), Liang Fusheng(梁福生)
Copyright ⓒ 2009, Korean translation copyright ⓒ 2025, MINSOKWON.
All rights reserved.
Korean translation rights arranged with YUNNAN PEOPLE'S PUBLISHING HOUSE LTD.

이 책의 한국어 판 저작권은
YUNNAN PEOPLE'S PUBLISHING HOUSE LTD.와 독점계약한 민속원에 있습니다.
저작권법에 의하여 한국 내에서 보호를 받는 저작물이므로 무단전재와 복제를 금합니다.

연세대학교중국연구원신화연구소
민족신화번역총서 006

하니족 창세서사시
『열두거리』

哈尼族 十二奴局

이석구 엮어옮김

민속원

머리말

다랑논 위 버섯집의 화덕 앞에서 『열두거리』를 들을 시간

중국의 56개 민족 중 하나인 하니족哈尼族은 윈난성雲南省 남부 홍허紅河와 아이라오산哀牢山 일대에서 '버섯집蘑菇房'을 짓고 다랑논을 일구며 살아왔습니다. 듣기도 예쁜 '하니'라는 이름의 사람들이 다랑논이 펼쳐진 아름다운 풍경 속에 자리잡은 버섯집에 산다는 말만 들으면, 어느 동화에 나올 법한 요정들의 마을일 것이라고 생각할 수도 있을 것입니다. 물론 하니족이 요정이라는 공상은 얼마 가지 못하지만 다랑논이 펼쳐진 마을 풍경은 하루 종일 보고 있어도 질리지 않는 매력이 있습니다. 물이 가득 들어찬 다랑논에 비친 하늘 빛깔이 시시각각 변하는 것을 보고 있노라면 하루가 금방 지나가버립니다. 아쉬움의 끝자락에서 문득 이런 궁금증이 생기지요. '다랑논이 그냥 생겨난 것도 아니고 사람들이 일구어 놓은 것일텐데 이곳을 일군 하니족 사람들은 왜 굳이 좁고 농사 짓기도 불편한 이곳에 계단처럼 논을 층층이 일구어 살게 된 것일까?' 이런 궁금증이 생겨났다면 다랑논 위 버섯집의 화덕 앞에서 『스얼누쥐十二奴局』를 들을 때가 된 것입니다. 다랑논의 버섯집까지 찾아가 『스얼누쥐』를 들을 수 있는 형편이 못 된다면 『스얼누쥐』를 한국어로 번역한 이 책 『열두거리』라도 펴 볼 때가 된 것이지요.

'하니'라는 예쁜 이름을 가지고, 아름다운 다랑논을 일구며, 동화에서나 볼 수 있을 법한 버섯집에 산다고 해서 이들의 역정歷程이 순탄했던 것은 아니었습니다. 오히려 이들의 삶이 굴곡졌기에 다른 사람들이 꺼리는 높은 곳까지 올라와 터를 잡고 살게 된 것이 아닐까요? 환경은 척박하고 삶은 고되었지만 그 속에서도 자신들의 정체성을 지키며 삶에 대한 의지를 이어왔기에 하니족은 다랑논의 결처럼 아름다운 자신들의 삶을 지켜올 수 있었을 것입니다. 『열두거리』에는 바로 이런 하니족의 삶이 고스란히 녹아 있습니다.

　사실 하니족 신화에서 태초의 세계가 처음부터 완벽한 상태로 생겨난 것은 아니었습니다. 주비아룽과 주비라사가 각각 하늘과 땅을 열었지만 삐뚤빼뚤하고 울퉁불퉁했던 하늘과 땅은 써레질로 수차례 다듬고서야 겨우 생겨났습니다. 인류의 탄생은 더 순탄치 않았습니다. 눈이 하나 뿐인 최초의 인간 이사란하와 이모란마 부부가 모미의 명을 받고 지상에 내려와서 조롱박을 낳았는데, 이 조롱박 속에서 나온 77명은 모두 뒷통수에 눈이 있고 손발이 반대쪽을 향하고 있는 기괴한 형상이었습니다. 이렇게 태어난 인간들이 탐탁치 않았던 신神 모미가 세대를 거듭하며 새로운 인간을 만들어낸 결과, 지금의 사람처럼 코 위에 두 눈이 가지런히 붙은 인류가 태어날 수 있었습니다.

　어렵사리 세상에 나온 인류가 주위의 환경에 적응하며 하나씩 쌓아올린 삶의 기반은 또다시 홍수에 휩쓸려 가버렸습니다. 조롱박에 들어가서 살아남은 모루와 샤병 남매가 후손을 남기며 인류는 다시 번성했습니다. 큰 물고기의 배에서 홍수로 사라진 초목과 곡식의 씨앗도 찾아오고, 하늘을 가린 나무를 베어 날짜도 셀 수 있게 되었습니다. 불의 발견으로 삶은 더 윤택해졌고 족장과 사제, 장인의 등장으로 사람들의 삶은 더욱 편안해졌습니다. 겨우 안정을 찾은 삶이 그저 순탄하게 주어진 것은 아니었습니다. 불을 발견한 뒤 나태해진 인간에게 모미신이 분노했고, 인간은 다시 불을 잃어버렸지요. 족장과 사제, 장인의 고마움을 잊고 그들을 쫓아냈다가 불편함을 겪고서야 다시 모셔오기도 했습니다. 하니족이 겪은 삶의 부침浮沈이 그들의 잘못 때문만은 아니었습니다. 침략자들을 피해 애써 일군 삶의 터전을 옮겨야했고 옮겨간 곳의 풍토風土가 맞지 않아 또다른 곳으로 떠나야 했습니다. 응보應報만으로도, 불운不運만으로도 설명되지 않는 삶의 수수께끼는 비단 하니족에게서만 보이는 것은 아닐 것입니다. 어쩌면 우리는 『열두거리』에 아로새겨진 하니족의 삶에서 우리 삶의 일면과 만나고 있는지도 모릅니다.

　다랑논처럼 산비탈을 오르내리는 굴곡진 삶 속에서도 하니족 부모들은 정성을 다해 자식들을 길러냈고, 조상들은 후손에게 더 나은 삶을 물려주기 위해 온 힘을 다했습니다. 그래서 하니족은 위로 조상과 부모에 대한 공경과 효도를 강조하고 아래로 후손에 대한 사랑을 아끼지 않습니다. 하니족 마을 곳곳에는 조상으로부터 물려받은 삶의 기억이 서려있고 후손들은 절기마다 조상으로부터 물려받은 기억을 되살리며 하니족의 삶을 이어갑니다. 그리고 하니족은 장터에서 같은 하니족은 물론 다른 민족과도 어우러지며 현재를 살아갑니다. 『열두거리』에는 이렇게 하니족의 과거와 현재 그리고 미래가 고스란히 녹아 있습니다. 우리는 『열두거리』를 통해 하니족의 삶을 만나고, 낯설게만 생각했던 하니족의 삶을 통해 우리의 삶도 돌아보게 됩니다. 생소하던 하니족이 가깝게 느껴졌다면 그것은 아마도 『열두거리』를 통해 국가와 민족을 넘어 인류가 공통적으로 갖는 원형적 기억으로 이어질 수 있기 때문일 겁니다.

다양한 신화와 만나면서 원형적 기억으로 이어지는 경험을 통해 우리는 나와 세계를 돌아보고 새롭게 관계를 맺게 됩니다. 『열두거리』가 이런 뜻깊은 경험을 널리 제공하는 또 하나의 계기가 되기를 바라며 번역을 시작했습니다. 번역의 과정에서 어려움도 많았으나 『열두거리』 번역에 뜻을 함께해 주시고 학술적 동지로서 응원과 지원을 아끼지 않으신 연세대학교 중국연구원 신화연구소의 구성원들 덕분에 무사히 번역을 마칠 수 있었습니다. 무엇보다 번역의 시작부터 출간까지 모든 과정에서 항상 조언해주시고 자료를 아낌없이 주신 신화연구소의 김선자 소장님, 윈난 소수민족 신화 전문가로서 귀중한 자료와 함께 응원을 보내주신 나상진 부소장님, 번역의 어려움에 공감해 주시고 알찬 자료로 도움을 주신 박수진 선생님께 깊은 감사를 드립니다. 아울러 어려운 출판환경과 무리한 요청에도 이 책의 출판을 위해 물심양면으로 도움을 주시고 수고를 마다하지 않으신 민속원 홍종화 대표님과 편집부에도 감사의 마음을 전합니다.

2025. 9.
역자 이석구 드림

차례

머리말 5
일러두기 10

해제 하니족哈尼族 창세서사시 『열두거리十二奴局(스얼누쥐)』 ·· 11

제1장 하늘이 열리고 땅이 열리다 牡底密底 ·· 43

제2장 대홍수와 인류의 시작 牡普謎帕 ·· 57

제3장 물고기 뱃속에서 씨앗 찾기 昂煞息思 ·· 77

제4장 하늘을 가리는 큰 나무와 연, 월, 일의 기원 阿資資斗 ·· 97

제5장 불의 기원 阿扎多拉 ·· 113

제6장 사제와 족장, 장인의 기원 阿匹松阿 ·· 129

원서 편자 후기_ 289
참고문헌_ 292
찾아보기_ 295

제7장 **마을을 세운 줴마 覺麻普德** ································· 151

제8장 **후손의 번성 牡實米夏** ····································· 173

제9장 **하니족 이주의 노래 杜達納嘎** ······························ 181

제10장 **효도 汪咀達瑪** ·· 223

제11장 **줴처, 장터를 열다 覺車里祖** ······························ 235

제12장 **1년 사계절 伙及拉及** ···································· 257

일러두기

- 이 책은 윈난인민출판사雲南人民出版社에서 윈난민족민간문학전장雲南民族民間文學典藏 시리즈로 2009년에 출간한 『스얼누줘十二奴局』를 번역한 것이다. 그 외 동출판사의 윈난소수민족경전작품영역문고雲南少數民族經典作品英譯文庫 시리즈 중 2018년에 출간한 『스얼누줘十二奴局 - Twelve Nujus』 등을 참고하여 판본을 확인하고 역주를 달았음을 밝힌다.
- 책에 수록된 사진과 그림은 김선자, 나상진으로부터 제공받고 설명을 덧붙였다. 그 외 수록된 자료는 출처를 밝혔다.
- 책명은 『 』, 편명은 「 」로 표시했다.
- 고유명사나 주요 한자는 처음 나오는 부분에 한글과 병기하는 것을 원칙으로 하되, 문맥상 필요한 곳은 추가로 병기했다.
- 문맥상 짧은 설명이 필요할 경우 ( )로 표시했다.
- 중국어 한글 표기법은 국립국어원의 외래어표기법을 따랐다.
- 인명은 청淸나라 이전은 우리 한자음으로, 현대 인물은 중국어 발음으로 표기하였다. 소수민족 명칭 및 소수민족 신화에 나오는 인물, 지명, 고유명사 등은 현지 발음을 따랐으나, 중국어 발음과 한자를 병기했다.

解題

하니족 창세서사시 『열두거리』

해제

해제

하니족哈尼族 창세서사시『열두거리十二奴局(스얼누쥐)』

하니족哈尼族은 중국 윈난성雲南省의 중동부, 중남부 지역에 거주하는 민족이다. 오래된 이주의 역사를 갖고 있으며, 훙하紅河[1]를 중심으로 위시玉溪와 푸얼普洱, 위안양元陽과 뤼춘綠春 등지에 거주하면서 다랑논을 일구고 살아온 민족이다.『열두거리十二奴局(스얼누쥐)』[2]는 하니족이 오랜 세월 동안 입에서 입으로 전승해온 창세 서사시로서, 세상의 시작에서부터 고달팠던 민족 이주의 역사, 생활의 기쁨과 슬픔, 농경 생활과 종교, 문화에 이르기까지, 하니족의 다양한 삶의 흔적들이 기록된 작품이다.『열두거리』에 대한 이야기를 본격적으로 시작하기에 앞서, 하니족이 어떤 민족인지 소개해보기로 한다.

1_ '훙하(紅河)'는 윈난에서부터 베트남으로 흘러 들어가는 강의 이름이다. 그래서 강의 이름으로 사용할 때는 '훙하'라고 지칭한다. 하지만 '훙허현(紅河縣)'처럼 지역을 지칭할 때는 원음을 그대로 살려 '훙허'라는 명칭을 사용한다. 훙하는 아이라오산 동쪽에서 발원하여 동남쪽으로 흘러가는데, 발원지에서는 리서강(禮社江)이라 부르고, 흘러가다가 지류인 뤼예강(綠葉江)과 합쳐지면서 위안강(元江)이라 부른다. 이 강은 허커우(河口)야오족(瑤族)자치현에서 훙허하니족이족자치주(紅河哈尼族彝族自治州)로 흘러 들어가면서 비로소 훙하(紅河)라 불린다.

2_ 현대 한어(漢語)로는 '십이로(十二路)'라고 옮긴다. '스얼누쥐'의 뜻이 바로 '열두거리'라는 뜻이다.

1. 하니족 거주지역

아시아 대륙 남부 중위도에 거주하는 하니족은 높은 산의 경사면을 개간하여 쌀농사를 짓는 민족으로 유명하다. 이들은 중국 윈난성 일대를 비롯하여 태국과 미얀마, 라오스, 베트남[3] 등에 분포한다. 하지만 전체 하니족 중 대다수는 중국 윈난성 남부 홍하와 란창강瀾滄江 사이에 펼쳐진 아이라오산哀牢山과 우량산無量山 일대 산지에 거주하고 있다. 2021년 제7차 전국인구조사에 따르면 하니족의 인구는 공식적으로 173만 명으로 집계되었다. 이 중 홍허하니족이족자치주紅河哈尼彝族自治州에 가장 많은 하니족이 거주하고 있는데, 약 91만 명[4]이 그곳에 살고 있다. 그밖에도 푸얼시普洱市 지역에 약 16만 8천 명, 시솽반나西雙版納 지역에 약 20만 5천 명[5], 위시시玉溪市에 약 13만 명 정도가 거주하고 있다.[6] 아래는 하니족이 거주하고 있는 주요 자치주와 자치현의 현황이다.

〈표 1〉 하니족이 거주하는 주요 자치주와 자치현

지역	자치주(현)
홍허(紅河) 지역	홍허하니이족자치주(紅河哈尼彝族自治州)
푸얼(普洱) 지역	모장하니족자치현(墨江哈尼族自治縣) 장청하니족이족자치현(江城哈尼族彝族自治縣) 닝얼하니족이족자치현(寧洱哈尼族彝族自治縣) 란창라후족자치현(瀾滄拉祜族自治縣) 전위안이족하니족라후족자치현(鎮沅彝族哈尼族拉祜族自治縣)
위시(玉溪) 지역	위안장하니족이족다이족자치현(元江哈尼族彝族傣族自治縣) 신핑이족다이족자치현(新平彝族傣族自治縣)

3_ 태국과 미얀마에서는 하니족을 '아카(Akha)'라고 부르고, 베트남에서는 '하니(Hà Nhì)'라고 부른다.
4_ 〈제7차 전국인구조사 통계자료(홍허주)(紅河州第七次全國人口普查公報)〉를 참조했다.
5_ 〈제7차 전국인구조사 통계자료(시솽반나주)(西雙版納州第七次全國人口普查主要數據公報)〉를 참조했다.
6_ 〈제7차 전국인구조사 통계자료(윈난성)(雲南省第七次全國人口普查主要數據公報)〉를 참조했다.

윈난성의 하니족은 한족漢族, 이족彝族, 바이족白族, 다이족傣族, 라후족拉祜族, 먀오족苗族, 야오족瑤族, 후이족回族, 좡족壯族, 부랑족布朗族 등의 민족들과 함께 살아간다. 이 지역에서 이들은 서로 다른 문화를 가진 다른 민족임을 인식하면서 각자의 문화적 전통과 정체성을 지켜오고 있다. 산이 많고 깊은 협곡이 발달한 윈난에서는 거주하는 지역에 따라 민족적 특성이 드러나는데, 다이족은 주로 계곡과 평지에서 생활하며, 먀오족과 야오족은 고산 지역에서 생활한다. 대다수 하니족과 이족은 산의 중턱에 거주한다. 하니족의 주요 거주지는 아시아 대륙 남부, 북회귀선을 따라 분포되어 있다. 주로 중위도 아열대 지역으로 동경 99-104도, 북위 21-26도에 해당하는 지역이다. 이곳은 높은 산과 깊은 계곡 그리고 훙하, 란창강과 같은 큰 강과 지류들이 교차해 흐른다. 또 해발에 따라 다양한 토양층을 이루고 있어 복잡한 형태의 지형이 나타나는데, 이렇게 복잡한 지형은 다양한 기후가 나타나는 원인이 되기도 한다.

윈난의 훙하와 란창강 주변의 산들은 다른 고산 지역과 마찬가지로 고도에 따라 기온 차이가 크다. 그래서 그곳 사람들은 산 하나가 사계절을 품고 있다고 말한다. 특히 아이라오산은 삼림이 울창해서 늘 구름과 안개가 자욱하다. 이런 이유로 같은 위도에 분포하고 있다고해도 고도와 위치에 따라 기후가 입체적으로 변화한다. 같은 중위도 아열대 기후에 속하지만, 해발이 낮은 곳은 비가 많고 더우며 습한 아열대 기후가 나타나고, 해발이 높은 지역은 한랭하고 사계절 내내 흐린 날이 나타나기도 한다.

하니족은 이처럼 열악한 자연환경을 피해 높은 산 중턱 경사면에 자리를 잡고 살아갔다. 적당한 강수량과 시원한 온도는 사람이 살기에 아주 적합하다. 산지가 급경사를 이루어 벼농사를 짓기에는 척박한 환경이었지만, 하니족은 대대로 나무가 울창한 아이라오산 아래 펼쳐진 경사면에 다랑논을 개간해 쌀농사를 지었다. 특히 훙허 지역 하니족의 전통 다랑논은 친환경적이고 과학적인 농업 시스템으로 그 우수성을 인정받아, 2013년 6월 유네스코 세계유산에 등재되었다.

2. 하니족의 명칭과 역사

하니족은 예로부터 여러 가지 이름으로 불렸는데, 집단 내부에서 스스로 지칭하는 명칭과 다른 집단이 하니족을 부르는 명칭이 달랐다. 집단 내부에서 자신을 부르는 명칭은 하니哈尼, 카둬卡多, 야니雅尼, 하오니豪尼, 비웨碧約, 허니和尼, 바이홍白宏, 궈춰鍋銼, 어누哦㤪, 아무阿木, 둬니多尼, 카볘卡別, 하이니海尼 등 십여 가지가 넘는다.[7] 이중 '하니'는 가장 많은 사람이 사용하는 호칭으로, 훙허하니족이족자치주의 남부 지역 사람들이 자신들을 지칭할 때 '하니'라고 부른다.

다른 집단과 민족이 하니족을 부르는 호칭도 매우 다양했다. 예를 들어 훙허와 위안양元陽, 진핑金平, 뤼춘綠春, 위안장元江 지역의 하니족은 상대방을 부를 때 눠메이糯美, 눠비糯比, 거허各和, 하우哈烏, 라미臘米, 치디期弟, 하니哈尼, 이처奕車 등으로 불렀다. 모장墨江과 위안장, 푸얼, 전위안, 쓰마오思茅, 훙허, 징구景谷, 뤼춘에 거주하는 하오니와 바이홍은 다른 하니족 집단을 하오니, 둬타多塔, 아쉬阿梭, 스두市都, 바이홍, 부쿵布孔, 부자오補角 등으로 부른다. 특히, 둬니, 하이니, 카볘, 비웨, 아무 등으로 불리는 하니족은 집단 내부와 외부에서 부르는 호칭이 일치한다. 한족은 아이니愛尼, 하오니를 스두市都, 어누를 시모뤄西摩洛 등으로 불렀다.[8]

과거 중국의 문헌에서는 하니족을 화이和夷, 화만和蠻, 화니和泥, 화니禾泥, 와니窩泥, 왜니倭泥, 아니俄泥, 아니阿泥, 합니哈尼, 알니斡泥, 아목阿木, 나면羅緬, 나비糯比, 로필路弼, 잡타卡惰, 필약畢約, 타탑惰塔 등의 이름으로 기록하고 있다. 이들 대부분은 집단 내부에서 자신을 부르는 호칭과 같은 것들이 많다. 중화인민공화국이 성립된 후 이들을 호칭하는 정식명칭으로 '하니'를 채택했다. 그것은 비교적 많은 인구가 이 명칭을 사용하고 있고, 또 이들 민족 집단의 요구에 의한 것이기도 했다.[9]

7_ 雷兵, 『哈尼族文學史』, 雲南民族出版社, 2014, 2~3쪽.
8_ 『哈尼族簡史』編寫組 編寫, 『哈尼族簡史』修訂本, 民族出版社, 2008, 3~4쪽.

하니족의 명칭이 이처럼 다양하고 복잡한 까닭은 하니족의 민족 형성, 이주의 역사와 관계가 깊다. 하니족의 기원을 명확하게 밝히지 못하는 주요 원인은 그들의 역사를 기록할 문자가 없기 때문이다. 여기에 산과 강으로 막힌 주거환경으로 인해 외부와의 교류가 매우 적어서 타민족의 역사서나 기록에 자주 등장하지 못한 것도 하니족의 기원을 명확하게 밝히지 못하는 또 하나의 이유라고 할 수 있다.

이들의 기원을 명확히 밝힐 수는 없지만, 학자들은 여기에 대해 몇 가지 가설을 정립하였다. 그중 첫 번째가 토착 기원설이다. 이 가설은 홍하 유역의 하니족이 주변인 이족, 바이족, 야오족의 조상과 쓰촨과 중원에서 이주해 온 한족을 흡수 병합하면서 형성되었다는 설이다. 이 설에 의하면 원래 하니족이 거주하던 지역은 매우 넓었다. 북으로는 홍하 상류의 다리大理 얼하이洱海에서 뎬츠滇池까지, 남쪽으로는 미얀마와 라오스, 동쪽으로는 마관馬關과 허커우河口, 그리고 베트남 일대까지 분포했다고 한다. 하지만 성격이 온순한 하니족은 외부의 침입 때문에 자주 이주하였고 이 때문에 그들의 거주지는 점점 축소되었다. 그 결과 강과 고산으로 막힌 홍하 남쪽에 정착하게 되었다는 설이다.[10] 하지만 이러한 설명은 명확한 역사적 근거는 없어 보인다. 하니족이 오랜 시간 홍하 유역에 거주하면서 현지의 토착민과 이족, 야오족 및 쓰촨과 중원 지역에서 이주해 온 한족과 융합하여 혈연적, 문화적 유사성을 보이기도 하지만, 이 사람들이 하니족의 직접적 조상이라고 추론할 근거는 없다.

두 번째는 두 개의 문화 집단이 합쳐져 새로운 농경민족이 탄생했다는 설이다. 오늘날 하니족은 윈난 남부 산악지역에서 벼농사를 짓는다. 이 가설에 따르면, 하니족은 티베트 고원에서 남하한 북방 유목민족과 윈난 북부까지 이주해 온 남방 농경민족이 융합해서 새로운 농경민족으로 탄생했다고 한다.[11] 소위 이원문화二元文化 융합설이 그것인데, 이를 통하여 하니족의 벼농사 문화가 남방의 백월족白越族과 관계가 있다고 했다. 하지만, 이 두

9_ 雷兵, 『哈尼族文學史』, 雲南民族出版社, 2014, 3쪽.
10_ 孫官生, 「從傳說與歷史看哈尼族族源」, 『雲南社會科學』 第2期, 1990, 40~45쪽.
11_ 史軍超, 「瀨海文化與高原文化的嫡裔 - 哈尼族遷徙史詩硏究」, 紅河哈尼族彝族自治州民族研究所 編, 『哈尼族硏究文集』, 雲南大學出版社, 1991, 31쪽.

갈래의 큰 민족이 합쳐져 하나의 민족이 되었다는 이론에 대해서는 역사적, 문화적 근거를 찾기 힘들다. 하니족이 농사를 짓게 된 까닭은 원래 거주하던 북방 유목지에서 남쪽으로 이주하는 과정에서 환경에 적응하면서 지역민과 자연스럽게 융합한 결과이지 하니족의 조상과 백월의 조상이 통합하는 과정에서 나타난 결과로 보기는 어렵다는 견해가 지배적이다.

학계에서는 하니족의 기원에 관해 북방 기원설을 지지하고 있다. 즉 하니족은 현재 윈난성의 이어지게彝語支系의 민족으로, 고대 강羌의 한 갈래였다는 것이다. 하니족과 관련된 가장 오래된 흔적은 『상서尚書』「우공禹貢」에서 찾을 수 있다. 「우공」에는 하니족의 별칭인 '화이和夷'라는 단어가 처음 등장한다.[12] 이 단어가 어떤 특정 민족을 지칭하는 것은 아니지만 그래도 그 일부가 하니족의 조상일 가능성이 없지는 않다. 고대 문헌 자료에 따르면 이 시기 '화이'는 다두하大渡河,[13] 야룽강雅礱江[14], 안닝하安寧河[15] 유역에 살았던 것으로 추측되는데[16] 이 지명을 사용하는 강들은 오늘날 쓰촨성 량산이족자치주凉山彝族自治州의 경내에 있다. 『신당서新唐書』「남만전南蠻傳」과 『자치통감資治通鑑』「당기唐紀」에는 '현화만顯和蠻'의

12_ 『尚書』「禹貢」 "화산의 남쪽과 흑수 사이에 양주가 있다. 민산과 파총산에서 농사를 지을 수 있게 되고, 타강과 잠수는 이전의 물길을 회복하였으며, 채산과 몽산의 길이 이미 평탄해졌으니, 화이에서 치수의 공적을 이루었다(華陽, 黑水惟梁州, 岷嶓既藝, 沱潛既道, 蔡蒙旅平, 和夷底績)."(李民・王健 撰, 『十三經譯注 - 尚書譯注』, 上海古籍出版社, 2004, 70쪽)

13_ 『漢書』「地理志」蜀郡 靑衣 注에 다음과 같은 기록이 나온다. "「우공」에 의하면 몽산계 대도수가 동남쪽으로 흘러 남안(지금의 러산樂山)에 이르러 저수로 들어간다([禹貢]蒙山谿大渡水東南至南安入渽)" 『水經注』 卷33 江水 1에는 '강물이 다시 동남으로 흘러 남안현을 지나 … 현의 남쪽에 아미산이 있고, 몽수가 있는데, 그것이 바로 대도수이다(江水又東南徑南安縣, … 縣南有峨嵋山, 有蒙水, 即大渡水也).'는 기록이 있다. 이로 미루어 볼 때 몽산을 지나는 몽수가 바로 지금의 다두하라는 것이다. (王國維 校, 『水經注校』, 上海人民出版社, 1045쪽)

14_ 『水經注』 卷36 약수는 촉군 모우요외에서 발원하여, 동남쪽으로 흘러 고관(지금의 야안雅安 지역)에 이르는데, 그것을 약수라 한다(若水出蜀郡旄牛徼外, 東南至故關, 爲若水)."라는 기록이 있다. 이는 『漢書』「地理志」에 근거한 것으로, 『水經注』의 해석에 따르면 약수는 동남쪽으로 흘러 새로운 물길과 합류하는데 이곳이 '대도수(大渡水)'라고 기록하고 있다. (王國維 校, 『水經注校』, 1114쪽, 上海人民出版社, 1984) 『禹貢錐指』卷9에서는 『상서』의 '흑수(黑水)'를 해석하는 많은 학설을 싣고 있는데, 이중 역도원(酈道元)의 견해를 빌리면, 흑수는 '노수(瀘水)', '약수(若水)', '마호강(馬湖江)'으로 요주(姚州)에서 발원하여 토번(吐蕃)의 영역을 흘러 동북 서주(敍州)의 빈현(宜賓縣)으로 흘러간다고 설명하고 있다. (胡渭, 『禹貢錐指』, 上海古籍出版社, 2013, 261쪽)

15_ 진사강(金沙江)과 야룽강(阿礱江)의 지류, 과거에는 바이사강(白沙江)이라 불렀다.

16_ 『哈尼族簡史』編寫組 編寫, 『哈尼族簡史』修訂本, 民族出版社, 2008, 18쪽.

우두머리인 왕낭기王郞祁와 낭주郎州, 곤주昆州, 이주梨州, 반주盤州의 우두머리 왕가충王伽沖, 그리고 서이만西洱蠻의 우두머리 양동부楊棟附 등이 군사를 이끌고 내조했다는 기록이 있다.[17] 당 현종 당시 장구령張九齡이 작성한 「칙안남수령찬인철등서勅安南首領爨仁哲等書」에 따르면 '화만'의 수장 맹곡오孟谷誤, 안남 수장 찬인철爨仁哲, 요자僚子의 수장 아적阿迪 등이 사람들을 이끌고 당으로 내조하여 신하가 되었다고 한다. 물론 이들의 거주지를 구체적으로 언급하고 있지는 않지만, 학자들은 전滇의 동남쪽에 위치한 육조산六詔山 지역의 문산文山, 연산硯山 일대로 추측한다.[18]

이후에도 여러 역사서와 지방지에서 하니족과 관련 있는 흔적을 발견할 수 있기는 하지만 이것은 모두 중원 지역 왕조의 시각에서 쓰인 기록일 뿐, 문자가 없었던 하니족의 역사를 추측하여 재구성하기는 어렵다.

3. 하니족 신화 속 민족 기원과 이주의 역사

하니족의 자연과 우주에 관한 인식은 독특하다. 이들의 신화에서는 세상을 창조한 신이 물고기 여신이라고 한다. 하니족의 창세 서사시인 『워궈처니궈窩果策尼果』는 상·하편으로 구성되어 있는데, 신의 시간을 노래하는 『옌번훠번煙本霍本』과 인간의 시간을 노래하는 『워번훠번窩本霍本』이 그것이다. 『옌번훠번』에서는 신들이 만물을 창조한 후 그곳에 생기가 부족하다고 느껴 소를 잡아 부족한 부분을 보충했다고 한다. 소의 머리로 하늘을 만들고 몸으로 땅을 만들었으며, 가죽으로 땅을, 왼쪽 눈으로는 달, 오른쪽 눈으로는 해를 만들었고, 앞니로는 북두성과 계명성을, 아랫니로는 부싯돌을 만들었다고 한다.

17_ 『資治通鑑』「唐紀16」卷200 "서이만의 수장 양동부와 현화만의 수장 왕랑기, 그리고 낭주, 곤주, 이주, 반주의 수장 왕가충이 사람들을 이끌고 내조했다(西洱蠻酋長楊棟附, 顯和蠻酋長王郎祁, 郎昆棃盤四州酋長王伽沖等帥衆內附)."
18_ 『哈尼族簡史』編寫組 編寫, 『哈尼族簡史』修訂本, 民族出版社, 2008, 17쪽.

세상을 창조한 물고기 여신은 인간의 창조와도 관계가 있다. 『아페이아다아이阿培阿達埃』 와 『물고기 조상신이 산으로 올라오다祖先神上山』에서는 조상신인 물고기 여신이 물가에 올라오자마자 사람으로 변하는 과정을 노래한다. 이런 이야기는 이 책의 제3장 「앙사시쓰扁煞息思」에도 나온다. 산지에 사는 하니족이 물고기를 자신들의 조상으로 여기는 것은 매우 독특하다. 이들이 물고기를 조상신으로 삼는 것은 하니족의 문화적 근원이 물과 관계가 있다는 것을 보여준다. 이런 신화적 사유는 북방 유목민족이 농경지로 이주, 정착하면서 환경에 적응하는 과정에서 생겨난 것으로 보인다. 이들은 수량이 풍부한 강가에 살고 있었지만, 경사가 급한 산 중턱에 논을 경작한 하니족은 산 아래 계곡에서 넘쳐나는 물을 사용할 수 없었다. 하지만 이들은 자연과 공존하는 지혜로 농사와 생활에 필요한 물을 충분히 확보할 수 있었다. 그런 환경에서 물에 대한 신앙이 아주 중요한 신앙으로 자리 잡았을 것이다. 즉 이들의 기원 신화는 민족의 이주와 정착 그리고 생활환경과 매우 밀접한 관계가 있다.

문자가 없는 하니족은 구술을 통해 자신들의 역사를 전승해왔는데, 수많은 서사시가 조상의 이주 상황과 그 노선을 노래하고 있다. 대표적인 작품으로는 『하니아페이충포포哈尼阿培聰坡坡』[19]-, 『하니 조상이 강을 건너오네哈尼祖先過江來』, 『스얼누쥐十二奴局』, 『야니야가짠가雅尼雅嘎贊嘎』[20]-, 『푸가나가普嘎納嘎』[21]-, 『아포양저阿波仰者』, 『푸야더야쮜아普阿德阿佐阿』, 『아

---

[19] '하니아페이충포포(哈尼阿培聰坡坡)'는 '하니족 조상의 이주'라는 뜻이다. 모두 일곱 부분으로 이루어져 있는데, 그 제목을 살펴보면 다음과 같다. ① 먼 옛날, 후니후나 높은 산(遠古的虎尼虎那高山) ② 스쿠이 호수에서 가루쥐까지(從什雖湖到嘎魯嘎則) ③ 큰비가 내리는 마을(惹羅普楚) ④ 아름다운 물가의 땅 눠마아메이(好地諾馬阿美) ⑤ 써어쮜냥, 해변의 평원(色厄作娘) ⑥ 무기를 묻은 곳, 구하미차(谷哈密査) ⑦ 숲이 울창한 홍하의 양안(森林密密的紅河兩岸)이다. 『하니아페이충포포』는 하니족 이주의 역사를 구술로 기억하는 대표적인 '이주의 노래(遷徙歌)'이다.

[20] 하니족 아카(阿卡)인의 이주를 노래하는 서사시이다. 『야니야가짠가(雅尼雅嘎贊嘎)』에서 '야니야(雅尼雅)'는 아카인이 스스로 지칭하는 호칭이며 '가짠가'는 '이주'라는 뜻이다. 그러니까 전체 제목은 '야니인의 이주'라는 의미를 담고 있다. 다른 '이주의 노래(遷徙歌)'와 마찬가지로 이 노래는 아카인의 이주의 과정을 묘사하고 있다. 작품의 제1장 제1절은 '창세가'이다. 혼돈의 시기에 털이 없는 원숭이가 살았는데, 이들이 인류의 시조가 되었다는 내용이다. 「신성한 조롱박과 원숭이(神葫蘆與水猴)」는 하니족 창세가의 「조롱박에서 사람이 나오네(葫蘆里走出人種)」와 유사하다. 2절은 「인간과 귀신의 분리(人鬼分家)」인데, 창세가의 「천지의 사람과 귀신(天地人鬼)」과 같다. 모두 조상 어머니 탕파(湯帕)의 죽음 때문에 일어난, 인간과 귀신의 분쟁을 노래한다. 제5장과 제6장은 야니인의 「이주의 노래」인데, 영웅서사시 「이주의 슬픈 노래(遷徙悲歌)」와 유사한 내용이다. 전란과 자연재해

카짠阿卡贊』, 『이주의 슬픈 노래遷徙悲歌』, 『쓰피헤이저斯批黑遮』 등의 작품이 있다. 이 작품들의 기본구조는 서사의 전반부에서 창세신화를 노래하고 중간 부분에서 민족의 이주와 역사를 노래한다. 하니족은 서사에서 이주의 노선을 구체적으로 묘사하는데, 특히 『하니아페이총포포』에서는 과거 이들은 '검붉은 돌'이라는 의미의 '후니후나虎尼虎那'에서 거주했다고 한다. 하니족의 조상은 척박한 후니후나를 떠나 푸른 풀이 자라는 남쪽으로 내려가 '스쑤이호什雖湖'에 안착했다. 하지만 숲속에 큰불이 나는 바람에 다시 '가루가쩌嘎魯嘎則'로 이주하였다. 이곳에서는 현지 토착민들과 불화가 발생했기에 다시 남쪽으로 이주하여 '러뤄푸추惹羅普楚'에 당도한다. 어렵사리 도착한 '러뤄푸추'에서 전염병이 창궐해 다시 이주할 수밖에 없었다. 이들은 다시 남하하여 큰 강이 흐르는 '눠마아메이諾瑪阿美'에 도착해서야 농사를 짓기 시작할 수 있었다.

하니족은 이곳에서 한동안 평안하고 풍요로운 시절을 보냈다. 하지만 이웃 부족 라바이臘白가 풍요한 하니족의 땅을 질투하여 전쟁이 일어난다. 하니족은 어렵사리 정착한 땅을 버리고 다시 이주할 수밖에 없었다. 이렇게 계속 남하하던 하니족은 남쪽 해변가 '써어쭤냥色厄作娘'에 도착한다. 그런 뒤 다시 동쪽으로 향해 '구하미차谷哈密査'에 이른다. 이들은 여기서 멈추지 않고 다시 남쪽으로 이주하여 '나퉈那妥'와 '스치石七'을 지나 아이라오산에 도착한다. 이 서사시에서 언급했던 지역들을 지금 현재의 지명과 대조해 보면 대략 다음과 같다.[22]

로 다허다하랑(達河達哈朗)을 떠나 자덴(加滇)으로 이주했다가 다시 전란이 일어나 눙랑(弄朗)으로 이주하는 과정을 노래한다.(『哈尼族文學史』, 453쪽)

21_ 『푸가나가』는 '조상의 이주와 정주'라는 의미이다. 이 서사시에 등장하는 이주 노선은 장례에 사용되는 『쓰피헤이저』중 「조상의 유적을 찾아서」와 유사하다. 내용은 하니족 조상이 눙마아메이(弄瑪阿美)에서 농사를 지으며 풍요롭게 살았는데, 하니족 아가씨와 결혼한 젊은이가 하니족에게 좋은 땅을 요구하자 서로 싸우게 되었고, 결국 하니족이 이주하게 되었다는 내용을 담고 있다. 이 내용은 이 책의 제9장 「두다나가(杜達納嘎)」의 내용과 유사하다.

22_ 이것은 史軍超, 「瀨海文化與高原文化的嫡裔 - 哈尼族遷徙史詩硏究」, 紅河哈尼族彝族自治州民族硏究所 編, 『哈尼族硏究文集』, 31쪽(雲南大學出版社, 1991)의 내용을 인용해 표로 만든 것이다.

<표 2> 『하니아페이충포포』의 지명과 현재 지명 비교

후니후나	칭하이성(青海省) 바엔카라산(巴顏喀拉山) 부근, 장강과 황하의 발원지
스쉬이호	쓰촨성 서북부 고산과 칭하이 접경지역
가루가쩌, 러뤄푸추	다두하(大渡河) 북안과 쓰촨 분지와 서부 고원의 접경지역
뉘마아메이	쓰촨성 야룽강(雅礱江)과 안닝하(安寧河) 지역
써어쭤낭	윈난성 다리(大理) 얼하이 지역
구하미차	쿤밍 지역
나뛰	윈난성 퉁하이현(通海縣)
스치	윈난성 스핑현(石屛縣)

이처럼 하니족의 이주 과정을 노래한 서사시에서는 이들의 이주 노선을 세세하게 언급하고 있다. 이러한 서사시들은 하니족에게 있어서 그들의 역사이자 생활의 규범서 역할을 한다.

4. 하니족의 생활 환경

하니족이 가장 많이 거주하는 훙허하니족이족자치주는 윈난성의 동남부에 자리 잡고 있다. 아이라오산 동남쪽에는 진핑金平과 허커우河口, 아이라오산 서남단에는 뤼춘綠春이 자리 잡고 있는데, 이 지역은 모두 베트남과 국경을 접하고 있다. 이곳은 철도와 국도를 이용해 하루 만에 하노이에 도착할 수 있어 중국 내륙교통의 요충지로 꼽힌다. 푸얼시는 윈난성 서남부에 위치하는데, 푸얼시에 속한 장청현江城縣은 베트남, 라오스와 국경을 접하고 있으며 란창瀾滄, 멍롄孟連, 시멍西盟은 미얀마와 국경을 마주하고 있다. 현재 이들 지역은 모두 국도, 철도, 하늘길, 란창강의 물길을 이용해 동남아 여러 국가와 직접적 교역이 가능하며 중국 서남부 교통과 교역의 중심지로 대두되었다.

하니족의 중점 거주지역들은 현재 서남부 교통의 중심지가 되었지만, 과거에는 사람들이 윈난 서남부 지역을 '양산삼강兩山三江'이라 불렀다. 즉 이 지역을 대표하는 자연 지형물이 '두 개의 큰 산'과 지역을 관통하는 '세 개의 큰 강'이라는 뜻이다. 먼저 세 개의 큰 강은 각각 훙하와 리셴강李仙江, 란창강을 가리킨다. 훙하는 윈난성 다리大理에서 발원하는 강이다. 강물의 색이 붉어 훙하라는 이름이 붙었다.[23] 난졘南澗, 추슝楚雄, 신핑新平, 위안장元江, 훙허紅河, 스핑石屛, 위안양元陽, 젠수이建水, 거주個舊, 진핑金平, 멍쯔蒙自, 허커우河口 등의 도시를 지나는데 이중 훙허, 스핑, 젠수이, 거주, 진핑은 하니족이 많이 거주하는 지역이다. 리셴강은 윈난 웨이산현魏山縣에서 발원한다. 상류는 촨하川河, 바볜강把邊江이 흐르고 동쪽 지류인 아모강阿墨江과 합류하여 리셴강을 이룬다. 리셴강의 상류는 두 개의 작은 평지를 사이에 두고 흐른다. 리셴강의 하류는 산세가 깊고 험한 협곡을 따라 흐르는 탓에 유속이 빠르고 지형이 험하다. 리셴강은 중국 국경 밖 베트남에서 훙하와 합류한다. 란창강은 칭하이성青海省 위수玉樹에서 발원하여 티베트 고원과 쓰촨성, 윈난성을 가로질러 미얀마, 라오스, 태국, 캄보디아, 베트남의 호치민을 거쳐 바다로 유입된다.[24] 란창강은 4,900키로미터가 넘는 긴 강으로 동남아시아에서 가장 길다. 하니족의 거주지인 윈난 징둥景東, 전위안鎭沅, 징구景谷, 닝얼寧洱, 스마오思茅, 란창瀾滄, 징훙景洪, 멍라勐臘 등의 도시를 지난다.

훙하와 란창강 사이에는 두 개의 큰 산이 펼쳐져 있는데, 아이라오산과 우량산이 그것이다. 아이라오산은 북쪽의 추슝에서 시작하여 남쪽 뤼춘현까지 500킬로미터에 이르는 큰 산인데, 윈난 고원을 동서로 나누는 경계이기도 하다. 아이라오산 지역에는 하니족이 가장 많이 거주해서 전체 인구의 80%가 이 산에 기대어 살아간다. 우량산은 서북쪽 난젠이족자치현南澗彝族自治縣에서부터 남쪽으로 징둥, 전위안, 징구, 란창, 쓰마오, 닝얼, 시솽반나에

23_ 훙하는 원류인 위안강(元江)과 리셴강(李仙江)이 합류하여 추슝(楚雄), 위시(玉溪)를 비롯한 17개의 도시를 지나 베트남으로 유입되어 베트남 북부의 가장 큰 강줄기가 된다. 지류인 뤼예강(綠葉江), 텅탸오강(藤條江) 유역에도 하니족 집단 거주지가 형성되어 있다. 훙하가 흐르는 지역은 붉은 혈암이 지층을 이루고 있어 강물의 색이 붉게 보여 '붉은 강(紅河)'이라는 이름이 붙었다.

24_ 란창강은 길이가 길고 복잡한 지형을 흐르는 까닭에 물길이 매우 복잡하다. 지류인 샤오헤이강(小黑江), 자눠강(扎糯江), 렁숴강(楞梭江) 연안에 하니족의 거주지가 발달해 있다.

걸쳐 넓게 펼쳐져 있다. 아이라오산에서 가장 높은 봉우리는 다모옌봉大磨巖峰이며 해발 3,165미터이다. 우량산에서 가장 높은 봉우리는 비자산筆架山으로 해발 3,376미터이다. 특히 이 산들은 윈링산맥雲嶺山脈에서 갈라져 나와 윈난 남부 전체를 관통하고 있다.

중국의 서남부 지역은 높은 산, 깊은 계곡으로 지형이 아주 복잡하다. 중국 서남부는 하나의 분지[25]와 두 개의 고원[26], 세 개의 높은 산맥[27], 여섯 개의 큰 물줄기[28]를 포함[29]하고 있어서 특수한 자연생태와 지리적 조건, 기후조건을 형성하고 있다. 특히 윈난의 윈구이고원雲貴高原은 서북부의 칭짱고원青藏高原과 이어져 있어서 서북쪽의 해발이 높고 남쪽은 해발이 낮다. 그래서 평지가 적고 지세가 험해 평균 고도가 주변 지역보다 거의 1,000미터 이상 높다.[30] 중위도 아열대에 지역에 자리 잡고 있지만 깊은 협곡과 높은 산악지형 탓에 해발에 따른 기온 차이가 매우 크다. 기후 현상도 다양하고 복잡한 형태로 나타난다.

대부분 하니족은 아이라오산 중턱에서 남쪽을 향해 집을 짓고 다랑논을 일구었다. 층층이 쌓인 훙허의 다랑논은 아이라오산 중턱 고산 경사면을 뒤덮으며 절경이 펼쳐진다. 이처럼 이곳에서 대규모 계단식 다랑논이 개간된 이유는 이들의 이주의 역사와 자연 지형, 그리고 기후적인 요소 때문이다. 북쪽에서 이주해 온 하니족은 전쟁을 피해 이곳저곳 돌아다니지만 결국 평지로 내려가지 못하고 산 중턱에 정착할 수밖에 없었다. 이들이 정착한 훙하 유역은 산 아래는 아열대 기후로 덥고 습하지만, 산 중턱은 연평균 18도에서 20도 정도의 온화한 온대 기후가 나타난다. 햇빛이 충분하여 연간 일조량은 2,000시간 이상이다. 또 평년 강수량은 800~1,800밀리미터로 5월에서 10월 사이에 집중된다. 바다가 가까워 아열대 계절풍이 불어와 안개를 형성하고 서리나 우박은 적다.[31] 이 지역에서 나타나는 짙은 안개

25_ 쓰촨분지(四川分地)를 일컫는다.
26_ 윈구이고원(雲貴高原)과 촨시고원(川西高原)을 가리킨다.
27_ 헝돤산맥(橫斷山脈), 우산산맥(巫山山脈), 친링산맥(秦嶺山脈)을 가리킨다.
28_ 창강수계(長江水系), 주강수계(珠江水系), 란창강수계, 누강수계(怒江水系), 이뤄와디강수계(伊洛瓦底江水系), 훙하수계를 가리킨다.
29_ 王清華, 『梯田文化論 - 哈尼族生態農業』, 雲南民族出版社, 2010, 2쪽.
30_ 김명현, 「하니족의 생태농업과 제전(梯田)」, 『농업사연구』 제8권 2호, 2009.11, 27쪽.

는 운해를 형성해 산과 계곡을 감싼다. 이 안개는 하니족에게 일 년 내내 충분한 물을 공급할 수 있는 원천이 된다.

이러한 기후적 특징은 하니족의 벼농사와 매우 밀접한 관계가 있다. 위도상 아열대 기후에 속한 이곳은 산 아래의 강과 호수로 인해 공기 중에 수분이 많다. 산 아래에서 발생한 수증기가 산 중턱에 도달하면 기온 차이로 인해 안개로 변한다. 계절마다 불어오는 계절풍도 마찬가지다. 수증기를 머금은 계절풍은 산을 만나 비를 뿌린다. 이때 마을 뒷산 숲은 안개를 가두고 물을 머금는다. 그리고 작은 시내를 이루어 끊임없이 흐른다. 하니족은 이러한 기후를 이용해서 계단식 다랑논을 경작하였다. 산 아래 흐르는 강물을 논으로 끌어올릴 수는 없지만, 이상과 같은 자연과 기후환경은 이들에게 생활과 농업용수를 충분히 공급할 수 있었다.

하니족은 수천 년 동안 끊임없이 이주한 민족이다. 그 과정에서 기후와 지형에 적응하면서 자신들에게 맞는 생산방법을 찾아냈다. 사료에도 윈난의 소수민족들이 산지에서 벼농사를 지었다는 기록이 있다.[32] 당대唐代에도 이미 산을 깎고 논을 개간했다는 기록이 있다.[33] 위안양 취안푸좡全福莊에는 아직도 분수석分水石[34]이 남아 있는데 이 분수석이 47대를 이어왔으니 이미 1,000년 넘게 사용해온 것이다.[35] 하니족은 수천 년간 체득한 경험을 바탕으로 산의 남쪽 경사면 중턱에 논을 일구고 마을을 형성했다. 이들이 논을 만들 때 산세를 따라 토지를 이용하기 때문에 평지의 네모반듯한 모습이 아닌 굴곡지고 촘촘한 형태를 갖추어 그 사이사이 촘촘히 수로를 파서 숲에서 나오는 물을 공급했다. 다랑논을 경작하는 데 있어서 가장 중요한 것은 물의 사용이다.[36] 하니족은 수로를 만들 때 착공, 시공부터

31_ 김명현, 「하니족의 생태농업과 제전(梯田)」, 『농업사연구』 제8권 2호, 2009. 11, 27쪽.
32_ 『史記』「西南夷列傳」에는 "농사를 지으며, 촌락에 모여산다(耕田, 有邑聚)."라는 기록이 있다. (司馬遷, 『史記(9)』, 中華書局, 2991쪽)
33_ 樊綽의 『蠻書』 卷7 「雲南管內物産」 "남쪽 이민족은 산을 개간하여 논을 만들었는데, 매우 정교하게 잘 만들었다 (蠻治山田, 殊爲精好)."라고 기록했다.
34_ 고랑에서 물을 나누는 도구.
35_ 周志民·李澤然, 『哈尼族』, 遼寧民族出版社, 2014, 19쪽.

엄격하게 관리하기 시작하여 수로가 완성되었을 때 그 권한 및 유수량의 분배, 수로 관리와 수리 등을 매우 엄격하게 관리하여 모든 논에 충분한 수량이 공급될 수 있게 했다.[37]

하니족 마을에는 보통 20가구에서 50가구까지 거주한다. 또 마을과 마을 사이에는 3리에서 5리 정도 거리를 두는데 이는 한정된 토지 자원을 효율적으로 이용하기 위해서이다.[38] 산 중턱에 사는 하니족은 산 위쪽 숲으로 사냥을 하러 간다. 또한 따로 채소를 경작하지 않고 숲의 자연이 내주는 산나물과 야생 꽃, 과일 등을 식자재로 사용했다. 이는 이들이 채소를 농사지을 능력이 없어서 그런 것이 아니라 제한적인 다랑논의 공간을 효율적으로 사용하기 위함이다. 그래서 물과 먹거리를 내어주는 숲이 하니족에게 매우 귀중한 존재였기에 마을 주변에 나무를 많이 심고 가꾼다.

하니족의 마을은 보통 마을의 위쪽에 있는 용수龍樹 가까운 곳에 자리 잡는다. 하니족은 이 숲과 물이 모이는 우물과 저수지를 매우 신성하게 여기며 보호했다. 마을이 바로 용수에 가장 가까이 위치하는 이유가 바로 이 때문이다. 숲은 마을에 물을 공급하는 원천이다. 사람들은 숲에서 흘러나오는 물로 수로를 만들어 마을과 논에 물을 공급한다. 마을의 가장 높은 곳에서 흘러나온 물은 낙차를 이용해 도랑과 작은 저수지를 이리저리 적시고 가장 아래에 있는 골짜기와 호수에 모인다. 그리고 이 물은 안개가 되어 다시 숲에 저장되는데[39], 하니족이 오랜시간 살아오는 동안 주변의 환경과 기후에 대해 잘 이해하게 되어서 만들어진 것이다. 이런 사유를 반영하여 하니족은 하니족의 달력으로 정월에 제룡祭龍 의식을 거행하는데, 이를 '앙마투昂瑪突'라고 한다. 앙마투는 자신들의 풍요로움이 물에서부터 나온다는 것을 알고 이에 감사를 표하는 의례이다.

이처럼 하니족의 거주지는 전체 운영 시스템이 자연을 존중하고 이해하는 바탕에서 운

36_ 물을 분배하는 '분수목각(分水木刻, wood watershed)' 즉 '물막이'의 생태적 의미와 '물'이라는 공유자원에 대한 하니족의 태도에 대해서는 김선자, 「중국 소수민족 신화와 생태, 그리고 '공유(commons)' - 담론의 전쟁에서 공유의 담론으로」,『중국어문학논집』제129호, 2021.8, 228~229쪽.) 참조.
37_ 趙媛媛, 『哈尼族』, 吉林文史出版社, 2010, 22~23쪽.
38_ 王清華, 『梯田文化論 - 哈尼族生態農業』, 雲南人民出版社, 2010, 87~88쪽.
39_ 김명현, 「하니족의 생태농업과 제전(梯田)」,『농업사연구』제8권 2호, 2009.11, 30쪽.

영되고 있다. 다랑논뿐 아니라 하니족 마을 전체가 생태환경을 잘 이용한 거주지라고 할 수 있는데, 이는 자연을 존중하고 조화를 이루고 살아가는 하니족의 지혜를 잘 보여주고 있다고 하겠다.[40]

5. 하니족의 종교와 신앙, 제사

하니족은 만물에 영혼이 있다는 사고에서 출발하여, 동식물을 포함한 자연계의 모든 대상과 자신들의 조상까지 숭배하고 섬긴다. 이러한 숭배의 바탕에는 대상을 존중하고 경외하는 마음이 있다. 하니족에게 '모미摩米'는 세상 만물을 만들고 자라게 하며 생과 사를 관장하는 절대적 힘을 가진 신으로, 하니족 삶에 관여하지 않는 것이 없는 존재이다.[41] 따라서 하니족은 그들 공동체의 천신 모미가 정한 규칙에 따라 행동함으로써 천신과 인간, 자연이 조화롭게 살아왔다. 이러한 하니족의 자연과 생명에 대한 태도를 가장 잘 보여주는 것이 숲의 신에게 지내는 제사이다. 하니족은 매년 음력 2월 첫 번째 용龍의 날이 되면 용신에게 제사祭龍節를 지낸다.[42] 하니족은 마을 어귀에 신목神木이 있는 숲을 누구도 훼손하거나 침범할 수 없는 신성한 영역으로 인식한다. 특히 이 숲의 한 가운데 있는 나무를 '숲의 신樹林神', 또는 '용신龍神'이라고 부르는데, 이 신성한 나무가 마을을 지켜주고 사람들의 건강과 가축의 번성, 오곡의 풍성한 수확을 베푼다고 여겨 마을과 가정의 수호신으로 숭배한다. 『하니족의 옛 노래哈尼古歌』에는 "마을 어귀에 신이 깃들어 있는 숲을 가꾸자. 대대손손 한

---

[40] 이 점에 대해서는 김선자, 「중국 소수민족 신화와 생태, 그리고 공유(commons) - 담론의 전쟁에서 공유의 담론으로」, 『중국어문학논집』 제129호, 2021. 8.); 나상진, 「〈중화문명탐원의 신화학연구〉와 비물질문화유산 - 윈난성 이족의 '지룡(제룡)'을 중심으로」, 『중국어문학논집』 제111호, 2018. 8.) 참조.

[41] 하니족 학자 毛佑全은 모미에 대해 다음과 같이 말했다. "사람들은 눈으로 볼 수도 없고 만질 수도 없는 최고의 존재이자 공정하고 자비로운 모미에 대해 경외심을 갖고 살아간다. 하니족은 살아가는 동안 언제나 자신의 행동을 성찰하여 모미가 정한 법칙을 어기지 않도록 노력하고, 모미가 갖고 있는 강력한 힘을 의지해 자연재해와 악한 세력에 대응한다."(毛佑全, 「哈尼族的神靈類型」, 『西南民族學院學報』 제2期, 1990. 5.)

[42] 王蘭鳳, 「哈尼族原始宗教信仰研究」, 『學週刊』 2013年 第8期, 2013. 8, 201쪽.

그루의 나무도 함부로 베지 말고, 푸마普瑪(마을의 신목을 지칭)를 세워 보호신으로 삼자. 해마다 돼지와 닭을 잡아 마을의 신께 제사를 올려 가축을 살찌우고 해마다 풍작을 거둘 수 있도록 비를 내려주시도록 청하자"라는 내용이 보인다.

이러한 제사는 하니족의 사제가 담당하는데, 하니족의 사제로는 제사를 집전하거나 특별한 의례를 행하는 모피莫批, 무사巫師인 베이마貝瑪, 병의 치료를 담당하는 니마尼瑪가 있다. 베이마는 남자로서 경전을 읽고 악귀를 쫓아내며 혼을 떠나보내는 등 비교적 큰 종교 활동을 주관한다. 니마는 남녀 모두가 있으며 평소에 사람들에게 길흉을 점쳐주고 주술과 약초를 이용하여 병을 치료하는 일을 주관한다. 하니족의 종교와 신앙을 통해 그들의 생명과 자연에 대한 태도를 엿볼 수 있는데, 하니족의 대표적인 제사로는 다음과 같은 것들이 있다. 신에게 올리는 제사가 있는 기간은 하니족의 명절, 즉 축제 기간이기도 하다.

하니족의 제사이자 축제, '장가연長街宴'[43]

윈난성 남부, 훙허가 흐르는 아이라오산 산악지역에 거주하는 하니족은 오랜 역사를 지닌 산지 농경민족이다. 하니족이 전승하는 이주의 서사시에도 나타나 있듯, 다른 민족들의 침략을 피해 깊은 산간으로 피해 들어가 척박한 산지를 개간하여 다랑논을 일구며 살아왔다. 농경은 하니족 사회의 중요한 경제적 기반이므로, 하니족의 중요한 명절은 대부분 농경과 밀접하게 관련되어 있다. 따라서 하니족의 대표적인 축제와 제사는 언제나 농사의 한 단계에서 그다음 단계로 진입하게 되는 과정을 알려준다. 즉, 일정한 절기가 되어 행하는 축제는 하니족의 오래된 전통과 종교 신앙을 보여주면서, 농경에 있어 관건이 되는 절기의 변화를 알려주기도 하는 이중적인 기능이 있다. 대표적인 축제로는 하니족의 설에 해당

---

[43] 하니족의 '長街宴'에 관련된 글은 羅夏梓平, 「世易時移: 哈尼族長街宴中的共餐行爲與共同體意識」(『懷化學院學報』 2024年 第43卷 第4期, 2024.8.); 衛夢夢・司漢武, 「哈尼族長街宴的功能分析」(『中國民族博覽』, 2020年 第8期, 2020.4.)를 참고하여 정리하였다.

하는 음력 10월에 지내는 '시월년十月年', 음력 6월에 지내는 '유월년六月年'이 있다. 특히 유월년은 하니족의 가장 대표적인 축제로, 농한기에 즐기는 오락 활동이면서 오곡의 풍성한 수확과 사람과 가축이 모두 건강하기를 축원하는 의미를 담고 있다. 그 외에 마을 신에게 제사를 지내는 '앙마투昂瑪突'가 있다. 제사와 함께 시작되는 이 특별한 축제는 하니족만의 독특한 연회로 마무리되는데, 거리 위에 길게 늘어선 식탁을 의미하는 '장가연長街宴'이 바로 그것이다.

하니어로 '즈자오바知交把', '뒤자오뒤多交奪' 등으로 불리는 장가연은 천 년 이상의 역사를 지니고 있다 한다.[44] 장가연은 글자 그대로 끝이 보이지 않게 길 위에 차려진 수백 개 밥상으로 대표되는데, 주로 윈난성 훙허하니족이족자치주의 남부 지역에 거주하는 하니족 마을에서 열린다. 장가연은 전통과 현대가 만나는 하니족 공동체 문화가 종합적으로 표출되는 의례의 현장이라고 할 수 있다. 마을 공동체 전체가 참여하는 장가연은 자연과 인간, 신의 관계를 재확인하는 의례로서, 이를 통해 공동체의 정체성과 하니족 고유의 문화적 유대감과 연속성이 강화된다. 하니족의 장가연으로는 유월년 기간에 지내는 '쿠자자苦扎扎', 시월년 기간에 지내는 '자러터扎勒特', 마을 신에게 지내는 '앙마투'가 있다.

① 6월 축제 쿠자자와 장가연

하니족의 각 지파마다 사제인 모피를 청해 제사를 지낸 후 길일을 정하기 때문에 제사를 지내는 날짜는 지역마다 다르다. 대체로 농사가 어느 정도 진행되고 곡물이 익어가는 때인 음력 6월에 사흘에서 닷새 동안 쿠자자가 열린다.[45] 축제의 첫날은 회전 시소인 '모추摩秋'로 사용할 소나무를 자르는 것에서부터 시작한다.

44_ 이에 관한 자료는 羅夏梓平, 「街宴中的共餐行爲與共同體意識」, 19쪽.
45_ 하지만 지역에 따라 날짜가 달라지기도 해서 음력 5월에 거행하기도 한다. 홍허현 다양제향(大羊街鄕)의 이처인(奕車人)은 5월에 지내지만, 뤼춘현(綠春縣) 하어우(哈歐) 지파의 하니족은 6월 첫 번째 돼지 날에 시작하며, 위안양현(元陽縣) 징커우(箐口)의 아이뤄(艾羅) 지파는 6월 첫 번째 개의 날에 거행하기도 한다. (丁桂芳, 「儀式操演與價値記憶: 哈尼族奕車人"苦扎扎"獻祭儀式分析」, 『中南民族大學學報』第30卷 第5期, 2010.9.)

이때는 모내기를 마치고 비교적 한가한 시기이다. 모가 논에서 녹색으로 변하면서 김매기 철을 맞이하는데, 이때 행하는 쿠자자는 벼가 무성하게 자라 이삭이 굵고 길게 여물기를 기원하고, 가정마다 풍요롭고 넉넉한 생활을 누리기를 바라는 소망을 담고 있다. 소를 잡아 하니족의 최고신 '모미'에게 제사를 올리고, 모미를 청해 인간 세상을 살피게 하며 사람들과 더불어 즐기도록 한다. 축제 기간에 사람들은 모추를 돌리고, 독특하게 생긴 그네를 타며 최고신 모미가 농작물의 평안한 성장을 보살펴 주기를 기원한다.[46]

쿠자자에서 중요한 제물로 바쳐지는 소는 장가연의 중요한 음식이기도 하다. 제사를 주관하는 미구咪谷[47]의 지휘 아래 먼저 소 한 마리를 잡아 모추와 그네에 제사를 지낸다. 미구는 소의 머리를 모추 기둥에 걸고, 피와 고기를 사용해 제사를 올리며, 간으로 점을 쳐 마을의 한 해 길흉화복을 예측한다. 제사를 지내는 중에 미구는 마을 사람들과 함께 '모추 타기 의식 摩秋儀式'을 진행한다. 이때 젊은 남녀들은 모추 광장에서 시소와 그네 타기를 하는데, 시소와 그네는 하니족의 생식 숭배를 상징하는 기물로서, 풍요를 기원하는 일종의 유감주술 행위라고 할 수 있다. 이러한 절차가 모두 끝난 후에 미구는 장가연의 개시를 선언한다.[48]

② 10월 축제 자러터와 장가연

하니족의 역법에 따르면, 매년 음력 10월 첫 번째 용의 날龍日은 한 해의 끝을 의미한다. 하니어로 '자러터'라고 불리는 음력 10월 축제는 바로 하니족의 설인 셈이다. 자러터는 음력 10월 첫 번째 용의 날에 시작해서 원숭이의 날에 마친다.

46_ 하니족의 쿠자자에서 절대 빠져서는 안 되는 것이 회전 시소 '모추'인데, 이와 관련된 이야기가 오래전부터 하니족에게 전해져 왔다. 이 이야기를 통해 하니족의 생태에 관한 인식과 생명에 대한 태도를 엿볼 수 있다. 이와 관련된 신화와 의례의 구체적 내용은 나상진, 「윈난성(雲南省) 남부 소수민족의 곡물신화와 의례 - 윈난성 하니족·와족을 중심으로」, 『외국학연구』 제31집, 2015. 3, 371~374쪽 참조.
47_ '미구'나 '모피'는 하니족의 정신적인 지주이자, 중요한 제사를 집전하는 사람이다. 미구와 모피의 역할에 관해서는 鄭宇, 「哈尼族宗教組織與雙重性社會結構 - 以箐口村"摩匹 —咪穀"爲例」, 『民族研究』, 2007年 第4期, 2007. 7. 참조.
48_ 쿠자자 장가연의 순서와 상세한 내용은 羅夏梓平, 앞의 논문, 19쪽 참조.

자러터 장가연을 시작하기에 앞서 최고신 모미에게 제사를 지내는데, 제사를 지낼 때는 붉은 수탉 한 마리, 또는 털빛이 순수한 돼지 한 마리를 제물로 바쳐서, 마을 신寨神이 깃든 곳인 숲神林이나 그 인근에서 제사를 지낸다. 제사를 주관하는 미구의 지도에 따라 제사에 참여한 각 가정의 남성은 쌀 한 줌과 제물로 바친 수탉을 함께 큰 솥에 넣어 닭죽을 끓여 온 마을 사람들이 고르게 나누어 먹게 하는데, 이를 통해 최고신 모미의 보호를 기원한다. 또한, 마을 단위의 공동 제의 외에 가정 단위로 조상에게 제사를 지내는데, 의례 절차는 앞서 언급한 것과 유사하며, 마지막에는 수탉을 조리하여 가족이 다 같이 나누어 먹는다. 닭은 하니족의 다양한 제의에 널리 사용되는 제물인데, 하니족의 관념 속에서 수탉은 사악한 존재를 물리치고 잡귀를 쫓는 벽사辟邪의 기능을 발휘하는 신성한 존재로 여겨진다.

10월 축제의 다섯째 날에는 '개년문開年門' 의례가 진행되는데, 이는 '지난해를 보내고 새로운 한 해를 맞이한다'는 의미를 지닌다. 이날에는 각 가정이 일 년 동안 거둔 수확물로 다양한 요리를 만들어서 대나무 상 위에 음식을 차려 마을 입구의 문寨門 앞에 길게 차려놓고, 마을 사람들이 모두 함께 나누며, 먼 곳에서 찾아온 손님들에게도 대접한다. 길 가운데 차려진 잔칫상에서 사람들은 술을 마시며 노래를 부르고, 곡식의 풍작을 기원한다. 특히 3,000여개의 잔칫상이 동시에 차려지는 윈난성 뤼춘현의 장가연은 그 규모가 사람들을 압도한다. 장가연에서 사람들이 음식을 나누어 먹는 것은 사람뿐 아니라, 모든 신들과 더불어 천상의 은혜를 공유하는 것을 의미한다.[49] 자러터 축제 기간에도 시소(모추)와 그네를 타며, 남녀가 주고받으며 노래를 부르는 대창對唱, 전통춤, 씨름 등의 놀이를 한다.

③ 마을 신에게 바치는 앙마투와 장가연

하니족은 마을 어귀 한 구역의 숲을 신성한 곳으로 정하여 보호하고, 이 신성한 숲에서 제사를 지내는데, 이것을 '앙마투Hhaqma tul'라고 한다. 한가운데 있는 신목의 용신龍神에게

---

[49] 자러터 장가연의 순서와 상세한 내용은 羅夏梓平, 앞의 논문, 20쪽 참조.

제사를 지내는데, 이 의례는 그저 신에게 제물과 음식을 바치는 종교 행위가 아니라, 인간과 자연의 상호 의존 관계를 상징적으로 보여주는 의례이다. 앙마투는 종교적 신성성과 세속적인 놀이 문화가 공존하는 독특한 축제 문화라고 할 수 있다. 하니족 언어로 '앙마'는 신이 깃든 나무神樹라는 뜻으로, 대체로 상수리나무나 용수榕樹, 혹은 소나무를 용신龍神으로 여기고 나무에 제사를 지낸다.

'앙마투'는 '앙마투 제룡절昂瑪突祭龍節'[50]이라고도 하는데, 일부 마을에서는 앙마투를 '앙마미자昂瑪咪紮', '앙마아오昂瑪奧', '앙마장昂瑪章', '푸마미자普瑪迷紮', '푸마투普瑪突' 등으로 부르기도 한다. 각 마을에서 '앙마투'를 거행하는 날짜가 일치하지는 않지만, 주로 음력 2월 용의 날龍日이나 소의 날牛日, 또는 음력 12월의 용의 날이나 호랑이 날虎日에 행해진다.[51] 앙마 신목이 위치한 숲은 하니족 마을에서 가장 신성한 공간으로 여겨지며, 평상시에는 누구도 함부로 신이 깃든 숲에 출입할 수 없다. 앙마투는 일 년 동안의 농경 활동의 시작을 알리며, 농경 생산의 순조로운 진행을 기원한다. 나흘 동안 진행되는 앙마투 축제에는 돼지가 제물로 바쳐진다. 축제의 첫째 날에 돼지를 잡아 '차이바바踩粑粑'라는 의례를 치르며, 마을 신과 조상에게 제사를 올리고 용신에게 비를 기원하며, 마을 주민의 안녕과 가축의 번성, 이듬해 계단식 논의 풍작을 기원하는 제사를 지내는 것으로 시작된다.

하니족 서사시『하니아페이충포포哈尼阿培聰坡坡』에 "집집마다 나오고 마을 사람 모두 모여서 용신에게 제사를 올리네. 이 활기찬 날에 하니족은 조상에게 제사를 지낸다네"[52]라고

---

[50] '장룡연(長龍宴)'이라고도 불리는 이 축제는 하니족이 매년 음력 10월 10일 전후에 거행하는 전통 축제로서, 좋은 날씨와 오곡의 풍년을 기원하는 의미를 지닌다. 앙마투는 하니족 마을의 수호신이자 마을 정신의 상징으로, 한 그루의 나무이다(龍樹). '앙마쭝(昂瑪棕)'이라고 하는 신성한 숲은 바로 이 마을을 지키는 신이 깃든 장소이다. 하니족은 언제 어디서든 마을을 지을 때 가장 먼저 주변에 울창한 숲이 있는지를 살피는데, 그것은 울창한 숲을 마을 신인 '앙마'가 깃드는 곳으로 여기기 때문이다. 숲속의 특정한 한 그루 나무가 마을 신 '앙마'를 상징하는 것으로 여기며, 그 나무에 정해진 시간에 제사를 지내 마을의 평안함을 기원하고, 외부의 위협이나 각종 맹수의 침입을 물리치고자 했다. 이상은 黃紹文·王晏·滿麗萍,「以樹爲神的民族 - 從"昂瑪窩"個案解讀哈尼族的生態文化」,『紅河學院學報』, 2009年 第7卷 第1期, 2009.2. 참조. 2010년 5월 18일, 윈난성 위안양현에서 신청한 국가급 민속 항목 '하니족 앙마투절'이 선정되어 제3차 비물질문화유산으로 등재되었다.
[51] 鄒輝,「植物的祭禮與象徵 - 哈尼族"昂瑪突"意義的再解讀」,『雲南社會科學』, 2008年 第5期, 2008.9.
[52] "各家各戶來羅, 人人都來祭樹, 在這熱鬧的日子, 哈尼祭祀祖先."(朱小和 演唱, 史軍超·盧朝貴·段貺樂等翻譯,

기록되어 있듯이, '앙마투' 때에는 마을 전체의 조상신뿐 아니라, 각 가정의 조상신家祖에게도 제사를 지내는 것을 알 수 있다. 하니족은 마을 신의 영혼이 의식을 통해 제물인 돼지의 몸으로 환생하게 된다고 믿는다. 그래서 하니족이 제물로 바쳐진 돼지고기를 함께 나눠 먹는 것은 하니족 조상의 영혼을 자신들의 몸속에 받아들이는 행위로 여기며, 마을 신이자 조상신의 영적 힘을 강화하고 보충하는 동시에 하니족 공동체의 정체성과 소속감을 높인다고 여긴다.[53]

6. 하니족 신화를 통해 본 세계관

① 신과 인간, 자연과 귀신은 모두 한 가족

『하니족의 옛 노래哈尼古歌』「천지인귀天地人鬼」에는 신과 인간, 자연과 심지어 귀신도 모두 하나의 조상에서 나온 존재라고 노래하고 있다.

아득한 옛날 하늘과 땅도 없던 시절, 기운이 움직여 하늘과 땅으로 변했고, 하늘의 신인 옹번번랑과 땅의 신인 미페이페이춰가 해와 달, 별과 구름, 그리고 땅 위의 모든 식물과 동물들을 만들었다. 그리고 강가 하얀 소나무에서 인간의 조상인 송미워가 탄생했다. 송미워는 하늘에서 곡식의 씨앗을 가지고 와 지상에 심었다. '송미워 - 워추이루이 - 추이루이중 - 중밍옌 - 밍옌차 - 차시티 - 티시리'로 이어지는 계보는 얼핏 보면 매우 복잡해 보이지만 사실은 아주 간단하다. 아이들이 끝말잇기를 하듯 이어가는 조상의 이름에서 윈난 소수민족의 이름 짓는 방식을 알 수 있다. 이는 입에서 입으로 이어지는 '족보'인 셈이다. 문자로 기록된 것만을 '족보'라고 생각하는 우리에게 이것은 전혀 새로운 방식이지만, 그들은 이렇게 조상의 이름을 자기 속에 간직하면서 오랜 세월을 살아왔다.

『哈尼阿培聰坡坡』, 雲南民族出版社, 1986, 135쪽.)
53_ 陳永鄴, 『歡騰的聖宴: 哈尼族長街宴硏究』, 雲南大學出版社, 2009.

송미워에서 시작되어 9대에 이르렀을 때 신통력을 지닌 안주이가 나타났고, 그의 누이 탕파가 인간과 귀신의 조상이 되었다. 탕파 시대만 해도 인간과 귀신은 함께 먹고 일하고 즐거워하며 살았지만 탕파가 죽으면서 인간과 귀신은 분리되었다. 그리고 그 이후로 귀신은 사람을 볼 수 있었지만, 사람은 귀신을 볼 수 없었고, 사람과 귀신은 다시는 서로 돕지 않게 되었다. 하지만 이 오랜 구전 족보에서 볼 수 있듯이 신과 인간, 자연과 귀신은 원래 모두 하나였다. 천상에는 신이 살고, 지상에는 귀신이 살며, 그 중간에는 인간이 산다. 하니족 사람들은 이 세 개의 세상이 분리된 것이 아니라 언제나 공존하는 것이라고 여겼다. 하니족이 어느 곳으로 이주하든 신은 언제나 그들과 함께 있었고, 어려움이 닥칠 때 신은 늘 그들을 도와주었다. 사람들이 열심히 일하면 자연은 반드시 보답했다. 그러한 정신이 바로 아이라오산 지역에 뿌리내린 하니족 사람들로 하여금 기적 같은 다랑논을 일구게 한 것이다. 인간과 자연이 하나로 연결되어 있다는 관념이 없었다면 그들은 그 드넓은 지역에 다랑논을 만들 엄두도 내지 못했을 것이다.

또한, 그들은 농사를 지을 때 쓰는 역법조차도 금빛 물고기 여신에게서 나왔다고 생각한다. 금빛 물고기 여신이 낳은 엔뎨와 뎨마는 새롭게 생겨난 땅으로 올라왔다. 그리고 그곳에 물고기 여신의 금빛 비늘을 뿌렸더니 버섯류에 속하는 거대한 자고(윈난 남부 사람들이 즐겨서 먹는 토란과 같은 맛이 나는 식물)가 자라났고, 그곳에서 사람과 동물, 식물이 나왔다. 엔뎨와 뎨마는 그것의 뿌리와 줄기, 잎의 숫자를 보고 역법을 정했다. 즉 뿌리 12개에서 12달을, 꽃송이 30개에서 30일을, 나뭇잎 360개에서 360일을 정하는 식이었다. 그런데 세월이 지나 자고가 죽고 하늘을 가리는 큰 나무가 나타나는 바람에 사람들은 역법을 잃어버렸다. 그러자 하니족 사람들은 한 청년을 뎨마에게 보내어 날짜를 만들 수 있는 나무를 다시 심어달라고 부탁했다. 그러나 뎨마는 금빛 물고기 여신의 비늘을 모두 써버렸기 때문에 더는 만들 수 없다고 했고, 청년은 결국 천신 어마俄瑪를 찾아갔다. 천신 어마에게는 마침 금빛 물고기 여신의 비늘 세 개가 남아 있었다. 여신은 비늘 하나를 심어 아들에게 지키라고 했으나 그 비늘은 검은 머리 개미가 물고 가서 자기 집을 짓는데 써버렸다. 두 번째 비늘을 며느리에게 지키라고 했으나 역시 붉은 얼굴 암탉이 가지고 가서 자기 새끼에게 먹여버렸다. 세 번째 비늘은 어마가 직접 지켜 나무가 자라기는 했지만 잠시 자리를 비운 사이 온갖 동물들이 와서 나무에 발자국을 찍어놓았다. 결국, 천신 어마는 동물들의 발자국으로 새로운 역법을 만들었는데 그것이 바로 소, 호랑이, 토끼 등으로 이루어진 '12간지'와 같은 역법이다.[54]

② 하니족의 생명과 죽음에 관한 인식

하니족은 모든 생명이 세상 만물을 창조한 모미의 보살핌으로 살아간다고 여긴다. 만물이 한 가족이라는 인식에서 빈부귀천의 구별이 없다고 여기기 때문에 인간과 다른 존재에 대해서도 편견을 갖지 않고 평등하게 대하며, 삶 속에서 주어진 모든 것에 감사하고 소중히 여긴다. 따라서 열악한 생존 환경 속에서도 하니족은 낙관적이고 긍정적인 마음을 유지하고 살아갈 수 있는 것이다. 죽음에 대해서도 하니족은 독특한 사고 체계를 보인다. 그들의 인식 속에서 죽음은 단지 육체의 소멸을 의미할 뿐이며, 죽은 자의 영혼은 일정한 종교 의례를 거친 후 마땅히 돌아가야 할 장소로 간다고 여긴다. 하니족은 자신들의 조상이 머나먼 서북쪽의 '눠마아메이'에서 이주해 왔다고 생각한다.[55] 그래서 노인들이 돌아가시면 사제인 모피가 노인의 영혼을 조상들의 땅으로 돌아가게 하는 『지로경指路經』을 읊는다.[56] 길을 인도하는 사제인 모피의 노래를 따라 노인의 영혼은 윈난성 남부 위안양元陽에서 멀고 먼 북쪽까지 편안하게 조상들의 땅으로 돌아가 조상과 재회하게 되는 것이다. 또한, 하니족의 제사 무가祭祀巫歌인 『쓰피헤이저斯批黑遮』에서도 이렇게 노래한다.

54_ 하니족 신화 부분은 김선자의 글을 인용했음을 밝힌다. 김선자, 『중국 소수민족 신화기행』, 안티쿠스, 2009, 183~185쪽.
55_ 이 내용은 이 책의 제9장 「두다나가」에 보인다.
56_ 하니족의 『지로경』과 그 의미에 대해서는 김선자, 「영혼의 길 밝혀주는 노래 『지로경』」(이평래 외, 『아시아의 죽음문화』, 소나무, 2010); 「애도와 공포, 그 사이 - 중국 소수민족 신화와 의례에 나타난 죽음과 치유」(『중국어문학논집』 제138호, 2023.2.) 참조.

"망자의 육신은 소멸하더라도 혼은 사라지지 않네. 하지만 망자는 조상이 어디에서 왔는지를 알지 못하니, 죽어 저승길에 들어서면 길을 헤매게 되지. 노인이 세상을 떠난 뒤에는 반드시 조상을 찾아가야 하고, 조상의 온 길을 후손이 잊지 않도록 전해야 한다네. 조상이 걸어온 길을 따라 하니족의 뿌리를 찾아가야 한다네."[57]

이렇게 죽음은 하니족의 세계관 속에서 삶의 끝이 아니라 다음 여정의 시작이다. 따라서 장례 의례는 인간이 새로운 단계로 진입하는 통과의례로서 매우 중요한 의미를 갖는다. 죽음이란 그 자체로 장구한 인생 여정에서 반드시 거쳐야 하는 하나의 단계일 뿐이며, 인간의 삶과 죽음 역시 모미가 주관하기에 죽음에 대해 지나치게 비통해할 필요가 없다고 생각하는 것이다. 이런 것은 하니족의 장례 의례인 '모춰춰莫搓搓'를 통해 그 일단을 엿볼 수 있다. 모춰춰는 장수를 누리고 임종한 노인을 위해 거행되는 성대한 장례 의식으로, '모'는 노인을, '춰'는 춤을 뜻하는데, 즉 '노인을 위해 추는 상례의 춤'을 의미한다. 장례 현장에서 후손들은 함께 모여 돼지와 소를 잡아 제물로 바치고, 악기를 연주하며 밤새도록 노래와 춤을 멈추지 않는다.[58] 하니족 장례 의례 속의 오락적 성격을 띤 종교 활동은 삶에 대한 소중함과 생명에 대한 존중 의식을 보여준다.

7. 하니족의 복식

하니족은 검은색을 아름다움과 장중함, 성스러움의 상징으로 여기며 중시한다. 남녀 모두 검은색이나 짙은 남색의 쪽으로 만든 옷을 주로 입는다. 여성의 복식은 지역에 따라 다양한 특색을 보이는데, 은銀 장신구를 특히 선호한다. 복장이나 머리 모양으로 미혼과 기혼

---

[57] 李期博等编,『斯批黑遮』, 雲南民族出版社, 1990.
[58] 鄭碩夫,「論哈尼族宗教中的生命觀」,『歌海』, 2013年 第1期, 2013. 1, 57쪽 참조.

을 구분하는데, 미혼인 경우는 머리를 길게 땋고, 기혼은 머리를 두 갈래로 땋아 틀어 올린다. 또한, 허리띠의 색과 위치가 혼인 여부를 구분하기도 한다.

하니족 복식의 장식과 도안에는 많은 상징적인 의미가 담겨 있다. 특히 하니족 여성들의 은 장신구 중에는 물고기 목걸이가 많고, 동그란 은을 이어 만든 하니족 여성의 모자는 최초의 여신이 탄생한 은빛 바다를 상징한다. 하니족의 창세신화『하니족의 옛 노래哈尼古歌·워궈처니궈窝果策尼果』에는 금빛 물고기 여신에게서 하니족의 위대한 여신 '어마'가 태어났다는 이야기가 있다.

> 신들의 집 한가운데에
> 위엄에 찬 천신 어마俄瑪가 앉아 있네.
> 그녀는 최고의 위대한 여신
> 하늘과 땅의 모든 신들을 낳으셨지.
> 세상의 모든 것들, 어마가 낳아 기르셨네.

세상 만물을 낳고 기른 금빛 물고기 여신의 이야기에는 어머니를 중심으로 살아갔던 아득한 옛 기억이 새겨져 있다. '물 - 물고기 - 여성'의 신화 상징체계에서 여신과 물, 물고기는 생명과 다산을 의미한다. 온 세상을 가득 채운 물은 궁극적인 생명의 기원, 즉 어머니의 자궁을 가득 채운 양수를 상징한다.[59]

하니족 조상의 이주의 역사는 하니족의 전통 복식에도 나타난다. 하니족의 한 지파인 이처인은 인구가 2만 명이 되지 않는데 위안양현 다양제, 랑티浪堤, 처구車古에 거주한다. 그들은 오랜 이주의 역사와 자연과의 교감 속에서 독창적이고 신비로운 문화를 일구어냈다.[60] 그들의 문화는 하니족의 농경, 종교, 제사, 역법, 민속, 복식, 혼인, 음식 등을 포괄하

---

[59] 하니족 신화와 물고기, 여신의 상징체계에 관한 이상의 내용은 김선자의 책을 인용하였음을 밝힌다. 김선자, 『중국 소수민족 신화기행』, 안티쿠스, 2009, 174~176쪽.

며, 사회학이나 민속학적으로도 연구할 만한 가치가 있다. 이처인 여성은 뾰족한 흰 모자를 쓰고, 상의는 쪽빛의 짧은 반소매 옷을 입는데, 깃과 단추가 없으며, 오색의 넓은 허리띠로 동여맨다. 이들의 옷은 겹쳐 입는 방식으로, 적게는 7~8벌에서 많게는 10여 벌까지 겹쳐 입으며, 안쪽의 옷은 길고 바깥으로 갈수록 짧기 때문에, 겹쳐 입은 옷의 수가 겉으로 드러난다. 이처인들은 옷을 여러 벌 겹쳐 입을수록 아름답고 가정이 부유함을 드러낸다고 여긴다. 하의는 흑색 반바지를 입되, 바짓단에 주름을 잡는다. 허벅지 이하 부분은 모두 노출한다. 이처 여인의 목에는 은 물고기 목걸이를 걸고, 우렁이 모양의 은 장식을 허리춤 좌우에 여섯 개씩 매달아 일 년 열두 달을 상징한다. 옷에 달린 은꽃은 그들의 생활 터전인 산에 자생하는 '다부스打不死(죽지 않는 꽃)'라는 식물에서 따왔다. 이 꽃은 생명력이 매우 강해 열악한 환경에서도 끈질기게 살아남기 때문에, 이 꽃을 몸에 지니는 것은 척박한 자연환경에 맞서 싸우는 이처인의 낙천적인 정신과 강인한 의지를 담고 있다. 이처인 여성 복식의 기원에 관해서는 여러 이야기가 전해지는데 가장 많이 알려진 이야기는 다음과 같다.[61]

아득히 먼 옛날, '양저仰者'[62]의 아들인 저이者奕 왕에게는 열 명의 아들이 있었는데, 그중 막내 아들 이처奕車가 가장 똑똑하고 실력이 뛰어나며 효성이 지극하였다. 세월이 흐르면서 국왕은 점차 노쇠하였고, 누구에게 왕위를 물려줄 것인가를 고민하였다. 백성들은 막내 왕자 이처가 왕위를 계승하기를 원하였으나, 위의 아홉 왕자들은 이를 받아들이지 않았다. 결국, 왕은 무예 시합을 통해 계승자를 결정하기로 하였다. 그 결과 막내 왕자 이처가 승리하여 왕위에 올랐다.

왕이 죽고 나자, 아홉 왕자는 군사를 일으켜 막내 왕자 이처를 죽이고 왕위를 빼앗으려

60_ 하니족의 한 분파인 이처인은 그 독특한 복식과 문화로 인하여 사람들의 주목을 받아왔는데, 복식에 얽힌 신화도 흥미롭다. 2009년, 하니족 이처인의 복식은 윈난성 제2차 비물질문화유산 목록에 등재되었다.
61_ 「民族團結; 奕車服飾 - 流不盡的萬般神韻」 紅河縣民族宗教事務局, 2023年 8月, 25號, 鄧麗娜, 『雲南紅河縣哈尼族奕車女子傳統服飾中的"層次"風格研究與創新』, 北京服裝學院 碩士學位論文, 2018.12. 복식에 관한 전설과 설명은 홍허현 현위원회 홍보부(紅河縣縣委宣傳部) 마융린(馬永林) 선생과 함께 홍허현 다양제향(大羊街鄉) 현지답사 중 채록한 이야기를 정리한 것이다.
62_ 이 책의 9장 「두다나가」에서 언급한 하니족의 조상인 '양저'를 가리킨다.

하였다. 이처는 아무산阿姆山으로 도망쳤으나, 곧 아홉 형제의 추격군이 산을 포위하고 불을 질러 그를 태워 죽이려 하였다. 그때 한 마리 영양羚羊이 나타나 이처를 태우고 재빠르게 달아났다. 그러나 멀리 가지 못해 영양은 화살에 맞아 쓰러지고, 이처는 홀로 필사적으로 아포리산阿波黎山[63]을 향해 달렸다. 달리고 또 달리다 보니 신발이 벗겨지고, 바지는 나뭇가지에 걸려 찢어져 몸을 가릴 짧은 바지만 남게 되었다. 더 이상 달릴 수 없게 된 그는 한 그루 커다란 뽕나무 아래 주저앉아 통곡했다. 그 절절한 울음소리는 천신 모미를 감동시켰고, 모미는 눈부시게 흰 머리 장식인 파창帕常을 세 개 내려주며 이처에게 쓰고 흰 꽃 무리 속에 숨어 추격을 피하라고 하였다.

추격군이 물러난 뒤, 이처는 다시 아포리산 정상으로 향했고, 그곳에서 선량하고 아름다운 산신의 일곱째 공주를 만났다. 알고 보니, 조금 전 불길 속에서 자신을 구해준 영양이 바로 이 공주가 변신한 것이었다. 이처와 일곱째 공주는 처음 본 순간 사랑에 빠져 부부가 되고, 아포리산 정상에 집을 짓고 개간하여 삶을 일구었다. 일곱째 공주는 당시 이처가 난을 피해 달아날 때 천신 모미가 내려준 세 개의 파창을 세 딸에게 나누어주고, 이처가 입었던 해진 짧은 바지 세 벌을 또 세 딸에게 물려주었다. 이후 이처 여성들은 대대로 깨끗한 흰 파창을 머리에 쓰고, 몸에 밀착된 짧은 바지를 착용하게 되었다.

8. 하니족 창세 서사시 『열두거리』

『스얼누쥐』는 하니족 민간에서 구전되어 온 창세 서사시이다. 총 12편으로 구성된 『스얼누쥐』의 명칭은 그것을 구성하는 편수 '열둘'에 '편篇' 또는 '장章'이라는 뜻의 하니어 '누쥐奴局'를 붙여 만들어졌다. 『스얼누쥐』라는 명칭의 한국어 번역인 『열두거리』는 이러한 의

---

[63] 아포리산(阿波黎山)은 윈난성 아이라오산(哀牢山)의 서남부에 위치한다. 이곳은 하니족 문화의 발상지 중 하나로 여겨지는 곳이다.

미를 살린 것이다.

『열두거리』는 원래 '하니족 옛 노래哈尼古歌'라는 뜻의 '하니하바哈尼哈巴'의 여러 작품 중 하나로서 하니족의 전통적인 노랫가락인 '하바哈巴'에 맞춰 부르는 형식으로 연행되었다. 지역마다 다양한 형식과 내용으로 구전되던 '하니하바'가 2008년 중국의 제2차 국가비물질문화유산 목록에 이름을 올리면서 2009년에는 『열두거리』도 다양한 구비전승을 채록, 정리한 출판물의 형태로 간행되었다.

『하니하바』는 예전 하니족 사회의 생산과 노동, 종교 의례, 윤리와 도덕, 관혼상제 등 생활 전반에 관한 내용을 망라하고 있어서 '전형적인 하니족 삶의 백과사전'이라고 불리기도 한다. 그중에서도 『열두거리』는 12편의 작품 안에 '세상의 시작', '인류의 기원', '홍수신화', '불의 기원' '역법의 시작' 등 대부분 신화에 자주 등장하는 주제들부터 하니족 '마을의 기원', 하니족 공동체 내의 지혜로운 자들(족장, 사제, 장인)의 기원, 하니족 이주의 역사와 계절별 월령月令에 이르기까지 다양한 주제를 담고 있다.

① 『열두거리』의 제목과 내용

『열두거리』는 총 12편의 서사시로 구성되어 있는데, 「무디미디牡底密底」, 「무푸미파牡普謎帕」, 「앙사시쓰昻煞息思」, 「아쯔쯔더우阿資資斗」, 「아짜뒤라阿扎多拉」, 「아피쑹아阿匹松阿」, 「줴마푸더覺麻普德」, 「무스미가牡實米憂」, 「두다나가杜達納嘎」, 「왕쭈이다마汪咀達瑪」, 「줴처리쭈覺車里祖」, 「훠지라지伙及拉及」 등 모두 하니어를 한자어로 음차해서 표기했다. 각각의 장이 담고 있는 내용을 개략적으로 살펴보면 다음과 같다.

〈표 3〉 『열두거리』의 목차, 제목과 그 내용

차례	제목(원문)	번역 제목	내용
1	「무디미디(牡底密底)」	하늘이 열리고 땅이 열리다	태초에 신이 세상을 창조하는 과정.
2	「무푸미파(牡普謎帕)」	대홍수와 인류의 시작	대홍수로 인해 신이 처음 만든 세상이 멸망한 후, 홍수에서 살아남은 남매가 다시 인류를 번성시키는 과정을 서술.

차례	제목(원문)	번역 제목	내용
3	「앙사시쓰(昂煞息思)」	물고기 뱃속에서 씨앗 찾기	대홍수 이후 삶을 회복하기 위해 큰 물고기의 뱃속에 들어있는 곡식의 씨앗을 찾는 과정을 서술.
4	「아쯔쯔더우(阿資資斗)」	하늘을 가리는 큰 나무와 연, 월, 일의 기원	젠서우尖收의 지팡이가 큰 나무로 변해 하늘과 천체를 가리는 재앙을 극복하는 과정에서 하니족 역법曆法이 생겨난 배경을 서술.
5	「아짜둬라(阿扎多拉)」	불의 기원	불의 기원에 관한 하니족 신화를 통해 하니족 문화에서 불이 갖는 상징적 의미와 중요성을 설명.
6	「아피쑹아(阿匹松阿)」	족장과 사제, 장인匠人의 기원	하니족 공동체의 족장(頭人), 사제인 베이마(貝瑪), 장인(工匠)의 기원과 역할의 중요성을 설명.
7	「줴마푸더(覺麻普德)」	마을을 세운 줴마	하니족의 조상인 줴마覺麻가 처음 하니족 마을을 세운 이야기를 통해 공동체의 기원을 설명.
8	「무스미가(牡實米憂)」	후손의 번성	임신과 출산, 육아와 관련된 하니족의 민속과 그 과정에서 느끼는 자녀와 후손에 대한 사랑을 노래.
9	「두다나가(杜達納嘎)」	하니족 이주의 노래	하니족이 현재의 터전에 정착하기까지 지나온 경로와 겪었던 애환의 역사를 노래함으로써 하니족 뿌리에 대한 기억을 보존.
10	「왕쭈이다마(汪咀達瑪)」	효도	하니족 가정에서 육아의 고충과 이를 감수하고 희생한 부모에 대한 감사를 상기시킴으로써 인간 윤리의 기본으로서 효도를 강조.
11	「줴처리쭈(覺車里祖)」	줴처覺車, 장터를 열다	하니족 조상 줴처가 하니족의 삶에 있어 중요한 교류의 공간인 장터를 처음 열고 발전시킨 과정을 통해 하니족의 삶과 여러 지역의 장터 풍경을 묘사.
12	「훠지라지(伙及拉及)」	1년 사계절	하니족 거주 환경의 계절별 변화와 세시풍속, 마을의 중요한 행사와 일정을 월령체로 표현.

    목차와 내용에서도 알 수 있듯이, 『열두거리』는 세계의 기원에 대한 하니족의 인식을 반영하고 있으며, 최초의 조상에서부터 현재에 이르기까지 하니족의 삶과 문화, 사회적 규범과 윤리적 기준이 어떤 과정을 거쳐 형성되었는지를 보여주고 있다. 따라서 『열두거리』는 하니족의 사회와 문화를 이해하는 중요한 기본 자료라고 할 수 있으며, 『열두거리』에서 만나게 되는 하니족의 인식과 삶의 형태는 현재 우리의 삶과 사회에 대한 인식을 되돌아보는 계기가 되기도 할 것이다.

② 『열두거리』의 채록과 출판

『열두거리』는 하니족의 창세 서사시로서 다른 '하니족 옛 노래哈尼哈巴'와 마찬가지로 민간에서 널리 구전되고 있었으나 모두 동일한 형태로 구전되지는 않았다. 하니족은 윈난성 남부 훙허와 아이라오산 일대의 훙허, 위안양, 진핑 등 지역에 주로 모여 살았는데, 지역별로 『열두거리』의 구전 형태와 내용에 있어 다소 차이가 있었다. 구비전승 과정에서 지역 간, 전승자 간에 발생하는 차이는 비단 『열두거리』뿐만 아니라 대부분 구전 서사에서 보이는 특징이다.

이렇듯 다양한 『열두거리』에 대한 수집, 정리의 첫 시도는 1979년에 있었다. 당시 '민족민간문화유산긴급보호搶救民族民間文學遺産'의 일환으로 훙허 지역의 관계 당국이 장뉴랑張牛郞, 리저루李遮祿, 리정싱李正興, 리칭루李慶祿 등 유명한 하니족과 이족 전승인들을 초청해 '민간전승인 연행회民間歌手演唱會'를 개최하여 하니족과 이족의 민요와 이야기를 채록했다. 바로 이 자리에서 하니족 전승인 장뉴랑이 연행한 내용을 하니족 지식인 리자순李家順이 현대 한어漢語로 통역하고, 이를 다시 자오관루趙官祿와 궈춘리郭純禮가 기록, 정리하면서 최초의 『열두거리』 한어 채록본이 완성되었다.

이어서 1985년에서 1986년 사이에 황스룽黃世榮과 궈춘리郭純禮가 다시 투훠사涂伙沙, 바이쭈보白祖博, 리커랑李克朗 등 전승인들의 연행을 채록해 기존의 1979년 장뉴랑 연행본을 보충함으로써 더욱 완전하고 정리된 판본이 완성되었다. 두 번째의 보충 채록을 통해 더욱 완성도가 높아진 『스얼누쥐十二奴局』는 대표성을 갖춘 채록본으로서 1989년 윈난인민출판사雲南人民出版社에서 처음 출간되었다.

『스얼누쥐』의 한국어 번역서인 『열두거리』가 저본으로 삼은 판본은 2009년에 출판된 『스얼누쥐』의 재판再版으로, 1989년 10월에 발행된 초판에서 개정된 부분이 없이 동일한 판본이다.

十二奴局

열두거리(스얼누쥐)*

* 『열두거리』는 원래 하니족 민간에서 『스얼누쥐十二奴局』로 불리며 구전되어 온 하니족 창세 서사시이다. '하니족 옛 노래哈尼古歌'라는 뜻의 '하니하바哈尼哈巴' 중 하나인 『스얼누쥐』는 하니족의 전통적인 노랫가락인 '하바哈巴'에 맞춰 부르는 형식으로 전해져 내려왔다.
『스얼누쥐』는 총 12편으로 구성되어 있으며, 각 편에 '편篇' 또는 '장章'이라는 뜻의 하니어 '누쥐奴局'를 붙여 '열두 편의 서사시'라는 뜻의 『스얼누쥐』라고 불렀다. 이러한 원제목의 의미를 살려 『스얼누쥐』의 한국어 번역은 『열두거리』로 했다. 『열두거리』에는 하니족의 창세 신화와 홍수 신화, 문명과 질서의 기원, 이주의 역사와 하니족의 다양한 삶의 모습이 열두 편에 걸쳐 담겨있다.

牡底密底

제1장

하늘이 열리고
땅이 열리다

하늘이 열리고 땅이 열리다
牡底密底[1]

薩拉阿依 —
很古很古的時候,
天地混沌不分,
世間沒有寬寬的大地,
世間沒有高高的藍天,
天神沒有地方住,
地神沒有地方住.

世間沒有寬寬的大地,
世間沒有高高的藍天,
天神不會在,
四面八方到處走,
地神不會在,
四面八方到處遊.

싸라아이[2] —
옛날, 옛날 아주 먼 옛날,
하늘과 땅이 갈라지지 않았을 때,
세상에는 넓디넓은 대지도 없고,
세상에는 높디높은 하늘도 없었네.
하늘 신이 살 곳도 없었고,
땅 신이 살 곳도 없었네.

세상에는 넓디넓은 대지도 없고,
세상에는 높디높은 하늘도 없었네.
하늘 신이 머물 곳 없어,
사면팔방으로 돌아다녔고,
땅 신도 있을 곳 없어,
사면팔방으로 떠돌아다녔네.

1_ [원주] '무디미디'는 하니어(哈尼語)로 '하늘이 열리고 땅이 열렸다'는 뜻이다.
2_ [원주] 하니족이 시가(詩歌) 연창을 시작할 때 쓰는 추임새이다.

人種不會生出來,	인간이 생겨날 수도 없었고,
財種不會生出來,	재물이 생겨날 수도 없었고,
莊稼不會長出來,	작물이 자라날 수도 없었고,
萬物不會生出來,	만물이 생겨날 수도 없었네.
不造天不行了,	하늘을 만들지 않으면 안 되었네.
不造地不行了.	땅을 만들지 않으면 안 되었네.
天是哪日造的?	하늘은 언제 만들었지?
地是哪日造的?	땅은 언제 만들었을까?
天是屬龍的那天造的,	하늘은 용의 날에,
地是屬蛇的那天造的,	땅은 뱀의 날에 만들었지.
造天的是哪個?	하늘은 누가 만들었지?
造地的是哪個?	땅은 누가 만들었을까?
造天的是朱比阿龍,	하늘은 주비아룽[3]이,
造地的是朱比拉沙,	땅은 주비라사[4]가 만들었지.
天是怎樣造的?	하늘은 어떻게 만들었지?
地是怎樣造的?	땅은 어떻게 만들었을까?
阿龍把天一片一片闢出來,	주비아룽이 한 조각씩 하늘을 열었고,
拉沙把地一塊一塊開出來,	주비라사가 한 덩이씩 땅을 열었지.
天劈出來了,	하늘이 쪼개져 나왔고,
地開出來了,	땅이 열려서 나왔네.
可是劈出來的天,	쪼개져 나온 하늘은

3_ [원주] '주비아룽'은 하니족 신화에서 하늘을 만든 신이다.
4_ [원주] '주비라사'는 하니족 신화에서 땅을 만든 신이다.

高高低低不整齊,	높낮이가 달라 비뚤비뚤,
可是開出來的地,	열어서 나온 땅은
坑坑窪窪不平坦.	고르지 않고 울퉁불퉁.
輪著耙天囉,	번갈아 가며 하늘을 써레질하네.
輪著耙地囉.	번갈아 가며 땅을 써레질하네.

借來天神的金耙, 하늘 신의 금 써레를 빌려오고,
借來天神的黃牛, 하늘 신의 황소를 빌려와서
天頭耙三道, 하늘 꼭대기에 세 번 써래질하고,
天中耙三道, 하늘 가운데 세 번 써래질하고,
天腳耙三道, 하늘 끝에 세 번 써래질해서
把地耙平了. 하늘이 평평해졌네.

借來天神的銀耙, 하늘 신에게 은 써레를 빌려오고,
借來天神的水牛, 하늘 신에게 물소를 빌려와서,
地頭耙三道, 땅 꼭대기에 세 번 써래질하고,
地中耙三道, 땅 가운데 세 번 써래질하고,
地腳耙三道, 땅끝에 세 번 써래질해서
把地耙平了. 땅이 평평해졌네.

검은 소는 윈난성 소수민족 지역에서 농사를 지을 때 가장 소중한 가축이다.

天的四方平滑了,	하늘의 네 귀퉁이가 매끄러워지고,
地的四方平坦了,	땅의 네 귀퉁이가 평평해졌지만,
可是天和地空空蕩蕩,	하늘과 땅은 텅텅 비었네,
到處是漆黑一團.	사방이 칠흑같이 어두웠네.

他們用金子做成太陽, (주비아룽과 주비라사가) 금으로 해를 만들고,
用玉石做成月亮, 옥으로 달을 만들고,
用銀子做成星星, 은으로 별을 만들어,
掛在高高的天上, 하늘 높이 걸어두었네.
從此天上有了光亮了, 이때부터 하늘에 빛이 생겼지,
從此地上有了光亮了, 이때부터 땅 위에 빛이 생겼네.

莫米用木梳把太陽光梳下來, 모미[5]가 나무 빗으로 햇빛을 빗질하고,
莫米用木梳把月亮光梳下來, 모미가 나무 빗으로 달빛을 빗질하니,
太陽撒下十二道金線, 해가 열두 가닥 금빛 실을 뿌리고,
月亮撒下十二道銀線, 달이 열두 가닥 은빛 실을 뿌리네.
一條線照天邊, 한 가닥은 하늘을 비추고,

구이저우성貴州省 샤오황小黃 마을 여성 머리의 나무 빗
중국 남부지역 소수민족 여성에게 빗은 매우 소중한 기물이다. 남성이 사랑하는 여성에게 주는 사랑의 정표가 직접 깎아 만든 빗이다.

5_ [원주] '모미'는 하니족 신화에 나오는 하늘의 신이다.

一條線照地邊,	한 가닥은 땅을 비추네.
一條線照天和地中間,	한 가닥은 하늘과 땅 사이를,
一條線照人,	한 가닥은 사람을,
一條線照飛禽,	한 가닥은 날짐승을,
一條線照走獸,	한 가닥은 길짐승을,
一條線照河流,	한 가닥은 강물을,
一條線照山崗,	한 가닥은 산과 언덕을,
一條線照長穀子的水田,	한 가닥은 벼가 자라는 논을,
一條線照長草木的大地,	한 가닥은 초목이 자라난 들판을,
一條線照載棉花的河壩,	한 가닥은 목화가 있는 강가 들판을,
一條線照載蕎子的高山.	한 가닥은 메밀이 있는 산 위를 비추네.
四面八方都照到了,	사면팔방에 빛을 뿌리니,
世間沒有照不著的地方了.	세상 모든 곳이 빛으로 환해졌네.
雲霧是怎樣來的?	구름과 안개는 어떻게 생겨났을까?
山風是怎樣來的?	산바람은 어디서 온 것일까?
天上的雷聲是怎樣來的?	하늘의 천둥소리는 어떻게 생겨났을까?
天邊的閃電是怎樣來的?	하늘 가의 번개는 어디서 온 것일까?
天上的俄求想霸佔地,	하늘 위의 어추[6]는 땅을 뺏고 싶어 했고,
地上的卑甲阿瑪想霸佔天,	땅 위의 베이자아마[7]는 하늘을 뺏고 싶어 했지.
兩個互不相讓,	둘은 서로 양보하지 않고,
拿起大刀爭鬥起來.	큰 칼 들고 싸우기 시작했네.
從地上打到天上,	땅에서 하늘로 싸움이 이어지고,
從天上打到地上.	하늘에서 땅으로 전투가 이어졌네.

6_　[원주] '어추'는 하니족 신화에 등장하는 용(龍)이다.
7_　[원주] '베이자아마'는 하니족 신화 속 동물이다.

俄求呼出來的氣成雲霧,	어추가 내쉰 숨결은 구름과 안개가 되고,
卑甲阿瑪呼出來的氣成山風,	베이자아마의 입김은 산바람이 되었네.
它們的吼聲變成雷鳴,	외치는 소리는 천둥소리가 되고,
它們的汗水變成雨點,	흐르는 땀은 빗방울로 변했네.
它們的刀碰在一處,	칼날이 부딪친 곳에서,
冒出的火星變成閃電.	튀어나온 불꽃은 번개가 됐네.
最初人種是從哪裡來?	최초의 인간은 어디에서 왔을까?
長得像個什麼樣?	최초의 인간은 누구를 닮았을까?
男的名字叫什麼?	남자의 이름은 무엇일까?
女的名字叫哪樣?	여자의 이름은 무엇일까?
最初的時候,	아득한 옛날에,
莫米從天上派下兩個人種來,	모미가 하늘에서 (지상으로) 두 사람을 보냈네.
男的叫依沙然哈,	남자는 이사란하[8]-,
女的叫依莫然瑪,	여자는 이모란마[9]-,
只有一隻獨眼,	둘 다 눈이 한 개뿐,
長在腦門正中間,	이마 한가운데 붙어있었지[10]-.
依沙和依莫結成夫妻,	둘은 부부가 되어,
生下一個葫蘆團,	조롱박을 낳았네.
過了七天七夜,	일곱 낮 일곱 밤이 지나자,
葫蘆裡響起聲音,	조롱박 속에서 소리가 들려왔지,
剛把葫蘆劃開,	조롱박을 가르니,

8_ [원주] '이사란하'는 하니족 신화에 등장하는 최초의 인간이다. '이사'는 이름이고, '란하'는 '남자'라는 뜻이다.
9_ [원주] '이모란마'는 하니족 신화에 등장하는 최초의 인간이다. '이모'는 이름이고 '란마'는 '여자'라는 뜻이다.
10_ [역주] 최초의 인간이 하나의 눈을 갖고 있었다는 신화는 하니족과 이웃해 거주하는 이족(彝族)의 신화에도 등장한다. 이족 신화는 눈의 변화 과정으로 인간의 지적 변천을 설명하고 있다. 나상진 엮어옮김, 『이족 창세신화와 만물의 기원』(민속원, 2019) 참조.

跳出很多人來,	수많은 사람이 튀어나왔지.
仔細數數看看,	하나하나 세어보니,
共有七十七種人⋯⋯	모두 일혼일곱이더라⋯⋯
七十七種人生成一副模樣,	일혼일곱이 같은 모습으로 태어났지만,
一個也不像依沙依莫,	둘과 닮은 사람 하나도 없었네.
一隻大大的獨眼眼睛,	부리부리한 외눈[11]- 하나가,
長在後腦殼上.	뒤통수에 붙어있었지.
眼睛在一邊,	눈은 뒤쪽에 있고,
腳手在一邊,	손발은 앞쪽에 있으니,
要倒著走路,	뒤로 걸어야 했고,
做起活來像扯羊肚腸,	일하는 것도 엉망이었네[12]-.
莫米看到這種人,	그 모습을 보고 있자니,
他的心一點也不來.	모미 마음 흡족하지 않았네.
要換人種囉,	아무래도 안 되겠다,
要生新的一代囉.	새로운 인간을 만들어야겠구나.
莫米心不來,	모미가 못마땅하여,
人種換了一代又一代.	인간을 계속 새로 만들었지.
不知過了多少年,	한 세대 또 한 세대 바꾸다 보니,

11_ (역주) 하니족과 많은 부분을 공유하는 이족의 창세서사시 『차무(查姆)』에도 '독목인(獨目人)'과 관련된 신화가 등장한다. 독목인 시대의 인간 '라뎨'는 눈 하나가 이마에 있는데, 말을 할 줄 모르고 씨앗도 뿌릴 줄 몰랐다. 그 시대에는 사람이 동물을 잡아먹고 동물도 사람을 잡아먹었는데, 때로는 사람끼리도 잡아먹었다. 나뭇잎 옷을 입었고, 불도 사용할 줄 몰랐으며, 농사도 지을 줄 몰랐다. 그랬던 독목인의 시대는 여신 뤄타지의 딸이 물네 바가지로 독목인을 깨끗하게 씻기면서 끝난다. 여신이 물로 독목인을 씻기니 독목인의 백발이 흑발로 변하고, 거친 손은 부드러운 손으로 변했으며, 눈이 세로눈(直目人)으로 변했다. (나상진 엮어옮김, 『이족 창세신화와 만물의 기원(彝族 查姆)』, 「제2장 독목인시대」참조)

12_ (역주) 양을 잡아 내장을 꺼내놓으면 이리저리 엉켜있듯, 일하는 것이 엉망진창이라는 뜻이다.

又生出新的人一代,　　　　　　　어느새 새로운 인간이 생겨났네.
這代人的眼睛有兩隻,　　　　　　이번에 만든 인간은 눈이 둘인데,
齊齊地長在鼻子上,　　　　　　　코 위에 가지런히 붙어있었지.
長得和現在的人一個樣,　　　　　생김새가 지금 사람과 똑같았네,
做起活來也方便.　　　　　　　　일하는 모습 보니 봐줄 만했네.

莫米看到這代人,　　　　　　　　이번에 만든 인간을 보니,
心頭老實喜歡.　　　　　　　　　모미 마음에 쏙 들었네.
從此不再換人種,　　　　　　　　그래서 다시는 새로 만들지 않고,
叫人代代照著這代人樣生.　　　　대대로 이번 인간처럼 낳으라 했네.
從此不知過了從少年,　　　　　　그 후로 얼마나 지났는지,
不知過了多少代,　　　　　　　　몇 세대나 흘렀는지 모르지만,
不論到天邊,　　　　　　　　　　하늘 저 끝을 가든,
不論到海邊,　　　　　　　　　　바다 저 끝을 가든,
不論到哪裡,　　　　　　　　　　세상 어디를 가든,
世間人都是一個樣,　　　　　　　세상 사람 모두 똑같이,
兩隻眼睛長在鼻子上邊　　　　　　코 위에 두 눈이 있다네.

最初的獸種怎樣來?　　　　　　　길짐승은 처음에 어떻게 생겨났을까?
最初的鳥種怎樣來?　　　　　　　날짐승은 처음에 어떻게 생겨났을까?
撒獸種的是哪個?　　　　　　　　길짐승 씨를 뿌린 건 누구일까?
撒鳥種的是哪個?　　　　　　　　날짐승 씨를 뿌린 건 누구일까?

依沙然哈撒獸種,　　　　　　　　이사란하가 길짐승 씨를 뿌리고,
依莫然瑪撒鳥種.　　　　　　　　이모란마가 날짐승 씨를 뿌렸네.
依沙然哈把獸種撒在地上,　　　　이사란하가 길짐승 씨를 땅에 뿌리니,
獸種很快變成螃蟹.　　　　　　　길짐승 씨앗이 게로 변했네.
螃蟹進水抱蛋,　　　　　　　　　게가 물속으로 들어가 알을 품으니,
抱出七十七種走獸……　　　　　　일흔일곱 길짐승이 품에서 나왔네.

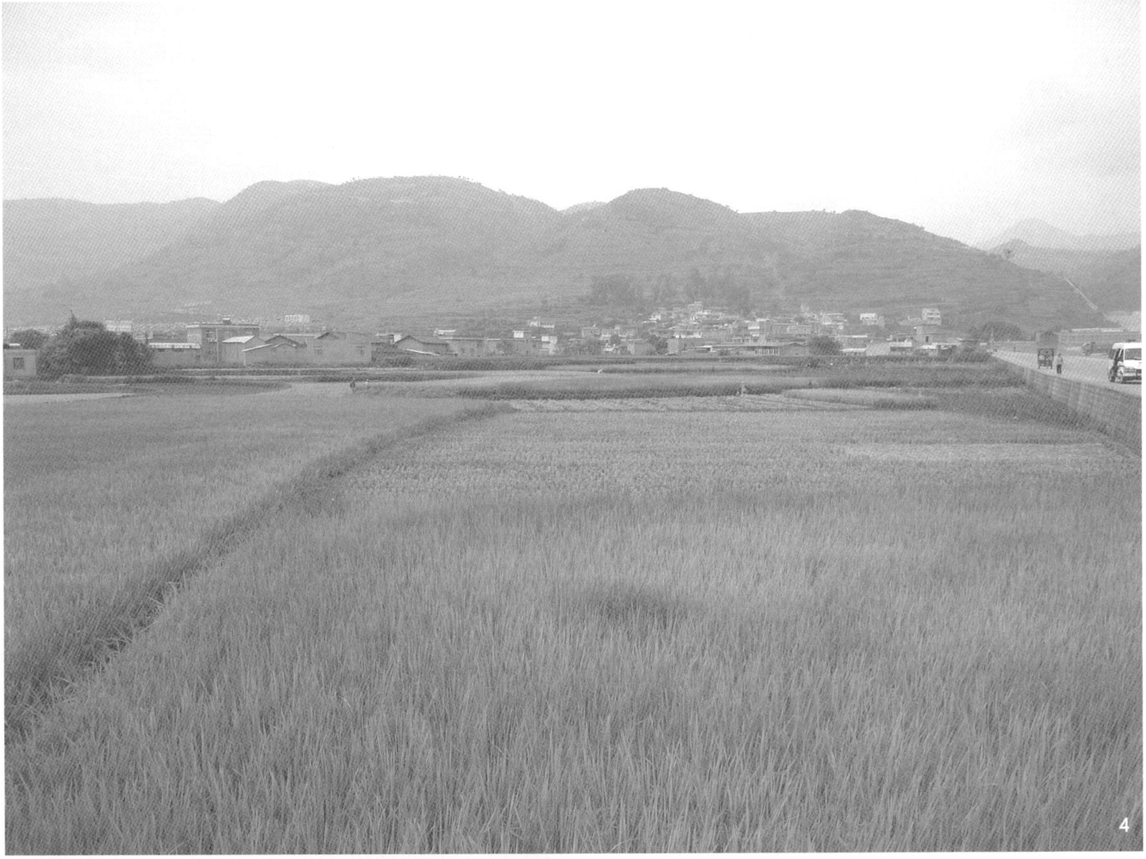
4

5

6

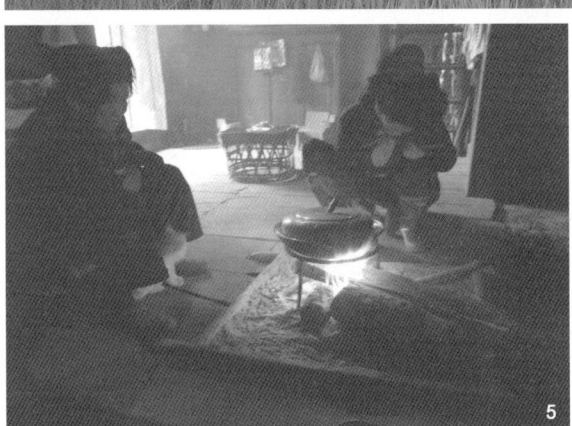

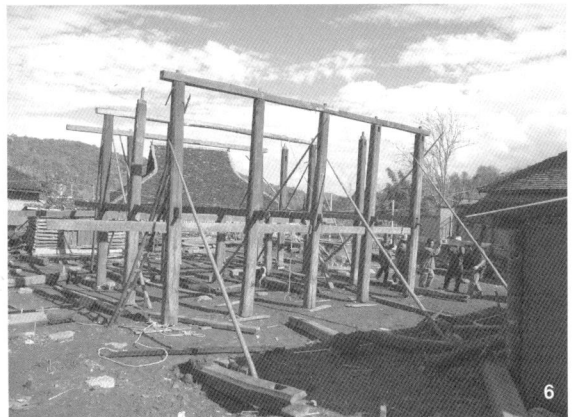

1~6
하니족이 거주하는 집은 나무로 만들었다. 다랑논을 만들고 사는 하니족의 경우, 마을을 관통해 흐르는 물길은 그들의 생존과 관련된 중요한 것이다. 불씨가 있는 집안의 화덕 역시 그들에게는 매우 중요한 공간이다.

依莫然瑪把鳥種撒到天上,	이모란마가 날짐승 씨를 하늘에 뿌리니,
鳥種很快變成蝙蝠.	날짐승 씨앗이 박쥐로 변했네.
大風把蝙蝠吹碎,	거센 바람이 불어 박쥐가 부서지더니,
變成七十七種飛鳥……	일흔일곱 날짐승으로 변했네……
最初草種怎樣來?	풀들은 처음에 어떻게 생겨났을까?
最初樹種怎樣來?	나무들은 처음에 어떻게 생겨났을까?
撒草種的是哪個?	풀 씨앗은 누가 처음 뿌렸을까?
撒樹種的是哪個?	나무 씨앗은 누가 처음 뿌렸을까?
依沙然哈撒下草種,	이사란하가 풀 씨앗을 뿌리고
依莫然瑪撒下樹種.	이모란마가 나무 씨앗을 뿌렸네.
草種很快長成穀子,	풀 씨앗이 금방 자라 곡식이 되니,
一顆穀子像拳頭一樣,	주먹만큼 큰 낟알이 매달렸네
馬蹄踏碎穀子,	말이 발굽으로 곡식을 부수니,
變成七十七種糧食……	일흔일곱 가지 양식으로 변했네……
樹種很快長成大樹,	나무 씨앗이 금방 자라 큰 나무가 되니,
一個果子像磨盤一樣,	맷돌만큼 큰 열매가 매달렸네[13].
鳥雀啄破果子,	새가 부리로 열매를 쪼니,
變成七十七種樹木……	일흔일곱 가지 나무로 변했네……
哈木把地界劃出來,	하무[14]가 땅의 경계를 구분 짓고,

13_ (역주) 윈난 남부지역의 여러 소수민족이 전승하는 곡식 기원 신화를 보면, 최초의 세상에 신이 내려준 곡식은 모두 크기가 아주 컸다고 한다. 여기서도 낟알이 '주먹만큼' 크고 열매가 '맷돌만큼' 크다는 표현이 나오는데, 윈난 지역 곡식 기원 신화와 같은 맥락에 있음을 알 수 있다. 나상진, 「윈난성(雲南省) 남부 소수민족의 곡물신화와 의례」(『외국학연구』 제31집, 2015.3.); 김선자, 「중국 윈난성 소수민족의 '곡혼(穀魂)' 신화와 머리사냥(獵頭) 제의에 관한 고찰」(『중국어문학논집』 제102호, 2017.2.) 참조.

14_ [원주] '하무'는 하니어로 '메추라기'를 가리킨다.

夏卡把大路闢出來,	가카[15]-가 큰길을 만들고,
歐卡把水溝開出來,	어우카[16]-가 물길을 열었고,
螃蟹把水分出來,	게가 물을 갈랐고,
鴨子把水引出來,	오리가 물을 끌어왔고,
喝澤美膀把田造出來,	허쩌메이방[17]-이 밭을 일구었고,

阿妣仰遮把寨子建起來,	아비양저[18]-가 마을을 세우기 시작했고,
歐巴, 歐牛把寨名取出來,	어우바와 어우뉴[19]-가 마을 이름을 지었고,
遮依遮車把水井挖出來,	저이저처[20]-가 처음 우물을 팠고,
歐比吉莫, 龍冲牛頭把水井管起來,	어우비지모와 룽충뉴터우[21]-가 우물 관리를 시작했고,

| 可阿, 可遮把房子蓋起來. | 커아와 커저[22]-가 집을 짓기 시작했고, |
| 收洛阿秋把火種燃起來…… | 서우뤄아추[23]-가 처음 불씨를 일으켰다네. |

天有了,	하늘이 생기고,
地有了,	땅이 생겼네.
天上樣樣都有了,	하늘에 모든 것이 다 생겨났고,
一樣東西也不差.	하나도 부족함이 없었네.
地上萬物都有了,	땅 위에 만물도 모두 생겨나니,
一樣東西也不少.	하나도 모자람이 없었네.
天神住在天上高興了,	하늘에 사는 신이 기뻐하고,

15_ [원주] '가카'는 동물의 일종.
16_ [원주] '어우카'는 동물의 일종.
17_ [원주] '허쩌메이방'은 동물의 일종.
18_ [원주] '아비양저'는 마을을 세운 시조.
19_ [원주] '어우바'와 '어우뉴'는 처음으로 마을 이름을 지은 시조.
20_ [원주] '저이저처'는 우물을 만든 시조.
21_ [원주] '어우비지모'와 '룽충뉴터우'는 물을 관리한 시조.
22_ [원주] '커아'와 '커저'는 집 짓기의 시조.
23_ [원주] '서우뤄아추'는 불씨의 시조.

地神住在地上喜歡了. 　　　　땅에 사는 신도 기뻐했네.
衆: 薩—薩! 　　　　　　　　다 같이: 싸—싸[24]

24_ [원주] 하니족 연행자가 노래 한 절이나 한 단락을 마친 후에 청중들이 내는 화성(和聲).

牡普謎帕

제2장

대홍수와
인류의 시작

대홍수와 인류의 시작

牡普謎帕[1]

薩拉阿依 —
天風從天上吹下來,
地風從地下冒出來.
天風呼喇喇離地三腳掌,

地風呼喇喇離天三巴掌.

天風和地風碰在一起,
天地搖晃著轟隆作響.

天地之間沒有柱子撐持,
天塌下來了,
地翻上來了.
洪水淹沒大地,
洪水淹到天上,

싸라아이 —
하늘 바람이 하늘 위에서 불어 내려오고,
땅 바람이 땅 아래에서 솟구쳐 나오네.
하늘 바람이 세 발만 내려가면 땅에 닿을 듯 휘리 릭 불고,

땅 바람이 세 뼘만 올라가면 하늘에 닿을 듯 휘리 릭 불었네.

하늘 바람과 땅 바람이 함께 부딪치니,
천지가 우르릉 소리를 내며 흔들리네.

하늘과 땅 사이에 지탱할 기둥이 없으니,
하늘은 무너지고,
땅은 뒤집혔네.
홍수가 대지를 뒤덮고,
홍수가 하늘까지 닿아서,

1_ [원주] '무푸미파'는 하니어로 '천지가 뒤집혔다'는 뜻이다.

分不清天邊地邊在哪裡.	어디가 하늘이고 어디가 땅인지 분간이 안 됐네.
大人淹死完了,	어른이 물에 잠겨 죽어버렸고,
小娃淹死完了.	아이도 물에 잠겨 죽어버렸네.
男人淹死完了,	남자가 물에 잠겨 죽어버렸고,
女人淹死完了.	여자도 물에 잠겨 죽어버렸네.
世上只剩下莫魯和沙崩兩兄妹,	세상에는 모루와 샤뻥 남매만 남았는데,
躲在一個大葫蘆裡飄在洪水上.	큰 조롱박 안에 들어가 물로 뒤덮인 세상을 떠다니고 있었네.
不知過了多少年月,	몇 달이나 지났을까?
洪水漸漸退下去.	물이 점점 빠지고 있었네.
大水退到哪裡,	큰물이 빠지는 대로,
葫蘆也飄到哪裡,	조롱박도 따라서 떠다녔네.
大水退到汪洋大海去了,	큰물이 빠져서 망망대해로 흘러가는데,
葫蘆卻掛在棵大松樹上.	조롱박이 높다랗게 솟은 소나무 위에 걸렸네.
兄妹倆鉆出葫蘆一看,	남매가 조롱박을 뚫고 나와서 보니,

윈난성 라후족 마을의 여기저기에 놓여있는 조롱박
윈난 소수민족 신화에서 조롱박은 홍수에서 인류를 구해준 중요한 기물로 등장한다.

上不沾天下不著地,	위는 하늘에 닿지도 않고 아래는 땅에 닿지도 않았네[2].
頭上是雲霧翻滾,	머리 위로는 구름과 안개가 뒤섞여 움직이고,
腳下是萬丈深淵.	발아래는 만 길 깊은 연못이었네.
哥哥愁得皺眉頭,	오빠는 근심으로 눈살을 찌푸렸고,
妹妹氣得淌眼淚.	동생은 낙담하여 눈물을 흘렸네.
高高松樹上,	높다란 소나무 위에,
老鷹築有窩,	수리매가 둥지를 틀었네.
窩裡三隻小鷹叫,	둥지에는 새끼 매 세 마리가 지저귀면서,
探頭張嘴等待老鷹來餵食,	머리를 내밀고 입 벌린 채 어미가 먹이 물고 오기를 기다렸네.
一條毒蛇爬上樹,	독사 한 마리가 나무를 타고 기어 올라왔네.
吐著分权長舌頭,	가지처럼 벌어진 긴 혀를 날름거리며,
倏倏扑向老鷹窩,	쉭-쉭- 하며 수리매 둥지로 달려들었네.
小鷹要飛飛不起,	새끼 매는 날려 했지만 날지 못하고,
小鷹要跳跳不動,	뛰려 했지만 뛰지 못했네.
三隻小鷹被嚇壞,	세 마리 새끼 매가 질겁을 했네.
可可憐憐擠作一團,	한 덩어리로 뭉친 불쌍한 모습으로,
吱吱哭叫喊爹媽.	지지배배 울면서 아빠 엄마 불렀네.

2_ (역주) 이 문장은 중의적 의미를 지니고 있다. 이 문장을 그대로 번역하면 "위로는 하늘에 닿지 않고, 아래는 땅에 닿지 않는다"는 뜻인데, 원래 이 문장은 『韓非子』「解老」의 "上不屬天, 而下不著地"에서 나왔다. 인간이 그 속성상 하늘에 속한 존재도 아니고 땅에 속한 존재도 아니라는 뜻인데, 후대로 오면서 '기댈 곳 없는 고립무원의 상황'을 의미하는 표현법으로 쓰였다. 그러니까 이 문장은 '어디에도 기댈 곳 없는 고립된 상태' 혹은 '세상에 아무도 없고 남매만 살아남아 기댈 곳 없는 상태'라는 의미를 지닌다. 그런데 남매가 조롱박에서 나와 보니 자신들이 땅 위에 있는 것이 아니라 높다랗게 솟은 소나무 위에 있는 것을 발견했기에, '하늘에도 땅에도 닿지 못한' 상태라는 표현을 쓴 것이다.

리장 거리의 매, 위안양 하니족 마을 문 앞의 소나무 가지
이족을 비롯한 나시족 마을에서도 매는 중요한 동물이고, 소나무 가지는
이족의 집 앞에서 자주 볼 수 있는 벽사辟邪의 상징이다.

兄妹倆看見心著急,	남매가 이 모습을 보고 마음이 급했지,
想好主意爬到樹梢,	좋은 생각이 떠올라 나무 꼭대기로 기어 올라갔네.
各人劈下一根松枝,	각자 소나무 가지를 하나씩 꺾어와서,
奮力把毒蛇打死.	힘껏 내리쳐 독사를 잡았네.
他們將毒蛇掐斷,	그런 후 독사를 토막 내어,
一截一截給鷹兒餵食.	새끼 매들에게 먹이로 주었네.
大老鷹尋食回來了,	새끼 매의 아빠와 엄마가 먹이를 찾아 돌아오자,
三隻小鷹忙告訴爹媽,	엄마 아빠에게 앞다투어 말했네.
"我們已經吃了一頓最好的飯菜,	"저희는 벌써 가장 맛난 밥을 먹었어요,
肚子飽鼓鼓,	배가 엄청나게 불러서,
什麼也吃不得了."	더는 못 먹겠어요."
老鷹聽了感到奇怪,	수리매 아빠 엄마가 듣다 보니 이상하여,

就細細盤問小鷹,
"是誰好心餵你們,
孩兒都吃了些什麼飯菜?"

三隻小鷹像芋頭冒芽,
爭著告訴爹媽.
"爹媽出窩去尋食,
有條毒蛇來吃我們,
是他們兄妹來救命,
打死毒蛇掐斷蛇肉餵飽我們"

老鷹聽了心裡感激,
扇著翅膀感謝兄妹倆,
"你們是心腸最好的人,
怪不得世間只剩你們.
你們搭救了我們的孩子,
我想法送你們到地上."

兄妹倆擔心老鷹背不動,
互相望望不出聲氣.
老鷹猜透了他們的心裡,
張開翅膀飛到了地上.

一隻翅膀背上一扇磨,
穩穩當當地飛回到松樹上.
然後又把兩扇磨,
輕輕送回到地上.

새끼들에게 자세히 물어보았네.
"어떤 착한 사람이 너희들 밥을 챙겨주었니?
대체 무슨 밥을 먹은 거야?"

알토란 싹처럼 귀여운 새끼 매 세 마리가,
아빠 엄마에게 앞다투어 말했네.
"아빠 엄마가 먹을 것을 찾으러 둥지를 나가신 후,
독사가 와서 저희를 잡아먹으려고 했어요.
그런데 저 남매가 저희를 살려줬어요.
뱀을 때려잡은 후 토막 내어 저희를 배불리 먹게 해 줬어요."

수리매들이 이 말을 듣고 감격해서,
날개를 흔들어 남매에게 고마움을 표했네.
"너희들은 정말 마음씨가 고운 사람들이야.
세상에 너희만 살아남은 걸 보니 그걸 알겠어.
너희가 우리 아이들을 구해줬으니,
그 보답으로 너희를 땅 위로 내려 보내줄게."

남매는 수리매가 업고 날지 못할까 걱정이 되어,
서로 쳐다보기만 할 뿐 아무런 말도 못 했지.
수리매가 남매의 마음을 알아채고,
날개를 펼치더니 땅 위로 날아갔네.

한쪽 날개에 맷돌 하나씩 지고,
편안하게 소나무 위로 날아왔네.
그런 후 다시 맷돌 두 개를 지고,
가볍게 날아 내려가 땅 위에 갖다 놓았네.

兄妹倆見了好喜歡,	이를 본 남매는 아주 기뻐했지,
一股暖流湧上心房.	한 줄기 따스함이 가슴에서 솟구쳤네.
他們對老鷹點頭,	수리매에게 고개 숙여 인사했네,
他們向老鷹招手.	수리매를 향해 손을 흔들었네.
公老鷹張開翅膀,	아빠 수리매가 날개를 펼쳐,
把哥哥莫魯背下地,	오빠 모루를 땅 위까지 태워다 주고,
母老鷹張開翅膀,	엄마 수리매가 날개를 펼쳐,
把妹妹沙崩背到地上.	동생 샤병을 땅 위까지 태워다 줬네.
兄妹倆到了地上,	남매가 땅 위에 이르자,
哥哥對妹妹講.	오빠가 동생에게 말했네.
"你到東邊找一找,	"너는 동쪽으로 가서 찾아보아라,
看看還有沒有挖田的男人.	아직 밭을 일구고 있는 남자가 있는지를.
我到西邊看一看,	나는 서쪽으로 가서 찾아볼게,
瞧瞧還有沒有砍柴的姑娘.	아직 나무하는 아가씨가 있는지를."
哥哥往西邊去了,	오빠는 서쪽으로 떠났고,
妹妹朝東邊走了.	동생은 동쪽을 향해 갔네.
九座山跑遍不見一個腳遺,	아홉 군데 산을 다 뛰어다녀도 발자국 하나 보이지 않고,
九條衝走遍聽不到一樣聲音,	아홉 갈래 길을 다 돌아다녀도 작은 소리조차 들리지 않네.
他們找遍東南西北,	동서남북 샅샅이 찾아다녔지만,
四面八方沒有一個人影,	그 어디에도 사람은 보이지 않았네.
不知找了多少天,	며칠을 찾아다녔을까,
每天只是倆兄妹遇在一起.	아무리 찾아봐도 남매 둘만 매일 마주쳤네.
世上沒有女人喲,	세상에 더는 여자가 없구나,

哥哥莫魯找不著妻子,	오빠 모루는 아내를 찾지 못했네.
世上沒有男人喲,	세상에 더는 남자가 없구나,
妹妹沙崩找不著丈夫,	동생 샤병은 남편을 찾지 못했네.
眼看世間快要絕人種,	이러다간 인류가 세상에서 사라지겠구나,
想到寬寬大地缺主人,	넓디넓은 땅 위에 주인이 없다고 생각하니,
哥哥急得像老水牛喘粗氣,	오빠는 물소가 가쁜 숨을 내쉬듯 조급해졌고,
妹妹氣得淌眼淚.	동생은 낙담해서 눈물을 흘렸네.
一個天氣晴朗的日子,	날씨가 맑은 어느 날,
兄妹倆來到一條河邊,	남매가 강가에 이르렀네.
哥哥對妹妹說,	오빠가 동생에게 말했네.
"活著的人一處也找不著,	"어디서도 살아있는 사람을 찾지 못했고,
我們倆兄妹難生活了,	우리 남매도 살아가기 어려우니,
用樹葉測測看吧,	나뭇잎으로 시험해보자.
也許它能告訴我們怎麼辦."	우리가 어떻게 해야 할지 나뭇잎이 알려줄 거야."
哥哥先摘一片水冬瓜葉子,	오빠가 먼저 수동과 잎[3]-을 따다가,
輕輕丟進河水裡,	강물에 살짝 던져넣었네.
妹妹也摘片水冬瓜葉子,	동생도 수동과 잎을 따다가,
跟著哥哥丟進河水裡.	오빠 따라 강물로 던져넣었네.
兩片葉子翻上翻下飄,	두 조각 잎사귀가 팔랑팔랑 날아가더니,
順著河水淌下去,	강물을 따라 흘러갔네.
哥哥追著樹葉跑,	오빠가 잎사귀를 쫓아서 뛰고,

3_ (역주) '수동과(水冬瓜)'는 자작나무과(樺木科)에 속하는 '네팔오리나무'로, 네팔을 비롯하여 윈난과 쓰촨, 구이저우 등지에서 자란다. 학명은 'Alnus nepalensis'이고, 14미터 높이까지 자란다. 잎은 두툼한데, 현지에서는 이 잎으로 차를 만들어 마시기도 한다. 위안양 하니족 마을에서 수동과나무는 다랑논에 물을 공급하고 수토水土 유실을 막아주는 중요한 나무로 여겨진다.

妹妹追著樹葉跑,
葉子淌到河尾沙灘上,
兩片葉子合攏沾在一起了.
哥哥的葉子在上面,
妹妹的葉子在下面.

一個天氣暖和的日子,
兄妹倆來到一座高山上.
妹妹對哥哥說.
"世上沒有活著的人了,
我們不會生活下去,
滾石頭測測看吧,
也許石頭會告訴我們怎麼辦."

妹妹揀了一塊石頭,
哥哥揀了一塊石頭,
妹妹先把石頭滾下山,
哥哥也跟著把石頭滾下山.

兩塊石頭翻著跟鬥滾下去了,
兄妹倆跟著跑下山去看石頭.
石頭滾到山腳,
兩塊石頭合攏摞在一起.
哥哥的石頭在上面,
妹妹的石頭在下面.

妹妹看見石頭,
羞紅的臉像一朵花,
倒過背去不說話.

동생도 잎사귀를 쫓아서 뛰네.
강 하류 모래톱까지 흘러가더니,
두 조각 잎사귀가 찰싹 달라붙었네.
오빠가 던진 잎은 위쪽,
동생이 던진 잎은 아래쪽.

날씨가 따뜻한 어느 날,
남매가 높은 산 위에 이르렀네.
동생이 오빠에게 말했네.
"세상에 살아있는 사람이 없으니,
계속해서 살아갈 수가 없겠구나.
돌멩이를 굴려 시험해보자.
우리가 어떻게 해야 할지 돌멩이가 알려줄 거야."

동생이 돌멩이를 골라잡았지,
오빠도 돌멩이를 골라잡았네.
동생이 먼저 산 아래로 돌멩이를 굴렸지,
오빠도 따라서 산 아래로 돌멩이를 굴렸네.

돌멩이 두 개가 엎치락뒤치락 굴러갔네,
남매도 산을 내려가 돌멩이를 살펴봤네.
돌멩이가 산기슭까지 굴러가더니,
두 개가 아래위로 겹쳐졌네.
오빠 돌멩이는 위쪽,
동생 돌멩이는 아래쪽.

동생이 돌멩이를 보더니,
꽃송이처럼 발그레한 얼굴로,
돌아선 채 말이 없네.

哥哥看見石頭,	오빠가 돌멩이를 보더니,

哥哥看見石頭,
紅著臉對妹妹說.
"親親的阿妹喲,
樹葉子測過了,
石頭也測過了.
放河水漂的樹葉,
最後是貼在一起.
從山上滾下去的石頭,
最後是摞在一起.
不想見也見著了,
想見也見著了,
世上活著的只有我們兄妹,
我們到底怎麼辦?"

妹妹低著頭,
像蚊子哼一樣細聲,
"問問莫托庫魯舍,
他咋個說就咋個辦."

兄妹倆對著蒼天叩頭,
齊聲向蒼天呼喊.
"仁慈的莫托庫魯舍啊,

오빠가 돌멩이를 보더니,
붉어진 얼굴로 동생에게 말하네.
"사랑스러운 누이야,
잎사귀로 시험해보고,
돌멩이로도 시험해봤지.
강물에 떠내려간 잎사귀는,
결국에는 한데 붙어버렸지.
산에서 굴러 내려간 돌멩이는,
결국에는 하나로 겹쳐졌지[4].
보려 하지 않아도 보이고,
보려 하니 보이는구나.
세상에 살아있는 건 우리 남매뿐,
대체 어떻게 해야 할까?"

동생은 고개를 푹 숙이고,
모기 만한 소리로 속삭이네.
"모퉈쿠루서[5]-님께 여쭈어보고,
하라시는 대로 해야지."

남매는 하늘에 절을 하고,
목소리를 가다듬어 하늘에 외치네.
"인자하신 모퉈쿠루서님이시여!

4_ (역주) 이러한 모티프를 '천의시험(天意試驗) 모티프'라고 한다. 남매가 혼인해도 될지 신의 뜻을 묻는다는 것인데, 이러한 신화는 중국 남부 소수민족의 홍수신화에 대부분 등장하는 매우 보편적인 모티프이며 한국의 '남매혼 신화'에도 등장한다. 이족의 창세서사시 『차무』에도 이렇게 남매가 하늘의 뜻을 시험하는 모티프가 나오는데, 『차무』에서는 이족의 시조 아푸두무 남매가 키와 체를 굴리고, 맷돌을 굴린다. 키와 체, 맷돌이 하나로 합쳐지니 마지막으로 남매가 강의 위쪽과 아래쪽에 서서 실과 바늘을 동시에 던지는데, 실이 바늘구멍에 꿰어지면서 남매는 신의 뜻대로 혼인하게 된다. (나상진, 『이족 창세신화와 만물의 기원』, 「제4장 횡목인시대」 참조)
5_ [원주] 하니족 신화 속 하늘의 신 중 한 명.

洪水滔天人間受災難,
世上的人都死完了,
只剩下我們兄妹了.
求你不要讓世間絕人種,
給我們指永生的路吧"

하늘까지 찬 홍수로 인간 세상이 재난을 당해서,
세상 사람들은 모두 죽어버렸고,
우리 남매만이 남았습니다.
비옵나니 세상에 인류가 끊어지게 하지 마시고,
저희에게 영원히 살길을 일러주옵소서."

天空忽然閃現一道金光,
同時傳來一個聲音.
"世間數你們兄妹倆心最好,
我特意把你們留下,
你們兄妹成一家,
你們兄妹做夫妻,
男耕女織傳人種,
一代一代人會興旺."

하늘에서 갑자기 한 줄기 금빛이 번쩍이더니,
목소리가 들려왔지.
"세상에 너희 남매가 가장 착하기로 손에 꼽히니,
내가 특별히 너희를 남겨두었다.
너희 남매가 한 가정을 이루어라,
너희 남매가 부부가 되어라,
남자는 밭을 갈고 여자는 베를 짜며 대를 이어라.
대대손손 인류는 흥성하리라."

옷감을 짜는 하니족 여성과 다랑논의 물길을 손질하는 남성(위안양)

제2장 | 대홍수와 인류의 시작

哥哥聽了對妹妹說,
"親親的阿妹喲,
莫托庫魯舍的話你聽見了,
爲了傳人種,
我們就做夫妻吧."

妹妹用手蒙著臉說,
"親親的阿哥,
害羞也顧不得了,
就聽莫托庫魯舍的話,
我們就做一家吧."

兄妹倆成了一家,
兄妹倆做了夫妻,
爲了傳人種,
辛辛苦苦生兒育女.
他們生了三個兒子,
他們生了三個姑娘.

兒子姑娘一天天長大了,
莫魯和沙崩心裡像裝了一缸蜜糖,
一把蕎子綠一片,
一股龍潭水潤一方.
爲了快快繁衍人類,
他們把兒女打發到四面八方.

오빠가 이 말을 듣고 동생에게 말했네.
"사랑스러운 누이야,
모뭐쿠루서님의 말씀을 들었지,
인류의 대를 잇기 위해서라도,
우리 이제 부부가 되자."

동생이 손으로 얼굴을 가리며 말했네.
사랑하는 오빠,
부끄럽지만 어쩔 수 없네,
모뭐쿠루서님의 말씀대로,
우리 한 가정을 이루어요."

남매가 한 가정을 이루었지,
남매가 부부가 되었네.
인류의 대를 잇기 위해,
열심히 일하여 후대를 번성케 했네.
아들 셋을 낳고,
딸도 셋을 낳았네.

자식들이 나날이 커가니,
모루와 샤병 마음속에 꿀단지 넣어둔 듯 좋았네.
한 줌 메밀은 온 밭을 푸르게 하고,
용담 물 한줄기는 온 동네를 다 적시네.
더 빠르게 인류를 번성케 하려,
자식들을 이곳저곳으로 보냈네.

윈난성 소수민족 거주지에는 '용담'이라는 이름이 붙은 호수가 여기저기 많이 있다. 이곳은 윈난성 시멍西盟의 와족 지역에 있는 용담이다.

聽說要到別的地方,
大兒子心裡老實喜歡.
"親親的阿爸阿媽,
我人大腳桿粗,
讓我到高山上去吧,
兩個弟弟留在平壩."

聽說大哥要到高山去,
二兒子也說出了自己的想法.
"親親的阿爸阿媽,
我的腿力好,

다른 곳으로 가야 한다는 말을 듣고서,
큰아들은 내심 정말 기뻤네.
"사랑하는 아버지와 어머니,
저도 이제 다 커서 다리통이 굵어졌어요,
제가 높은 산 위로 가게 해주세요,
남동생 둘은 평지에 남겨두고요."

큰형이 높은 산으로 가려 한다는 말을 듣고,
둘째 아들도 자기 생각을 말했네.
"사랑하는 아버지와 어머니,
저는 다리 힘이 좋아요,

讓我到半山去吧,	제가 산 중턱으로 가게 해주세요,
留下弟弟在平壩."	남동생은 평지에 남겨두고요."
三兒子聽了哥哥們的話,	셋째 아들이 형들의 말을 듣고,
心裡有些氣不平.	마음이 편치 않았네.
"阿爸和阿媽,	"아버지 어머니,
我人小會長大,	제가 아직 어리지만 앞으로 더 자랄 거예요,
讓我和哥哥們在一起,	형들과 함께 있게 해주세요.
相親相愛不分離."	저희는 우애가 깊어 헤어질 수 없어요."
莫魯和沙崩開導兒子,	모루와 샤병이 아들을 타일렀지,
"我的兒喲,	"나의 아들아,
傳人種是天神的意旨,	인류를 널리 퍼뜨리는 것은 하늘 신의 뜻이니,
不能爲了弟兄的情意,	형제간의 우애 때문에,
耽誤了人間的大事.	인간사의 큰일을 망쳐서는 안 된다.
你們同是一個父母養,	너희는 같은 부모가 길렀고,
大家同是一個父母生,	같은 부모에게서 태어났지.
手心手背都是肉,	손바닥과 손등이 모두 같은 살이고[6],
樹枝樹葉連著根.	나뭇가지와 나뭇잎이 모두 뿌리와 이어진 것처럼,
不管到天頭地腳	하늘 위로 가든 땅 밑으로 가든,
永遠是親親的一家弟兄."	너희는 영원히 우애 있는 한 집안 형제들이란다."

6_ (역주) 이것은 월극(越劇) <벽옥잠(碧玉簪)>에 나오는 노랫말이다. 1945년에 노단(老旦) 저우바우쿠이(周寶奎)가 부른 것으로 유명한데, 아들인 장원(壯元) 왕옥림(王玉林)이 자신의 아내(李秀英)가 자신에게 충실하지 못하다고 하면서 가정에 불화가 생긴다. 그것이 자신의 오해였음을 알게 된 옥림이 아내에게 잘못했다고 하려 하지만 제대로 사과를 하지 못하고 과거시험을 보러 가 장원이 된다. 아내에게 선물을 주었으나 아내가 마음을 돌리지 않자, 왕옥림의 어머니, 즉 이수영의 시어머니가 "아들인 옥림(阿林)은 나의 손바닥 살(格手心肉), 며느리는 나의 손등 살(格手背肉)(阿林是我格手心肉, 媳婦大娘儕是我格手背肉)"이라고 말하면서 며느리가 아들을 이해해줄 것을 권한다. 여기에 "手心手背都是肉"이라는 말이 나온다.

一家人商量好了,	가족들이 상의를 마치고,
弟兄們要分開了,	형제들이 떠나가기로 했네.
莫魯和沙崩心裡高興,	모루와 샤벙은 기뻐하며,
把道理講給兒女們聽,	자식들에게 사람의 도리를 말해주었네.
"大水淹沒人世的時候,	"홍수로 인간 세상이 물에 잠겼을 때,
多虧納米堵合的青松將我們搭救,	다행히도 나미두허[7]의 푸른 소나무가 우리를 구해줬지.
孩兒不管到了什麼地方,	얘들아, 어딜 가든지,
遇到松樹要磕頭拜禮.	소나무가 보이거든 절을 하고 예의를 갖춰야 한다.
每年過節的日子,	해마다 명절을 지낼 때면,
要把青松接來家裡,	푸른 소나무를 집안으로 맞아들여서,
要給它燒香磕頭,	향 피우고 절을 해야 한단다,
還要用酒肉飯菜獻祭."	술과 고기, 밥과 음식을 바쳐 제사를 지내야 한단다."

하니족 마을 곳곳에서 볼 수 있는 소나무 가지

7_ [원주] '나미두허'는 하니어로 '높은 산'을 의미한다.

大兒子大姑娘配一對,
到高山安家去了.
二兒子二姑娘配一對,
到半山安家去了.
三兒子三姑娘配一對.
到平地安家去了.

火苗亮閃閃,
煙火衝上天.
人間又有人種了,
莫托庫魯舍看見心喜歡.

爲了讓人種一代一代傳下去,
爲了讓人類一代一代快發展,
不能讓天再坍下來,
不能讓地再翻過來,
要把天鎖起來,
要把地鎖起來.

莫托庫魯舍想出辦法,
派來阿朗, 阿汪兩位神主,
在天和地中間立柱子,
把天撐起來,
把地壓下來,
用鎖把天鎖起來,
用鎖把地鎖起來.

큰아들은 큰딸과 짝을 이루어,
산꼭대기에 집을 짓고 자리 잡았네.
둘째 아들은 둘째 딸과 짝을 이루어,
산 중턱에 집을 짓고 자리 잡았네.
셋째 아들은 셋째 딸과 짝을 이루어,
평지에 집을 짓고 자리 잡았네.

불씨가 반짝반짝 빛나고,
연기가 하늘로 피어오르네.
인간 세상에 인류가 다시 생기니,
모퉈쿠루서가 보시고 흡족했네.

인간이 한 세대 한 세대 이어가도록,
인류가 한 세대 한 세대 얼른 발전하도록,
다시는 하늘이 무너지지 않게,
다시는 땅이 뒤집히지 않게,
하늘을 잠가버려야겠네,
땅을 잠가버려야겠네.

모퉈쿠루서가 좋은 수를 생각해냈지,
아랑과 아왕[8] 두 신을 보내,
하늘과 땅 사이에 기둥을 세워,
하늘을 떠받치고,
땅을 누른 후,
자물쇠로 하늘을 잠가버리고,
자물쇠로 땅을 잠가버리세.

8_ [원주] '아랑'과 '아왕'은 하니족 신화에서 하늘을 잠근 신과 땅을 잠근 신이다.

阿朗拿來天神的柱子,	아랑이 하늘 신의 기둥을 가져와,
選好立柱子的地基.	기둥 세울 터를 고른 다음에,
東邊立起金柱子,	동쪽에는 금 기둥을 세우고,
南邊立起銀柱子,	남쪽에는 은 기둥을 세우고
西邊立起銅柱子,	서쪽에는 동 기둥을 세우고
北邊立起鐵柱子,	북쪽에는 철 기둥을 세웠네.
阿汪拿來天神的大鎖,	아왕이 하늘 신의 큰 자물쇠를 가져와,
把天地的四方鎖起來.	천지의 사방을 잠갔네.
東方用金鎖鎖起來,	동쪽은 금 자물쇠로 잠그고,
南方用銀鎖鎖起來,	남쪽은 은 자물쇠로 잠그고,
西方用銅鎖鎖起來,	서쪽은 동 자물쇠로 잠그고,
北方用鐵鎖鎖起來.	북쪽은 철 자물쇠로 잠갔네.
阿朗立好柱子,	아랑이 기둥을 다 세우고,
向萬物發了誓言.	만물을 향해 맹세했네.
打下木刻作記號,	나무에 새겨 기억의 표지로 삼았지,
大公雞的冠子上打了刻,	수탉의 볏에 새겨두고,
老水牛的角上打了刻,	늙은 물소 뿔에 새겨두고,
山羊的角上打了刻,	산양 뿔에 새겨두고,
虹的身上打了刻,	무지개에 새겨두고,
哈尼婦女的包頭了打了刻,	하니족 여자들의 머릿수건에 새겨두었으니,
從此天不會坍下來.	이제 하늘은 절대 무너지지 않을 것이다.

하늘이 무너지지 않을 맹세를 새겨두었다는 하니족 부녀자의 머릿수건(위안양元陽과 카이위안開遠 지역)

阿汪鎖好鎖,
向萬物發了誓言.
打下木刻作記號,
老虎的身上打了刻,
豹子的身上打了刻,
彝家女人的衣邊上打了刻,
傣家姑娘的裙子上打了刻,
漢人婦女的小腳上打了刻,
從此地不會翻過來.

아왕이 자물쇠를 다 채우고,
만물을 향해 이렇게 맹세했지.
나무에 새겨 기억의 표지로 삼고,
호랑이의 무늬에 새겨두고,
표범의 무늬에 새겨두고,
이족 여인 옷 끝동에도 새겨두고,
다이족 아가씨 치마에도 새겨두고,
한족 여자들의 전족에도 새겨두었으니,
이제는 땅은 절대 뒤집히지 않을 것이다.

카이위안 이족 여성의 복장(상)과 시솽반나 다이족 여성의 복장(하)

제2장 | 대홍수와 인류의 시작 75

天地中間立起了柱子,
天地鎖上了神鎖,
阿朗, 阿汪發了誓言,
阿朗, 阿汪打下了刻,
天不會坍下來了,
地不會翻過來了.
人種一代一代傳下來了,
人類一代一代發起來了.
衆: 薩—薩!

하늘과 땅 사이에 기둥을 세우고,
신의 자물쇠로 하늘과 땅을 잠그고,
아랑과 아왕이 맹세했지.
아랑과 아왕이 새겨두었네.
하늘은 무너지지 않을 것이네,
땅은 뒤집히지 않을 것이네.
인간들은 대대손손 이어질 것이고,
인류는 대대손손 번성할 것이네.
다 같이: 싸—싸!

昂煞息思

제3장

물고기 뱃속에서
씨앗 찾기

물고기 뱃속에서 씨앗 찾기

昂煞息思[1]

薩拉阿依 —
自從天翻地覆,
洪水淹沒大地,
樹木和草淹死了,
留著的樹木草種沖走了,
藏著的五穀種子沖走了.
大地一片光禿禿,
草木五穀一樣也不長.
世上的人們不會過日子,
祈求莫米給種子.

仁慈的莫米告訴人們.
"樹種沒被水沖走,

싸라아이 —
하늘과 땅이 뒤집힌 후로,
홍수로 대지가 잠겨버리고,
나무와 풀도 물에 잠겨 죽어버렸네.
남겨뒀던 나무 씨앗, 풀 씨앗 모두 떠내려가고,
숨겨뒀던 곡식 씨앗도 모두 떠내려 가버렸네.
대지는 텅 비어,
풀도 나무도 곡식도 자라지 않네.
사람들 살아갈 방도가 없어,
씨앗을 내려달라 모미 신께 기도하네.

인자하신 모미 신이 알려주었네.
"나무 씨앗 물에 떠내려가지 않았고,

1_ [원주] '앙사시쓰'는 하니어로 '물고기를 죽여 씨앗을 갖다'는 뜻이다. '앙사'는 하니어로 '물고기를 죽인다'는 뜻이다. 「물고기를 죽여 곡식 씨앗을 꺼내다(殺魚取種)」에도 같은 이야기가 나온다. (趙呼础·李期博, 「殺魚取種」, 『中國民間故事集成·雲南卷』(上册), 175쪽, 北京, 中國ISBN中心, 2003)

草種沒被水冲走,	풀 씨앗도 떠내려가지 않았지,
五穀種子沒被水冲走,	곡식 씨앗도 떠내려가지 않았단다,
都被大魚吃進肚子裡.	모두 큰 물고기[2] 뱃속에 들어가 있지.
趕快找葛麻,	얼른 칡덩굴을 찾아,
織張大漁網,	큰 물고기 잡을 그물을 짜거라,
大江大河浪滔滔	물결이 넘실대는 큰 강,
大魚就在水裡藏,	큰 물고기는 그 강 속에 숨어있으니,
快把大魚打上來,	그물로 큰 물고기 건져 올려,
殺死大魚取回種."	물고기 배를 갈라 씨앗들을 찾거라."[3]
不知葛根長在哪裡?	칡뿌리는 어디에서 자라는 걸까?
不知葛根竄在什麼地方?	칡뿌리는 어디에 숨어있는 걸까?
比出阿瑪瑪學去問野豬.	비추아마마쉐[4]가 멧돼지에게 물어보았네.
好心腸的野豬說.	마음씨 좋은 멧돼지가 대답했지.
"葛根深深埋地下,	"칡뿌리는 땅속 깊이 묻혀있지.
葛根竄到大河邊."	칡뿌리는 큰 강가로 뻗어있지."

2_ (역주) 리쯔셴(李子賢)은 '물고기'가 하니족 신화에서 '생명과 창조, 재생의 상징'이라고 말했다. 하니족의 창세 신화는 여러 가지가 있는데 그중 하나가 물고기에서부터 세상이 시작되었다는 것이다. 1984년에 雲南民族出版社에서 나온 『哈尼族民間故事選』에 수록된 「天地人類起源的傳說」에 의하면 "아득한 옛날, 혼돈 속에서 망망한 기운이 움직여 큰물이 되고, 그 물속에서 거대한 물고기가 탄생한다. 물고기가 오른쪽 지느러미를 뒤척이니 하늘이 되었고, 왼쪽 지느러미를 뒤척이니 땅이 되었다"고 한다. 중국 서남부 지역에 다양한 창세신화가 있지만, 물고기가 창세의 주체가 되는 것은 매우 드문 예라고 리쯔셴은 설명한 바 있다. (李子賢, 「魚 - 哈尼族神話中生命, 創造, 再生的象徵」, 『思想戰線』1989년 第2期, 43쪽)

3_ (역주) 하니족 신화에서 '물고기'는 매우 중요한 역할을 한다. 「烟本霍本(神的古今)」에 의하면 최초의 세상에 거대한 금빛 물고기 여신이 나타나는데, 백 년에 한 번 몸을 뒤척인다. 금빛 물고기 '미우아이시아이마(密烏艾西艾瑪)'가 77번 몸을 뒤척인 후 마침내 눈을 뜨고 깨어나 태양신과 달의 신을 비롯해 천신 어마와 지신 미마 등 신들을 탄생시키기 시작한다. (김선자, 『중국 소수민족 신화기행』, 안티쿠스, 2010, 174~176쪽)

4_ [원주] '비추아마마쉐'는 하니족 신화에서 가장 먼저 물고기를 잡은 사람이다.

九個姑娘去尋葛根藤,　　　　　　　아홉 명의 아가씨가 칡덩굴 찾으러 갔는데,
倒鉤刺把衣裳撕成碎片.　　　　　　가시나무에 걸려 옷은 너덜너덜,
走了三天路,　　　　　　　　　　　사흘 동안 길을 걸어,
翻過九座山,　　　　　　　　　　　아홉 개의 산을 넘어,
大河邊上綠汪汪,　　　　　　　　　큰 강가에 이르니 푸른 물은 넘실넘실,
到處是老水牛拉不進的葛藤.　　　　물소에 다 싣지 못할 만큼 칡덩굴이 지천이네.

九個姑娘九把刀喲,　　　　　　　　아가씨 아홉에 칼이 아홉 자루.
大河邊上採葛藤,　　　　　　　　　넓은 강가에서 칡덩굴 캐네,
採一根只有一把,　　　　　　　　　한 번 칼질로 한 가닥 캐고,
割一千根才滿一背.　　　　　　　　천 가닥 베어야 등짐 한 바구니.
不怕採割活計苦,　　　　　　　　　캐고 베는 일 힘들지 않고,
不怕背葛藤腰桿酸疼.　　　　　　　바구니 지고 오느라 아픈 것도 두렵지 않아.
一根一根割出來,　　　　　　　　　한 가닥 한 가닥 베어내고,
一背一背背回來.　　　　　　　　　한 짐 한 짐 지고 돌아오네.

윈난이나 구이저우 지역의 소수민족 여성들은 물건을 사러 갈 때나 일을 하러 갈 때 등짐 바구니를 지고 다닌다. 때로는 엄청나게 많은 짐을 지고 다니기도 한다.

剝下葛藤皮,	칡덩굴 껍질 벗겨내고,
撕出麻絲紡成線.	마사 찢어내어 실을 만드네[5].
紡一根只有一繞,	한 가닥 자아내봐야 겨우 한 번 돌리지,
紡完一千根才有一捆.	천 가닥 자아내야 겨우 한 뭉치.
姑娘剝葛皮從早到晚,	아침부터 저녁까지 칡 껍질 벗기고,
姑娘紡葛麻從黑夜到天亮.	한밤부터 동틀 때까지 마사를 만드네.
一根一根葛藤剝下皮,	한 가닥 한 가닥 칡덩굴 껍질 벗기고,
一捆一捆葛麻紡成線.	한 뭉치 한 뭉치 마사 자아 실을 만드네.
用線來織網,	마사 실로 그물을 짜네,
織幾下才是一個眼.	여러 번 짜야 겨우 그물코 하나.
織千眼萬眼,	천 코 만 코 짜야,
才能織成一張漁網.	어망 한 장 짜낼 수 있네.
手指頭劃破出血不怕,	손가락이 갈라져 피가 나도 괜찮아,
手掌心磨出老繭不怕,	손바닥이 갈려져 굳은살이 생겨도 괜찮아,
一眼一眼的織,	한 코 한 코 짜내어,
千眼萬眼織出了漁網.	천 코 만 코 어망을 만들었네.
十個夥子抬漁網,	사내 열 명이 어망을 들고,
大河裡頭撒大魚.	강물 속 큰 물고기 향해 던졌네.
織成的漁網撒不開,	그러나 어망이 퍼지지 않고,
漂在水上亂成一團.	한 덩이로 엉켜서 물 위에 떠 있네.
原來網腳要有鉛巴墜,	어망 끝에 납덩이 추 있어야 하지,
漁網才會撒開沈入水.	그래야 펼쳐져서 물속 깊이 잠기지.

5_ (역주) 칡덩굴을 끊어다가 껍질을 벗겨 햇볕에 말린 후, 물에 담가 부드러워지면 그것(葛麻, 칡 마사)으로 실을 만든다. 칡덩굴로 그물을 만드는 힘든 과정을 잘 묘사하고 있는 대목이다.

漁網需要鉛巴來墜,	어망에 납덩이 추 필요한데,
哪裡有鉛巴?	납덩이는 도대체 어디에 있나?
一個認不得,	누구도 모르네,
一個也不有,	아무도 모르지,
要到各個地方趕街子了,	여기저기 장터로 달려갔지,
去尋找鉛巴墜漁網.	납덩이 추 찾으러 갔네.
先去趕羊街,	양 시장[6] 나갔더니,
羊街街子好熱鬧,	시장 거리가 북적북적,
趕街人像栽的甘蔗一樣密,	장에 나온 사람들 사탕수수 심은 듯 빽빽하고,
喧嘩聲像打悶雷一樣響.	시끄럽게 와자지껄 떠들고 있네.
趕街的樣樣人都有.	장터에는 별별 사람 모두 나왔네.
穿寬袖衣的傣家女人來了,	소매 넓은 옷 입은 다이족 여인,
戴公雞帽的彝家姑娘來了,	수탉 볏 꼴 모자 쓴 이족 아가씨,
背桿的漢人夥子來了,	저울대 등에 진 한족 사내,
會打麂子的瑤家漢子來了,	문착도 때려잡을 야오족 장정,
各種各樣的人都來了,	각양각색 사람들이 모두 나왔고,
四面八方的人都來了.	사방팔방 사람들이 모두 나왔네.
轉來轉去地找,	여기저기 돌아다니며,
轉到街頭找,	장터 입구부터 찾아보는데,
街頭用的東西樣樣都有賣,	장터 입구에 별별 물건 다 팔아도,
唯獨鉛巴沒有人賣.	납덩이 파는 사람은 없네.

6_ (역주) 윈난의 지명이자 시장 거리의 이름. 양 시장 외에도 본문에는 돼지 시장, 소 시장, 용 시장, 말 시장, 쥐 시장이 언급된다. '용'이나 '쥐'와 같이 현실의 교역물품이 되지 않는 동물이 시장의 명칭으로 언급되는 것으로 보아 시장의 명칭은 교역품목이 아니라 12지(支)의 동물을 차용한 것으로 추정된다.

윈난성과 구이저우성의 고원지대에서는 사람이 모이는 곳이면 어디나 장터가 열린다.
장이 서는 날이면 인근에서부터 먼 곳에 사는 사람들까지 모여들어 왁자지껄한 분위기가 넘친다.

윈난성 장터 풍경

윈난성 장터 풍경

轉來轉去找,	여기저기 돌아다니며,
轉到街中找,	장터 복판에서 찾아보는데,
街中穿的東西樣樣都有賣,	장터 복판에 별별 입을 것 다 팔아도,
唯獨鉛巴沒人賣.	납덩이 파는 사람은 없네.
轉來轉去找,	여기저기 돌아다니며,
轉到街尾找,	장터 끝에 와서 찾아보는데,
街尾吃的東西樣樣都有賣,	장터 끝에 별별 먹을 것 다 팔아도,
唯獨鉛巴沒人賣.	납덩이 파는 사람은 없네.
買不到鉛巴不能回家,	납덩이 못 사면 집에 가지 못하니,
還要到別處街子去找.	다른 장터로 가봐야지.
趕了羊街趕豬街,	양 시장 갔다가 돼지 시장으로,
趕了豬街趕牛街,	돼지 시장 갔다가 소 시장으로,
轉到郎特趕龍街,	랑터[7]를 돌아 용 시장으로,

7_ [원주] '랑터'는 지명이다.

제3장 | 물고기 뱃속에서 씨앗 찾기

轉到阿丕趕馬街,
裸瑪鼠街趕過了,
仰書坯街趕過了,
托普街子趕過了,
青尼街子趕過了,
街上樣樣東西都有賣,
唯獨鉛巴沒人賣.

轉來轉去看,
遇著慈戛戈歐姑娘歐巴, 歐牛.
問他們見不見有鉛巴賣,
兩個姑娘回答說.
"鉛巴這裡有,
鉛巴多重要多重的銀子來換."

沒有鉛巴打不著大魚,
拿出銀子買回鉛巴.
銀亮亮的鉛巴刺眼睛,
男人女人見了心裡老實喜歡,
請來傣家師傅打網墜,
鉛巴網腳沈甸甸.

擇了最好的日子,

아피[8]를 돌아 말 시장으로,
뤄마[9]의 쥐 시장도 가봤고,
양수데[10] 장터도 가봤고,
튀푸[11] 장터도 가봤고,
칭니[12] 장터도 가봤지,
장터에 별별 물건 다 팔아도,
납덩이 파는 사람은 없네.

이리저리 둘러 보다가,
츠가거어우의 아가씨 어우바와 어우뉴를 만났네.
납덩이 파는 곳을 봤는지 물어보니,
두 아가씨가 대답했네.
"납덩이는 여기 있어요,
납덩이를 같은 무게의 은과 바꿔요."

납덩이가 없으면 큰 물고기 못 잡으니,
은으로 납덩이를 샀다네.
반짝반짝 빛나는 납덩이,
남자도 여자도 모두가 기뻐하네,
다이족 장인 모셔다가 그물추 매다니,
납덩이 단 그물이 물속 깊이 가라앉네.

가장 길한 날짜 잡고,

8_ [원주] '아피'는 윈난의 지명이다.
9_ [원주] '뤄마'는 윈난의 지명이다.
10_ [원주] '양수데'는 윈난의 지명이다.
11_ [원주] '튀푸'는 윈난의 지명이다.
12_ [원주] '칭니'는 윈난의 지명이다.

擇了最好的時辰,　　　　　　　가장 길한 시간 잡아,
抬著大漁網,　　　　　　　　커다란 그물 들고,
大河裡頭打大魚.　　　　　　큰 물고기 잡으러 큰 강에 가세.
頭回撒下去,　　　　　　　　큰 그물을 던졌지만,
不見漁網動,　　　　　　　　그물은 움직이지 않고,
只見水泡泡,　　　　　　　　보글보글 물방울만 보일 뿐,
沒有撒到魚.　　　　　　　　물고기 한 마리도 잡지 못 했네.

二回撒下去,　　　　　　　　그물을 두 번째 던졌을 때,
不見漁網動,　　　　　　　　그물은 움직이지 않고,
只見河渣和樹葉,　　　　　　진흙과 나뭇잎만 보일 뿐,
還是沒有撒到魚.　　　　　　물고기 한 마리도 잡지 못 했네.

三回撒下去,　　　　　　　　그물을 세 번째 던졌을 때,
漁網不停地動,　　　　　　　그물이 끊임없이 움직이고,
漁網不停地晃.　　　　　　　그물이 계속해서 흔들리네.
十個夥子拉起網,　　　　　　장정 열 명이 그물을 건져 올리니,
撒著一條大魚了,　　　　　　큰 물고기 한 마리 그물에 걸렸네,
放在河邊沙灘上.　　　　　　강가 모래톱에 놓아두었지.

魚頭黃得閃金光,　　　　　　머리는 금색으로 반짝반짝,
魚尾花得刺眼睛,　　　　　　꼬리는 눈부시게 화려하네,
魚眼睜著碗樣大,　　　　　　눈알은 사발 만한 물고기가,
魚在沙灘上亂蹦亂跳,　　　　모래톱에서 펄떡펄떡 뛰어오르네.

打著大魚了,　　　　　　　　큰 물고기 잡아놓으니,
寨頭的阿波來看,　　　　　　윗마을 아보[13]-도 보러오고,
寨尾的阿皮來看,　　　　　　아랫마을 아피[14]-도 보러오고,
男女老少都來看,　　　　　　남녀노소 모두가 보러왔는데,

誰也說不出是什麼魚.	아무도 물고기 이름을 모르네.
抬著兩拃長的大魚,	두 팔만한 물고기를 들고,
四處去問魚名稱.	여기저기 다니며 이름을 묻네.
抬給羅比看,	뤄비[15]- 사람들에게 보여주고,
抬給羅梅看,	뤄메이[16]- 사람들에게 보여주고,
抬給布洪看,	부훙[17]- 사람들에게 보여주고,
抬給阿松看……	아쑹[18]- 사람들에게 보여줘도,
個個都搖頭,	모두가 고개를 가로저을 뿐,
誰也說不出是什麼魚.	아무도 물고기 이름을 모르네.
抬著兩拃長的大魚,	두 팔만한 물고기를 들고,
又到四方問魚名.	여기저기 다니며 이름을 묻네.
漢人看過了,	한족 사람도 보러 오고,
傣家看過了,	다이족 사람도 보러 오고,
彝家看過了,	이족 사람도 보러 오고,
瑤家看過了……	야오족 사람도 보러 왔지만,
個個都搖頭,	모두가 고개를 가로저을 뿐,
一個也認不出是哪樣魚.	아무도 물고기 이름을 모르네.
不知是條哪樣魚,	무슨 물고기인지 알지 못하니,
人們心裡老實著急.	사람들 속이 타네.
對著蒼天求莫米,	하늘을 바라보며 모미 신께 비네,

13_ [원주] '아보'는 하니어로 '할아버지'라는 뜻이다.
14_ [원주] '아피'는 하니어로 '할머니'라는 뜻이다.
15_ [원주] '뤄비'는 하니족의 방계.
16_ [원주] '뤄메이'는 하니족의 방계.
17_ [원주] '부훙'은 하니족의 방계.
18_ [원주] '아쑹'은 하니족의 방계.

教教是條哪樣魚.	물고기 이름 좀 알려주세요.
仁慈的莫米聽見了,	인자하신 모미 신이 들으시고는,
傳下話來給貝瑪.	베이마[19]-에게 말씀을 내리셨네.
"那條大魚肚裡藏珍寶,	"그 물고기 뱃속에 보물이 숨겨져 있단다.
魚名只有兩個人知道.	물고기의 이름은 두 사람만 알지.
一個是阿福根勒阿搓,	한 사람은 아푸건러아춰,
一個是阿車克什也也莫阿瑪."	다른 한 사람은 아처커스예예모아마니라."
人們請來這兩個能人,	사람들이 두 현인을 모셔오고야,
才知道這條大魚叫黃花魚,	이 물고기가 동자개[20]-임을 알게 되었지,
魚肚裡藏著草木和五穀子種,	물고기 뱃속에 초목과 곡식 씨앗이 담겨있으니,
等它閉上眼睛才能拿到.	물고기가 눈 감아야 꺼낼 수 있네.
要殺大魚取種了,	큰 물고기 잡아 씨앗을 꺼내려고,
先是抬到大江邊去殺,	물고기를 들고 강변으로 갔지,
殺了魚不死,	그런데 물고기가 죽기는커녕,
眼睛也不閉.	눈조차 감지 않네.
魚爲什麼不會死?	물고기가 왜 죽지 않는 거지?
魚爲什麼不閉眼?	물고기가 왜 눈을 감지 않는 거지?
因爲那裡有沙魚作伴.	그곳에 베트남 메기[21]-가 있기 때문이야.

19_ (역주) 하니족의 종교인 베이마교(貝瑪敎)의 의례를 집전하는 사제를 가리킨다. '베이마' 역시 나시족의 '둠바(東巴)'나 이족의 '비모(畢摩)', 와족의 '모바(摩巴)'와 마찬가지로 '지혜로운 자'라는 의미를 담고 있다. 하니족 지식과 지혜의 전수자이다.

20_ (역주) 본문에는 '황화어(黃花魚)'라고 되어 있는데, '황화어'는 바다에서 자라는 '참조기'를 가리킨다. 그러나 참조기는 바다 물고기라 원난 하니족 거주지역과는 거리가 멀다. 여기서 말하는 '황화어'는 아마도 원난성 남부 시솽반나(西雙版納) 일대의 민물에서 자라는 '황상어(黃顙魚)' 즉 '동자개(Pelteobagrus fulvidraco)'를 가리키는 것으로 보인다. 빛깔도 노르스름하고 크기도 비슷하여 '황화어'와 혼동되곤 한다.

21_ (역주) 본문에 '사어(沙魚)'라고 되어 있어 '상어'를 가리키는 '사어(鯊魚)'와 혼동될 수 있다. 그러나 이것은 '상어'

又抬到森林裡去殺,	물고기를 죽이려고 숲으로 들고 갔지,
殺了魚不死,	그런데 죽기는커녕,
眼睛也不閉.	눈조차 감지 않네.
魚爲什麼不會死?	물고기가 왜 죽지 않는 거지?
魚爲什麼不閉眼?	물고기가 왜 눈을 감지 않는 거지?
因爲那裡是砍柴的地方.	그곳이 땔나무 하는 곳이라서지.
又抬到田邊去殺,	물고기를 죽이려고 논으로 들고 갔지,
殺了魚不死,	그런데 죽기는커녕,
眼睛也不閉.	눈조차 감지 않네.
魚爲什麼不會死?	물고기가 왜 죽지 않는 거지?
魚爲什麼不閉眼?	물고기가 왜 눈을 감지 않는 거지?
因爲那裡是薅秧丟雜草的地方.	그곳이 김매기 하며[22] 잡초를 뽑은 곳이기 때문이지.
又抬到水井邊去殺,	물고기를 죽이려고 우물가로 들고 갔지,
殺了魚不死,	그런데 물고기가 죽기는커녕,
眼睛也不閉.	눈조차 감지 않네.
魚爲什麼不會死?	물고기가 왜 죽지 않는 거지?
魚爲什麼不閉眼?	물고기가 왜 눈을 감지 않는 거지?
因爲那裡是背水的地方.	그곳이 물을 길어오는 곳이라서지.

가 아니라 윈난 지역에서 종종 '사어(沙魚)'라고 부르는 '파사어(巴沙魚)' 즉 '베트남메기(Pangasius bocourti)'를 가리킨다. 베트남을 비롯해 라오스, 윈난성 등 따뜻한 물에 사는 민물고기이다.

22_ (역주) '호앙(薅秧)'은 일종의 김매기인데, 쓰촨 지역과 윈난성 동부지역에서 벼농사 지을 때 사용하던 방법이다. 모를 심고 나서 한 달쯤 지났을 때 피 등의 잡초를 뽑고 흙을 뒤집어 공기가 많이 들어가도록 해준다. 기구를 사용하기도 했고 발로 밟는 방법을 사용하기도 했는데, 날씨가 더운 지역에서 이 작업을 하는 것은 참으로 고된 일이어서 예전에는 옷을 거의 다 벗고 논에 들어가 작업했다고 한다.

又抬到豬槽邊去殺,	물고기를 죽이려고 돼지 구유 옆으로 들고 갔지,
殺了魚不死,	그런데 물고기가 죽기는커녕,
眼睛也不閉.	눈조차 감지 않네.
魚爲什麼不會死?	물고기가 왜 죽지 않는 거지?
魚爲什麼不閉眼?	물고기가 왜 눈을 감지 않는 거지?
因爲那裡是餵豬的地方.	그곳이 돼지를 키우는 곳이라서지.
又抬到灶門前去殺,	물고기를 죽이려고 화덕 앞으로 들고 갔지,
殺了魚不死,	그런데 물고기가 죽기는커녕,
眼睛也不閉.	눈조차 감지 않네.
魚爲什麼不會死?	물고기가 왜 죽지 않는 거지?
魚爲什麼不閉眼?	물고기가 왜 눈을 감지 않는 거지?
因爲那裡是女人煮飯的地方.	그곳이 여인이 밥을 짓는 곳이라서지.
又抬到哈扎比堵機阿勒去殺,	물고기를 죽이러 하자비두지아러[23]-로 들고 갔지,
魚不搖頭不擺尾,	물고기가 드디어 머리도 꼬리도 흔들지 않네,
紅彤彤的血淌成河水.	새빨간 피가 강물처럼 흘러나오네.
大魚殺死了,	물고기가 드디어 죽었구나,
眼睛閉上了.	물고기가 드디어 눈을 감았네.
這條大魚肉厚有兩拃,	물고기 살이 두꺼워 두 뼘이나 되네,
魚肚有千層,	물고기 배에 살이 천 겹,
拿著快刀亮閃閃,	날카롭게 번쩍이는 칼을 쥐고,

23_ [원주] 옛날 지명, 상세한 위치는 알 수 없다.
(역주) 앞에서 물고기를 죽여도 '물고기가 죽지 않고 눈도 감지 않는' 곳은 대부분 사람이 일상생활을 하는 공간, 즉 논이나 화덕, 우물이나 돼지우리 등이다. 어쩌면 그런 곳에서 물고기가 죽으면 사람의 일상 공간이 부정 탈 수 있다고 생각했던 것이 아닌가 여겨진다. 그런 점에서 본다면 '하자비두지아러'는 일상의 공간이 아닌 다른 곳일 것이다.

一層一層剖魚肚. 　　　　　　　물고기 뱃살 겹겹이 베어나가네.

剖開第一層魚肚, 　　　　　　첫 번째 뱃살 한 겹 가르니,
裡面裝著三顆穀子. 　　　　　볍씨 세 알 담겨있네.
穀子栽在什麼地方? 　　　　　벼는 어디에 심어야 할까?
長揚柳樹的龍潭旁. 　　　　　버드나무 휘늘어진 용담 가에.

剖開第二層魚肚, 　　　　　　두 번째 뱃살 한 겹 가르니,
裡面裝著三顆蕎[24]-子. 　　메밀 씨앗 세 알 담겨있네.
蕎子栽在什麼地方? 　　　　　메밀은 어디에 심어야 할까?
長水冬瓜樹的山坡上. 　　　　네팔오리나무 자라는 산등성이에.

剖開第三層魚肚, 　　　　　　세 번째 뱃살 한 겹 가르니,
裡面裝著三顆高粱子. 　　　　수수 씨앗 세 알 담겨있네.
高粱栽在什麼地方? 　　　　　수수는 어디에 심어야 할까?
長蘆葦的山坡上. 　　　　　　억새 풀 자라는 산등성이에.

剖開第四層魚肚, 　　　　　　네 번째 뱃살 한 겹 가르니,
裡面裝著三顆棉花籽. 　　　　목화 씨앗 세 알 담겨있네.
棉花栽在什麼地方? 　　　　　목화는 어디에 심어야 할까?
長尖刀草的矮山上. 　　　　　백운풀[25]- 자라는 언덕 위에.

剖開第五層魚肚, 　　　　　　다섯 번째 뱃살 한 겹 가르니,
裡面裝著三顆苞穀, 　　　　　옥수수 세 알 담겨있네.

24_ (역주) 원문에는 '蕎'으로 표기되어 있으나 전후 문맥을 보면 '蕎'의 오기로 판단된다.
25_ (역주) '尖刀草'는 인근에 거주하는 화야오이족(花腰彝族)이 조상께 제사를 지내는 기간에 제사 지내는 영역을 표시할 때 둘러놓기도 하는 풀이기도 하다.

苞穀栽在什麼地方?
長錐栗樹的山上.

옥수수는 어디에 심어야 할까?
밤나무[26] 자라는 산 위에.

剖開第六層魚肚,
裡面裝著三顆黃豆子.
黃豆栽在什麼地方?
長楊梅樹的山上.

여섯 번째 뱃살 한 겹 가르니,
콩 세 알 담겨있네.
콩은 어디에 심어야 할까?
소귀나무[27] 자라는 산 위에.

剖開第七層魚肚,
裡面裝著三顆南瓜子.
南瓜栽在什麼地方?
長黃泡刺的地上.

일곱 번째 뱃살 한 겹 가르니,
그 속에 호박[28] 씨앗 세 개 담겨있네.
호박은 어디에 심어야 할까?
노란 산딸기가 자라는 곳에.

剖開第八層魚肚,
面裝著三顆麻子.
麻栽在什麼地方?
淌水的沖溝旁.

여덟 번째 뱃살 한 겹 가르니,
삼 씨 세 개 담겨있네.
삼은 어디에 심어야 할까?
물이 흘러가는 도랑 가에.

剖開第九層魚肚,
裡面裝著各種樹種.
樹種撒在什麼地方?

아홉 번째 뱃살 한 겹 가르니,
나무 씨앗들이 담겨있네.
나무 씨앗은 어디에 뿌려야 할까?

26_ '추율수(錐栗樹)'의 학명은 'Castanea henryi (Skan) Rehd. et Wils. var. henryi'로, 중국의 친링(秦嶺) 이남, 즉 남부 지역에서 많이 자라는 밤나무이다. 높이가 30여 미터에 달할 정도로 자란다. 우리나라에서 많이 먹는 밤은 중국에서는 '판율(板栗)'이라 한다. '추율'은 '판율'보다 껍질이 조금 더 얇고 밝은 갈색이다.

27_ '양매수(楊梅樹)'는 윈난을 비롯하여 광시와 푸젠, 장쑤 등 습도가 높고 비가 많은 온대 혹은 아열대 지역에서 자란다. 학명은 'Morella rubra Lour.'이고 영문으로는 'bayberry'라 하며, 새콤달콤한 열매를 먹는다.

28_ '남과(南瓜)'는 우리가 지금 일반적으로 먹는 '호박'과는 다르다. 학명은 'Cucurbita moschata (Duchesne ex Lam.) Duchesne ex Poir.'이라 하고 영문으로는 'pumpkin'이라 한다. 노랗고 둥근 이 호박의 원산지가 아시아 남부와 중남미 지역이라서 '南瓜'라고 부른다.

撒在所有的山上.	모든 산에 다 뿌려야지.
剖開第十層魚肚,	열 번째 뱃살 한 겹 가르니,
裡面裝著各種草種.	풀 씨앗들이 담겨있네[29].
草種撒在什麼地方?	풀 씨앗은 어디에 뿌려야 할까?
地上水裡草會場.	풀이 자랄 수 있는 땅 위에 물속에.
五穀子種都有了,	온갖 곡식 씨앗 모두 생겼고,
各種樹種都有了,	온갖 나무 씨앗 모두 생겼지,
各種草種都有了,	온갖 풀 씨앗 모두 생겼고,
一樣種也不差了.	어느 것 하나 모자라지 않게 되었네[30].
人們年年栽五穀,	사람들은 해마다 오곡을 심고,
年年把種收藏,	해마다 씨 뿌리고 거두어 저장하네.
一年一年傳下去,	이렇게 한 해 한 해 이어져가고,
一代一代不絕種.	그렇게 한 대 한 대 끊기지 않네.
人們把樹種撒在所有的山上,	사람들은 모든 산에 나무 씨앗 뿌리고,
人們把草種撒在地上水裡,	땅 위에도 물속에도 풀 씨앗을 뿌렸네.
從此山山嶺嶺長了樹,	그때부터 모든 산에 나무가 자라났고,
地上水裡到處長了草.	땅 위에도 물속에도 풀이 자라났네.
大地穿上綠衣裳,	대지가 푸른 옷을 입게 되니,

29_ 앞에서 소개한「殺魚取種」에서는 풀 씨앗과 나무 씨앗이 먼저 나오고 그 다음에 메밀, 마, 목화, 벼, 콩, 옥수수, 호박의 순서대로 나온다.(『中國民間故事集成・雲南卷』(上冊), 175쪽)

30_ (역주) 장둬(張多)는 여덟 가지 작물을 재배 역사 시기와 비교하여 표를 만들어 제시,『十二奴局』에서는 벼가 먼저,「殺魚取種」에서는 메밀이 먼저 나온 것으로 배치했다고 설명했다.(張多,「敍事指向:哈尼族創世神話溯源研究的方法論探索」,『神話學與中國西南民族』(李子賢教授學術紀念論文集)(下), 雲南教育出版社, 2021, 421쪽)

莫米見了心裡老實喜歡.
樹木世世代代不絕種,
雜草祖祖輩輩不絕種.
衆: 薩—薩!

모미 신이 바라보며 기뻐하셨네.
나무는 대대로 끊이지 않았고,
풀도 대대로 끊이지 않고 자랐네.
다 같이: 싸—싸!

阿資資斗

제4장

하늘을 가리는 큰 나무와
연, 월, 일의 기원

하늘을 가리는 큰 나무와 연, 월, 일의 기원

阿資資斗[1]

薩拉阿依 —	싸라아이 —
遠遠的烘阿宗娘地方,	머나먼 훙아쭝냥[2]이라는 곳에,
住著一家十兄妹,	열 남매가 살고 있었지,
九個哥哥成了家,	오빠 아홉은 혼인을 했고,
小妹的名字叫尖收.	막내 여동생은 젠서우[3]라 했네.
尖收勤勞性平和,	젠서우 부지런하고 착해서,
一天給九個哥哥背九次水,	하루는 아홉 오빠 집에 아홉 번 물길어다 주고,
一天給九個哥哥砍九次柴,	하루는 아홉 오빠 집에 아홉 번 땔감 베어다 주었지.

1_ [원주] '아쯔쯔더우'는 하니어로, '나무를 베어 날짜를 계산하다'라는 의미이다.
2_ [원주] '훙아(烘阿)'는 옛 지명이며, '쭝냥(宗娘)'은 하니어로 '옆'이라는 뜻이다.
3_ (역주) '젠서우'는 윈난성 위안양(元陽) 일대에서 전해져 오는 민간 전설 속의 중요한 인물이다. 민족 이주의 과정에서 원하지 않는 혼인을 하여 도망친 것으로 등장하는데, 젠서우가 도망치던 과정에서 아뤄어우빈(阿倮歐濱) 샘물 가에서 물을 마시려고 꽂아놓은 지팡이가 갑자기 커져서 하늘을 가리는 큰 나무가 되었다고 한다. 이것은 지금도 아뤄어우빈 신성한 숲(阿倮歐濱神林) 일대에 전승되고 있는 이야기인데, 장둬(張多)는 이것이 하늘을 가리는 높은 나무에 관한 신화와 민간에 전해지던 젠서우 이야기가 합쳐진 것으로 본다. (張多, 『神話觀的民俗實踐 - 稻作哈尼人神話世界的民族誌』, 中國社會科學出版社, 2022, 248쪽)

윈난이나 구이저우 고원지대의 소수민족 마을에서 물을 길어오고 땔감을 해오는 것은 생존과 관련된 중요한 일이었다.

每次背的水一樣淸,	길어다 준 물 언제나 맑았고,
每次砍的柴一樣多.	베어다 준 땔감 언제나 많았네.
九個哥哥是勾心,	아홉 오빠 마음씨가 고약해,
把小妹尖收當牛馬.	젠서우를 마소처럼 부려 먹었네.
米飯不給她吃,	먹을 밥도 주지 않고,
新衣不給她穿,	입을 옷도 주지 않으니,
狗咬不幇她吆.	젠서우 더는 견딜 수 없었네.
尖收一日哭三回天不黑,	젠서우 하루 세 번 울어도⁴⁻ 해는 길기만 하고,
尖收一夜醒三次天不亮,	젠서우 하룻밤 세 번 깨어나도 밤은 길기만 했네.

4_ (역주) 윈난성 위안양과 뤼춘(綠春) 일대에 젠서우에 관한 이야기가 많이 전해지는데, 현지에서는 젠서우 여신이 아뭐어우빈 물의 수원지를 비롯해 신수(神樹)와 관련해 신적인 힘을 보여주며 벼농사나 가축과 사람의 번성에 큰 역할을 한다고 믿는다. 젠서우가 천신 아오마(奧瑪)의 딸이며 지신 미마(咪瑪)의 딸이라고 여긴다. (白們普 等 演唱, 盧保和 · 龍元昌 等 搜集 · 整理 · 翻譯, 『都瑪簡收 - 哈尼族神話古歌』, 雲南民族出版社, 2004, 133~135쪽) 젠서우의 지팡이가 하늘을 가리는 나무가 되어 재앙을 가져오고 나중에 역법의 기원이 된다는 이야기도 결국은 신수가 갖고있는 신적인 힘과 관련되어 있다. 하니족 천신 아오마와 지신 미마에 관한 이야기는 김선자, 『중국 소수민족 신화기행』, 175쪽 참조.

尖收再也熬不下去了,	젠서우 더는 참지 못하고,
只得拿起討飯棍,	지팡이 들고 동냥하러 나섰지,
淌著眼淚離開家.	눈물을 흘리며 집을 떠났네.
她從高山討到江河匯集的海邊,	높은 산에서 강물이 모여드는 바닷가까지,
她從海邊討到江河源頭的高山.	바닷가에서 강물이 시작되는 높은 산까지.
有天尖收討飯來到阿姆山,	젠서우 동냥하러 아무산[5]-에 왔는데,
面前有塊望不到邊的大田.	눈앞에 끝없이 펼쳐진 논이 있었네.
大田水口七等寬.	그곳에 고쟁古箏 일곱 개 너비의 물고랑이 있었네.
尖收拄著討飯棍過田埂.	젠서우 지팡이 짚으며 논두렁을 건너갔다네.
跳過田水口,	물고랑을 뛰어넘는데,
拄棍生了根,	짚었던 지팡이에 뿌리가 돋더니,
忽然變成一棵大青樹.	갑자기 아름드리 푸른 나무[6]-가 됐네.
大青樹遮住了天,	아름드리 푸른 나무가 하늘을 가리고[7]-,
大青樹蓋住了地.	아름드리 푸른 나무가 땅을 덮었네[8]-.

5_ (역주) '아무산'은 윈난성 훙허현(紅河縣) 아이라오산맥(哀牢山脈) 중단에 있는 산이다. 1995년에 성급(省級) 자연보호구역으로 지정되었다. 아무산은 해발 2534미터로, 위안강(元江)과 텅탸오강(藤條江)이 여기서 갈라진다. 하니족 다랑논 수자원(水資源)의 핵심지역으로, 하니족은 이 산을 '어머니 산'이라 여긴다.

6_ (역주) '대청수'는 '아름드리 큰 푸른 나무'라는 뜻이지만, 하니족 지역에서는 '용수(榕樹)' 종류의 큰 나무를 가리킨다. 푸젠성에서부터 광시, 구이저우, 윈난에 이르는 중국 남부지역에서 물가에 자라나는 용수는 마을의 중심이면서 신화에도 자주 등장하여 여러 가지 상징성을 보여주는 중요한 나무이다.

7_ (역주) 젠서우의 지팡이가 변해서 하늘을 가리는 큰 나무가 되었다는 신화는 이 지역 하니족을 대표하는 풍습인 '장가연(長街宴)'을 비롯한 '마을의 신성한 숲에 올리는 제사(祭寨神林)'의 중요한 바탕이 되고 있는데, 2011년에 '제채신림(祭寨神林)'이 국가급(國家級) 비물질문화유산(非物質文化遺産)이 되고, 2013년에 '훙허 하니족 다랑논 문화 경관(紅河哈尼梯田文化景觀)'이 유네스코 세계문화유산이 되고 난 후 뤼춘현(綠春縣)에서 민족풍정원(民族風情園) 광장 동쪽의 큰 용수(榕樹)를 '아뤄어우빈(阿倮歐濱) 신수(神樹)'로 삼아 제사를 지냈다. (張多, 앞의 책, 250쪽)

8_ (역주) 하늘을 가리는 큰 나무(遮天大樹)에 관한 신화가 들어있는 자료로는 앞에서 소개한 『都瑪簡收』 이외에 朱小和 演唱, 盧朝貴 등 搜集·整理·翻譯, 「窩果策尼果·嵯祝俄都瑪佐」(西雙版納州民委 編, 『哈尼族古歌』, 雲南民族出版社, 1992)가 있다.

윈난성 남부지역의 물가 마을에 자리한 용수榕樹는 마을의 중심이다. 하니족 마을의 하늘을 가리는 대청수(용수) 아래는 마을 사람들 모두의 공간이다. 하니족과 와족 마을의 거대한 용수는 '나무 한 그루가 숲을 이룬다獨木成林'는 단어가 실제 존재한다는 것을 알게 해준다.

太陽看不見了,	해도 보이지 않고,
月亮看不見了,	달도 보이지 않아
白晝變成了黑夜.	대낮도 한밤처럼 어두웠네.
尖收倒在地,	젠서우 땅에 쓰러져,
化作"嗻嘟嗻".	'다두다'[9]-로 변했네.

9_ [원주] 야행성 조류의 일종.

제4장 | 하늘을 가리는 큰 나무와 연, 월, 일의 기원

地下漆黑一片,	세상은[10] 온통 깜깜해져서,
不知東邊在哪方,	동쪽이 어디인지,
不知西邊在哪方,	서쪽이 어디인지,
人有眼睛像沒有眼睛一樣.	사람들은 눈 있어도 없는 것과 같았네.
人們把火把綁在牛角上犁田,	소뿔에 횃불 달아 밭을 갈았고,
人們把火把拴在羊角上犁地.	양뿔에 횃불 묶어 땅을 갈았네.
可是栽下的莊稼不會長,	심은 작물은 자라지 않고,
栽下的秧苗不會結穀子.	심은 모는 알곡을 맺지 못했네[11].
沉沉的黑夜無盡頭,	깜깜한 한밤이 끝이 없으니,
世上的人們難忍受,	세상 사람들 견딜 수 없어,
男女老少跪在地,	모두가 땅 위에 꿇어앉아,
苦苦向天神哭訴.	모미 신을 향해 울부짖네.
"仁慈的莫米呀,	"인자하신 모미 신이시여,
你爲何把太陽月亮收起,	어찌하여 해와 달을 거둬가셨나이까?
我們活不下去了,	저희가 살아갈 방도가 없으니,
快把太陽月亮放出來."	어서 해와 달을 풀어주소서!"

10_ (역주) 원문에는 '지하(地下)'라고 되어 있으나 아마도 '지상(地上)'의 오류로 보인다.

11_ (역주) 이 이야기에서 하늘까지 솟은 거대한 나무는 하늘의 '빛'을 가리고, '어둠'뿐인 세상에서 인간은 고통을 당한다. 여기서는 젠서우의 '지팡이'가 '나무'로 변했고 '젠서우'는 '새'로 변했다고 하는데, 결국 여기서 하늘까지 솟아 인간을 고통스럽게 하는 것이 젠서우의 화신인 '나무'이다. 나무가 생명력을 갖고 모든 것을 품어준다는 상징성과는 다른 대목이다. 이것은 현지에 전해지는 민간 전설(하바哈巴)에서 젠서우가 보여주는 성격과 관련이 있어 보인다. 민간 전설「索直俄都瑪佐」에서 젠서우는 원래 족장의 못된 딸이었다고 하는데, 민중 반란의 와중에 도망치다가 천신이 가족에게 내려주었던 지팡이를 짚고 도망쳤다고 한다. 젠서우가 샘물가에서 물을 마셨는데, 짚고 있던 지팡이가 순식간에 큰 나무로 변해 하늘의 빛을 가리고 인간 세상에 재앙을 내리게 되었다고 한다. 좋지 않은 성격으로 묘사된 젠서우가 변한 것이기에 나무도 빛을 가리고 인간에게 고통을 주게 된 것으로 묘사된 것인 듯하다. 하지만 또다른 하니족 서사시『哈尼阿培聰坡坡』에서 제스(젠서우)는 하니족 마을의 시조로 묘사되어 하니족의 수호신으로 등장한다. 가장 곧게 뻗은 나무는 하니족 후손들을 지켜주는 존재로 나와서 민간 전설 속 젠서우와는 다른 모습으로 묘사되고 있다.

男人的喉嚨哭啞了,	남자들은 울부짖다 목이 쉬었고,
女人的眼淚哭乾了,	여자들은 울다가 눈물이 말라버렸지,
可是莫米沒有回音,	하지만 모미 신은 응답이 없네,
太陽月亮還是出不來.	해도 달도 여전히 나오질 않네.
太陽到哪裡去了?	해는 어디로 갔을까?
月亮到哪裡去了?	달은 어디로 갔을까?
世上的人們一起商量,	사람들이 의논해,
決定派百獸到樹頂瞧瞧,	나무 꼭대기로 동물을 보내 살펴보기로 했지,
找回太陽和月亮,	해와 달을 찾아오도록,
尋回生存的光明.	생명의 빛을 찾아오도록.
第一次派出靈巧的猴子,	처음으로 보낸 것은 영리한 원숭이였지,
猴子磨破肉皮爬上樹頂.	원숭이가 껍질이 벗겨지면서도[12] 나무 위로 올라가 보니,
原來天還是晴朗,	하늘은 여전히 맑았고,
日月星辰仍舊放光.	해와 달과 별은 예전처럼 빛나고 있네.
貪玩的猴子呀,	노는 데 정신 팔린 원숭이야,
忘記主人的囑咐,	주인의 분부는 잊어버렸느냐,
三年不轉路,	3년이 지나도 돌아오질 않고,
一去不回音.	한 번 가더니 소식이 없네.

12_ (역주) '살과 가죽이 닳아 찢어지다(磨破肉皮)'는 표현은 원숭이가 나무 꼭대기까지 기어 올라가느라 너무 고생해서 털가죽과 피부가 벗겨질 정도였음을 묘사하는 것으로 보인다.

윈난의 원숭이(윈난성 루구호)

人們又派出機靈的松鼠,
松鼠使盡力氣爬上樹頂.
原來天還是晴朗,
日月星辰仍舊放光.
松鼠被太陽迷住,
高興得在樹枝上跳舞.
貪玩的松鼠呀,
忘記主人的囑咐,
三年不轉路,
一去不回音.

人們又派出勁飛的野雞,
野雞七天飛到樹頂.
原來天還是晴朗,
日月星辰仍然放光.
野雞被美景迷住了,
放開嗓子在樹上啼鳴.
貪玩的野雞呀,
忘記主人的囑咐,

이번엔 재빠른 다람쥐를 보냈지,
다람쥐가 젖먹던 힘을 다해 나무 위로 올라갔네.
하늘은 여전히 맑았고,
해와 달과 별은 예전처럼 빛나고 있네.
다람쥐는 해에 홀려서,
나뭇가지 위에서 신나게 춤추고 있네.
노는 데 정신 팔린 다람쥐야,
주인의 분부는 잊어버렸느냐,
3년이 지나도 돌아오질 않고,
한 번 가더니 소식이 없네.

이번에는 펄펄 나는 꿩을 보냈지,
꿩이 이레 동안이나 날아 나무 위로 올라갔네.
하늘은 여전히 맑았고,
해와 달과 별은 예전처럼 빛나고 있네.
꿩은 아름다운 경치에 홀려서,
나무에서 목청껏 지저귀고 있네.
노는 데 정신 팔린 꿩아,
주인의 분부는 잊어버렸느냐,

三年不轉路,	3년이 지나도 돌아오질 않고,
一去不回音.	한 번 가더니 소식이 없네.
人們又派出飛得最快的蝙蝠,	이번에는 가장 빠른 박쥐를 보냈지,
蝙蝠像箭一樣飛到樹頂.	박쥐가 쏜살같이 날아 나무 꼭대기로 올라갔네.
原來天還是晴朗,	하늘은 여전히 맑았고,
日月星辰仍然放光.	해와 달과 별들은 여전히 빛나고 있네.
蝙蝠被太陽刺瞎了眼睛,	박쥐는 해를 보고 눈이 멀어서,
爬在樹枝上不動.	가지 위에 올라가 꼼짝하지 않네.
三年不轉路,	3년이 지나도 돌아오질 않고,
一去不回音.	한 번 가더니 소식이 없네.
日子一年一年過去了,	한 해 또 한 해 날은 지나가고,
人們望穿了雙眼.	사람들은 기다리느라 목이 빠지네.
請來燕子又去打聽,	이번에는 제비를 보내려 했지,
並向它許下了重願.	제비와 특별한 약속을 했네.
"燕子呀!	"제비야!
你快去快飛回,	어떻게 된 건지 꼭 알아봐 주렴,
想盡辦法查明原因,	이렇게 된 이유를 어떻게든 알아봐 주렴,
來日人間的到光明,	세상에 다시 빛이 돌아오는 날,
給你同人住一間房!"	집 만들어 우리와 함께 살게 해줄게."
三日不到燕子飛回,	사흘도 안 되어 제비가 돌아오더니,
把喜訊告訴人們.	기쁜 소식을 알려주었네.
"樹上邊天氣晴朗,	"나무 위쪽 날씨는 아주 맑고요,
日月星辰放光明."	해와 달과 별도 빛나고 있어요."
人們問燕子,	사람들이 제비에게 물었지,
爲哪樣光照不到地上?	그럼 왜 빛이 세상을 비추지 않는 거야?

燕子只顧歡喜, 忘記查原因, "吱吱"地說了半天, 一樣原因也說不明.	제비는 너무나 기쁜 나머지, 이유를 알아보는 걸 깜빡했네. "지지배배!" 반나절을 떠들었지만, 여전히 그 이유 아리송하네.
人們又請蜜蜂去查看, 並向它許下了重願. "金蜂呀! 你快去快飛回, 想盡辦法查明原因, 來日人間的到光明, 給你築巢掛屋檐!"	이번에는 꿀벌을 보내려 했지, 꿀벌과 특별한 약속을 했네. "금빛 꿀벌아! 얼른 갔다가 빨리 돌아오렴, 어떻게 된 건지 꼭 알아봐 주렴, 세상에 다시 빛이 돌아오는 날, 집을 지어 처마 밑에 걸어줄게!"
三日不到蜂飛回, 向人們獻了一個巧計. "是樹葉擋住了日月, 射穿樹葉見光輝!"	사흘도 안 되어 벌이 돌아오더니, 묘수를 알려주었네. "나뭇잎이 해와 달을 가리고 있어요, 활을 쏘아 나뭇잎을 떨어뜨리면 빛이 보일 거에요!"
各族兄弟圍攏來, 推舉僕拉獵手阿戛. "勇敢的阿戛, 你是世間最神的射手, 快握起奶桑木做的彎弓, 快縈上細牢的麻線,	각 부족 장정들이 모여, 푸라[13]-의 사냥꾼, 아가를 추대했네. "용감한 아가여, 그대는 세상에 제일가는 신궁이니, 뽕나무로 만든 활을 쥐고, 가늘고 질긴 삼실을 매고,

---

13_ [원주] 이족의 한 지파로, 자신들을 스스로 일컫는 말.
 (역주) 푸라인(僕拉人)은 이족의 한 지파로, 현재 윈난성 카이위안시(開遠市) 베이거향(碑格鄉) 지역에 거주하면서 자신들의 전통을 지키며 살고 있다. 베이거(碑格) 이족전통문화보호구(彝族傳統文化保護區)는 2005년에 성급(省級) 비물질문화유산 보호명단에 등재되었다.

快配上最好的弩箭,	가장 좋은 화살로 시위를 메겨,
施展出你高强的本領."	그대의 뛰어난 재주를 어서 보여주시오."
千隻眼不眨,	천 개의 눈이 깜빡이지도 않고,
齊望阿戛的弩箭.	일제히 아가의 화살만 바라보네.
萬顆心屏住,	만 개의 심장이 숨을 죽이고,
貼向阿戛的弓弦.	아가의 활에 가서 붙은 듯하네.
阿戛拉滿弓弦,	아가가 시위를 당겨 활을 쏘니,
弩箭飛出似閃電.	화살이 번개처럼 날아갔네.
一聲轟隆震響,	"꽈르릉!" 천둥 같은 소리 나더니,
一長牛皮大的樹葉落下地.	소가죽만큼 큰 나뭇잎 한 장이 땅에 떨어졌네[14].
人們見到一線陽光,	한 줄기 햇살이 눈앞에 나타나니,
歡呼聲震響山崗.	기쁨에 찬 함성이 산을 울리네.
九十九寨的哈尼,	하니족 마을 아흔아홉,
九十九寨的彝家,	이족 마을 아흔아홉,
九十九寨的漢人,	한족 마을 아흔아홉,
九十九寨的傣家……	다이족 마을 아흔아홉……
大家聚攏來商量,	모두 모여 의논을 했네.
要砍倒大樹見日月.	해와 달이 보이도록 아름드리 큰 나무를 베어야 겠다고.

14_ (역주) 용수의 잎은 타원형으로 상당히 큰데, 그것을 '소가죽만큼' 크다고 묘사했다.

윈난성 지역에는 명청 시대 이래 한족의 주택도 꽤 남아있다.
앞에서부터 순서대로 하니족 마을, 한족의 집, 이족 마을, 다이족 사원.

九千人拿刀砍,	9천 명이 칼로 나무를 베고,
九千人用斧劈,	9천 명이 도끼질로 나무를 패고,
九千人拉大鋸,	9천 명이 큰 톱으로 나무를 썰고,
九千人用鑿子鑿,	9천 명이 끌로 나무를 깎고,
各族兄弟齊心合力,	각 부족 장정들이 힘을 모아서,
像林中的老藤扭在一起.	수풀 속 얽힌 등나무처럼 하나가 됐네.
汗珠滾落滙成小河,	함께 흘린 땀방울이 개울이 되고,
砍樹的叮噹聲傳百里.	나무 패는 '탕탕' 소리 백 리 밖에 울려 퍼지네.
日頭落下山,	해가 뉘엿뉘엿 넘어갈 즈음,
大樹砍出一道口.	큰 나무에 생긴 홈 하나.
心想只要砍幾日,	사람들 속으로 생각했지, 며칠만 더 패면,
大樹就會倒在地,	큰 나무도 쓰러지겠지,
可是二日一早起來看,	하지만 아침에 일어나 보면,
樹上的斧口又長齊了.	나무 위 도끼 자국이 보이지 않네.
再日砍, 三日砍,	이틀 패고 사흘 패고,
砍了七天都一樣.	이레를 패도 마찬가지.
白天大樹見裂口,	낮에는 보였던 나무의 틈이,
二天起來一看無縫隙.	아침에 일어나면 흔적도 없네.
遮天大樹沒有砍倒,	하늘을 가린 나무 베지도 못했는데,
背來的糧食吃完了.	메고 온 양식을 다 먹어버렸네.
人們都回去背粮食,	사람들은 양식 가지러 되돌아갔고,
留下一個傣家守工具.	연장은 다이족 사람 집에 남겨두었네.
這個傣家人,	다이족 사람이,
睡在樹旁一個石洞裡,	나무 옆 동굴에서 자고 있는데,
到了夜半三更時,	모두가 잠든 한밤중,
一陣說話把他從夢中吵醒,	시끄러운 말소리가 그를 깨웠지,

他豎起耳朵仔細聽,	다이족 사람이 귀 기울여 자세히 들어보니,
原來是守林鬼神在議論.	숲을 지키는 귀신들이 회의하고 있네.
不要怕, 不要怕,	"겁내지 마라, 겁내지 마,
不抹雞屎砍不倒大樹,	닭똥 바른 도끼가 아니면 큰 나무를 넘어뜨리지 못해."
大夥背著糧食轉來了,	장정들이 양식을 지고 돌아오자,
傣家把聽到的奧秘告訴大家.	다이족 사람이 엿들은 비밀을 알려주었네.
大夥聽了心裡非常高興,	그 말을 듣더니 모두가 기뻐했지,
派人回家背來雞屎.	사람을 보내어 닭똥 한 무더기 지고 오게 했네.
人們在刀口上抹上雞屎,	사람들이 도끼날에 닭똥 바르고,
砍樹像切蘿蔔一樣,	나무를 내려치니 무처럼 잘렸지,
一刀更比一刀深.	치면 칠수록 더 깊이 파였네.
千萬刀砍下樹搖晃,	천 번 만 번 내리치니 나무가 휘청휘청,
大樹隨著一陣嘎嘎聲,	나무에서 "우두둑!" 소리 나더니,
天崩地裂倒下地.	하늘 무너지고 땅 갈라지듯 나무가 쓰러졌네.
遮天大樹砍倒了,	하늘을 가리던 큰 나무가 쓰러진 후로,
陽光照到大地上.	햇빛이 땅 위를 밝게 비추네.
百鳥飛出來唱歌,	온갖 날짐승이 날아와 노래하고,
百獸跑出來跳躍,	온갖 길짐승이 달려와 뛰어오르네.
人們喲!	사람들도 기뻐했네!
像過年過節一樣歡樂.	새해처럼 명절처럼 즐거워하네[15]-.

15_ (역주) 윈난성 뤼춘현(綠春縣)박물관에는 젠서우와 신수(神樹)가 조형물로 만들어져 젠서우가 이미 하니족을 대표하는 '여신'으로 변화했음을 보여주고 있다. 젠서우가 보여주었던 부정적 인물의 특징은 사라지고 하니족 대표 '여신'이 되면서 장가연(長街宴), 앙마투(昂瑪突) 등의 제의와 연결되어 대표적인 관광상품이 되어가는 과정은 소위 '문화적 적응(文化調適)'의 특징을 잘 보여주고 있다. 장뒤(張多)는 이것에 대해 "이런 變異와 創新은 핵심적 신화 모티프가 사회 변천에 따라 매우 강한 적응 능력을 보여주고 있음을 설명한다. 이런 모티프는 현대

遮天大樹砍倒了,	하늘을 가리던 나무가 쓰러지니,
人們細細數了數.	사람들이 꼼꼼히 재어보았네.
百丈高的大樹,	높이는 백 길,
共有十二杈,	큰 가지가 열둘이었지,
後來人們把一年定爲十二個月.	그래서 한 해를 열두 달로 정했네[16].
每一杈上長三十根樹枝,	큰 가지엔 서른 가닥 잔가지가 있었지,
後來人們把一個月定爲三十天.	그래서 한 달을 30일로 정했네.
每根樹枝上長三百六十片葉子,	잔가지엔 360장의 잎이 있었지,
後來人們把一年定爲三百六十天.	그래서 한 해를 360일로 정했네.
遮天大樹砍倒了,	하늘을 가리던 아름드리 큰 나무가 쓰러지자,
卻把大地打碎了.	땅이 조각조각 깨져버렸네.
過去的大地,	예전에 땅은,
是平平的一整塊,	평평한 한 덩어리로,
跟阿姆山一樣高,	아무산과 똑같이 높았고,
跟阿姆山山頂一樣平.	아무산 꼭대기처럼 평평했네.
大樹倒下時,	그러나 큰 나무가 쓰러지면서,
把大地打成數不盡的坑坑窪窪,	대지가 여기저기 움푹 파였지,
這些坑坑窪窪喲,	여기저기 움푹 파인 곳들은,
後來變成了數不盡的江河湖海.	수많은 강과 호수가 되었네.
衆: 薩―薩!	**다 같이: 싸―싸!**

인에 의해 전통 서사 자원으로 사용되면서 문화적 적응의 새로운 서사를 구성하며 핵심적 신화관의 안정적 특징을 지속한다"(張多, 앞의 책, 258쪽).

[16] (역주) 하늘을 가려 재앙을 가져다주던 나무를 사람들이 힘을 합해 천신만고 끝에 베어 넘어뜨리고 빛을 되찾고 역법까지 갖게 되었다는 것은 젠서우의 지팡이가 변한 나무 덕분이니, 결국은 젠서우 덕분에 하니족이 빛과 역법을 갖게 되었다는 것으로 해석한다. 그래서 '악인'으로 민간 전설에 등장했던 젠서우가 전승의 과정에서 천신天神과 지신地神의 딸이면서 인간에게 빛을 가져다준 여신으로 여기게 된다. 그러면서 현지에서는 젠서우의 파괴력보다는 창조성에 초점을 맞추면서 젠서우가 '정의와 힘, 열정의 화신이며 사랑하고 분노하고 항쟁하는 여성의 대표'(史軍超, 『都瑪簡收』「序言」, 5쪽)라는 평가까지 나오게 된다.

阿扎多拉

제5장

불의 기원

불의 기원
阿扎多拉[1]

薩拉阿依 —
天上沒有太陽,
世間分不出白天黑夜來.
地上沒有水,
田地裡的莊稼不會栽.
世上沒有火,
人類就不會發展到這一代.
紅彤彤的火,
世間的人一個也離不開.

很古很古的時候,
我們的先祖連房子都不會蓋,
到處亂睡覺,
人成了老虎豹子的飯菜.
那時候虎豹比人多,

싸라아이 —
하늘에 해가 없어,
낮과 밤을 구분하지 못했지.
땅에는 물이 없어,
작물을 심을 수도 없었네.
세상에 불이 없어,
사람도 지금처럼 발전하지 못했네.
붉게 타오르는 저 불,
누구에게나 다 필요했지.

멀고 먼 옛날,
우리 조상님들 집도 지을 줄 몰랐지,
여기저기서 아무렇게나 잠을 잤고,
호랑이와 표범의 먹이가 됐지.
그때는 호랑이와 표범이 사람보다 많아서,

1_ [원주] '아자둬라'는 하니족어로 '불의 기원'을 의미한다.

寬寬的地上人不敢在,	땅이 넓어도 거기서 살지는 못했지,
冷天住在石洞裡,	추운 날은 동굴에서 살았고,
熱天搬到樹上在.	더운 날엔 나무 위로 올라갔네.

冷天住在石洞暖和和,	추운 날은 동굴이 따뜻했고,
熱天住在樹上好涼快.	더운 날은 나무 위가 시원했네.
不怕熱和冷,	더위도 추위도 겁나지 않고,
不怕老虎豹子抬,	호랑이와 표범도 두렵지 않았지,
只是蟒蛇兇,	두려운 건 비단구렁이,
人天天要受到傷害.	사람들은 날마다 해를 입었네.
我們的先祖,	우리의 조상님들,
住在石洞和樹上日子難挨.	동굴과 나무 위에 살면서 고생하셨네.

我們的先祖,	우리의 조상님들,
那時候不會栽棉花,	그때는 목화를 심을 줄도 몰랐고,
沒有棉和線,	면과 실도 없었네.
葛麻也不會採,	갈포 짤 칡을 캘 줄 몰라서,
白天沒有褲子穿,	낮에는 입고 다닐 바지도 없었고,
晚上睡覺沒有被子蓋.	밤에는 덮고 잘 이불도 없었네.

撕來芭蕉葉作衣褲穿,	바나나잎 찢어다가 옷 삼아 입고,
擄來茅草作被子蓋.	띠풀² 가져다가 이불 삼아 덮었네.
熱天在茅草堆上睡,	더운 날은 띠풀 더미 위에서 자고,
冷天在茅草堆裡埋.	추운 날은 띠풀 더미 속으로 들어갔네.
只是芭蕉葉不牢,	바나나잎은 질기지 않아,
身上很快被樹枝戳壞.	나뭇가지에 걸려 금세 구멍이 났네.

2_ (역주) '띠풀(cogongrass)'은 하니족 사람들의 주택인 버섯 모양의 집(蘑菇房)의 지붕을 얹는 중요한 풀이다.

我們的先祖,	우리 조상님들,
穿芭蕉葉的日子艱難.	바나나잎 걸치고 고생하셨네.
我們的先祖,	우리 조상님들,
那時候穀子還不會栽,	그 시절엔 곡식도 심을 줄 몰라,
不會養豬雞,	돼지도 닭도 칠 줄 몰라,
生活也不會安排.	살림을 제대로 살 수 없었지.
沒有吃的,	먹을 것이 없어서,
大家上山把馬鹿麂子逮,	붉은문착[3] 잡으러 산으로 갔지,
馬鹿麂子攆不著,	붉은문착 쫓아가도 잡지 못하니,
就到山上採野果野菜.	산 위에서 열매 따고 풀 뜯어왔네.

3_ '마록(馬鹿, Cervus canadensis)'은 중국의 동북 지역이나 북부 지역의 삼림지대에 주로 분포하는 커다란 붉은 사슴이고, '궤자(麂子, Muntiacus)'는 중국의 남부 지역에 많이 서식하는 작은 문착을 가리킨다. 여기서 '馬鹿麂子'라고 표현한 것은 붉은 사슴의 빛깔을 가진 문착, 즉 중국 서남부 지역과 동남아 지역에 주로 분포하는 '붉은문착(Muntiacus muntjak)'을 가리키는 것으로 보인다.

1~3
윈난성 남부 지역에는 바나나잎이나 파초잎처럼 잎이 커다란 나무들이 많다. 최초의 세상에 사람들이 그런 큰 잎으로 옷을 대신했으리라는 상상이 서사시 속에 반영된다.
(윈난성 란창강 지눠족 지역. 다이족과 이족 마을)

馬鹿麂子味道雖然好,
有時候卻幾日逮不來.
遍山的野菜野果,
有時候也會全部枯敗.
到了那時候,
人們就在遭了大災,
命小的就到陰間,
命大的就在世上留下來.

我們的先祖,
那時候還沒有造出火來,
天冷的時候,
像豬一樣亂草堆裡埋.
逮來了麂鹿,
像豹子一樣撕著吃生肉.
野菜採來了,
像牛馬一樣直往嘴裡塞.

붉은문착 맛은 좋아도,
어떤 때는 며칠 동안 잡지 못했지.
풀과 열매 산 위에 널려있지만,
어떤 때는 모두 말라비틀어져 있네.
그 시절엔,
사람들이 재난당해서,
명 짧으면 저승으로 직행,
명 길어야 겨우 이승에 남네.

우리 조상님들,
그 시절에 불을 쓸 줄도 몰랐지,
날씨가 추울 때면,
돼지처럼 풀더미 속으로 들어갔네.
문착이라도 잡아 오면,
표범처럼 날고기를 찢어 먹었네.
들풀이라도 뜯어오면,
소나 말처럼 입속으로 욱여넣었네.

在那古老的年代,	옛날 옛적 그 시절에,
整個大地一片青翠,	대지는 온통 초록 한 조각,
蕨蕨草像大青樹一樣高,	고! 고! 고사리 아름드리 푸른 나무처럼 컸고,
桿桿粗的有好幾圍,	줄! 줄! 줄기는 몇 아름 두께,
肥壯的馬鹿麂子,	살진 붉은문착,
成群地在樹蔭底下睡,	나무 그늘에서 무리 지어 잠자고 있었지,
人們拿著石頭和棍棒,	사람들이 돌멩이와 방망이를 쥐고,
一起去把馬鹿麂子圍.	함께 가서 붉은문착을 에워쌌네.
人們打死的馬鹿麂子多了,	사람에게 잡혀 죽은 붉은문착 많아지니,
麂鹿嚇得向遙遠的地方隱退.	살아남은 문착들 먼 곳으로 도망쳤네.
沒有馬鹿和麂子,	붉은문착 없어지니,
我們的先祖就只好又搬家,	우리 조상님들 옮겨가서 살아야 했고,
搬到有馬鹿麂子的森林裡,	붉은문착 있는 숲속으로 옮겨왔지,
馬鹿麂子又跑了,	붉은문착 또 달아나면,
人們又搬家搬一回.	사람들은 따라서 이사를 했네.
馬鹿麂子,	붉은문착,
整天被人攆得不停腿,	사람에 쫓겨 종일 쉴 새 없이 달렸지,
顧不上吃一口青草,	푸른 풀 한 입 못 먹고,
顧不得喝一口清水.	맑은 물 한 입 못 마셨네.
日子過得不安寧,	하루를 보내기 편치 않으니,
天天向莫米控訴人的罪.	사람들 죄를 모미께 아뢰었네.
莫米被嚇得發了怒,	모미가 깜짝 놀라 화를 내시며,
立即丟下了幾顆巨大的火雷.	큰 벼락을 여러 번 내리쳤네.
無邊的森林着了火,	끝도 없는 수풀에 불이 붙었지,
火焰成了吃人的魔鬼.	불꽃은 사람 먹는 마귀가 됐네.
老幼燒成了火炭,	노인도 아이도 숯덩이 됐고,

枯木朽木燒成了白灰,	마른 나무와 썩은 나무는 재가 되었네.
人們嚇得膽戰心驚,	사람들 놀라서 간담이 서늘했고,
急忙向遙遠的地方逃避.	서둘러 먼 곳으로 도망을 갔네.
爲了活命,	사람들 살기 위해,
大家去把馬鹿麂子追.	다 같이 문착을 쫓아갔네.
馬鹿麂子逃向遙遠的地方,	붉은문착 먼 곳으로 달아나니,
人們尾著緊緊在後邊追.	사람들도 꼬리 물고 뒤쫓아가네.
馬鹿麂子不停步,	문착이 쉬지 않고 달아나니까,
人們也緊追不歇腳.	사람들도 쉬지 않고 바짝 뒤쫓네.
追到雷火燒過的林地,	문착 쫓아 번갯불에 타버린 숲에 오니,
燒死的麂鹿被烏鴉包圍.	까마귀가 타죽은 문착을 둘러싸고 있네.
人們驅走了烏鴉,	사람들이 까마귀를 쫓아버리고,
撕碎了燒熟的麂鹿腳,	잘 구워진 문착 다리 한 짝 뜯어서,
放到嘴裏邊一嚼,	한 입 베어 물고 씹어봤더니,
覺得比吃生肉更有味.	날고기보다 훨씬 맛이 있었네.
比生肉好吃, 比生肉香脆.	날고기보다 맛있고, 날고기보다 바삭했네.
我們的先祖,	우리 조상님,
有個叫司米銳,	스미루이라는 분이 계셨지,
吃了火燒肉,	불로 구운 고기를 드시고,
感到肉味老實美,	고기가 정말 맛있다고 했네,
知道火有很大用處,	불이 아주 쓸모 있음을 알게 되자,
就約大家一起去把火尾.	불을 잡아 오자고 제안을 했네.
找遍雷火燒過的地方,	그러나 번갯불에 탄 곳을 찾아,
尋遍了東南西北,	동서남북 사방을 돌아다녀도,
一點火也沒有了,	어디에도 불씨 하나 보이지 않고,
只剩下一堆堆的草木灰.	타버린 풀과 나무 잿더미만 남아있었네[4].

找火找不着,	찾아도 찾아도 불을 못 찾아,
就求莫米把火恩賜給人類,	불을 내려달라 모미께 기도 드렸네.
男女老少,	남녀노소 모두가,
不知給莫米磕頭磕了多少回,	모미께 수도 없이 빌어봤지만,
天上的莫米,	하늘에 계신 모미는,
卻一點火也不肯給.	불씨 한 점 주려고 하지 않았네.
司米銳的後代,	스미루이 후손 중에,
有個叫銳腿雷的,	루이투이레이라는 분이 계셨지.
有天領著大家攆麂鹿,	사람들을 데리고 사슴을 쫓던 어느 날,
麂鹿跑進深深的林子內,	사슴들이 숲속 깊이 달아났다네,
林深草密虎豹多,	깊은 숲속 풀이 우거진 곳엔 호랑이와 표범이 많아,
人們不敢再進林子裡去追,	숲속까지 쫓아가지 못했지,
銳腿雷領著一夥人,	루이투이레이가 동료들을 거느리고,
到山上滾石頭把麂鹿催.	산에 올라 돌을 굴려 문착들을 몰려고 했네.
我們的祖先銳腿雷,	우리의 조상님 루이투이레이가,
抱來的一大塊石頭亮又白.	골라온 돌덩이는 희고 빛났네.
用力往山下一滾,	산 아래로 힘껏 돌을 굴리니,
山坡上冒起了一大堆尖灰.	산비탈에 한가득 먼지가 이네.
白石頭狠狠砸在一棵樹幹上,	나무줄기에 흰 돌덩이가 세게 부딪치면서,
震得大地抖了抖.	대지가 울리며 흔들거리네.
幹樹冒起了青煙,	나무줄기에 푸른 연기 나더니,

4_ (역주) 하니족 이주의 서사인 『하니아페이충포포(哈尼阿培聰坡坡)』(朱小和 演唱, 史軍超·盧朝貴·段貺樂·楊叔孔 翻譯, 中國國際廣播出版社, 2016)에서는 불의 시작에 대해 이렇게 노래하고 있다. "하늘에서 수많은 북을 한꺼번에 치는 듯한 소리가 났네/ 벼락이 치더니 큰 나무가 쓰러졌네/ 숲에 불이 나더니 이레 동안 꺼지지 않았지/ 불빛이 조상님들의 눈을 환하게 해주었네/ 조상님이 불씨를 동굴로 모시고 왔네/ 그것을 조심조심 보관했네/ 불이 있으니 더 이상 사람 잡아가는 표범이 두렵지 않고/ 불이 있으니 사람 삼키는 큰 구렁이가 무섭지 않네/ 따뜻해지니 몸에도 힘이 나고/ 조상님은 코끼리처럼 이리저리 다녔네/ 불은 조상님의 용기/ 불은 조상님의 힘!"(『哈尼阿培聰坡坡』, 12쪽) 그래서 하니족은 불을 '불 아가씨(火娘)'라고 불렀다. (앞의 책, 13쪽)

幹樹起火紅焰飛. 　　　　　　나무줄기에 빨간 불꽃이 이네.

見到紅彤彤的火, 　　　　　　벌겋게 번져가는 불을 보더니,
大家立即往地上跑. 　　　　　모두가 산 아래로 달려갔네.
感謝天上的莫米, 　　　　　　하늘에 계신 모미께 감사드렸지,
把火賜給了人類. 　　　　　　사람들에게 불을 내려주셨네.
大家笑呵呵, 　　　　　　　　모두가 웃으며 행복해했지,
緊緊圍住銳腿雷, 　　　　　　루이투이레이를 에워싸고는,
誇他求來了莫米的火, 　　　　모미께 불 얻어온 것 칭찬했지,
稱讚他有無窮的智慧. 　　　　루이투이레이의 지혜를 칭찬했다네.

馬鹿麂子顧不着了, 　　　　　모두가 문착은 보지도 않고,
大家跑去看火堆. 　　　　　　달려가서 불덩이만 바라보았네.
大火燒得旺, 　　　　　　　　활활 타는 큰불을 보고 있자니,
大家都感到非常欣慰. 　　　　모두가 대단히 기뻤네.
大家齊動手, 　　　　　　　　다 같이 힘을 모아서,
搬來乾柴直往火裡堆, 　　　　가져온 마른 장작을 불 속에 넣었지,
野火燒過了, 　　　　　　　　그래서 들불이 다 타버려도,
地上留下了火一大堆. 　　　　땅 위에는 한 무더기 불이 남아있었네.

윈난성 소수민족 마을에서 불과 화덕이 있는 곳은 집안의 중심이다. 가족이 모여 앉아 음식을 만들어 먹는 장소이기도 하고 놀이의 공간이기도 하며, 조상님을 모신 공간이기도 하다.(나시족의 화덕, 모쏘인 마을의 화덕)

天天往火裡堆乾柴,
大大的火堆日日火焰飛.
人們白天上山攆麂鹿,
晚上在火堆裡燒麂鹿腿.
燒熟的麂鹿肉,
大家吃著非常有味,
吃到肚子裡,
香透了心和肺.

天天往火裡添乾柴,
大大的火堆日日火焰飛.

날마다 불 속에 마른 장작 넣으니,
커다란 불더미가 날마다 훨훨 타오르네.
사람들이 낮에는 산에 올라 문착을 잡고,
저녁에는 불더미에 문착 다리를 굽네.
잘 익은 문착 고기,
모두가 먹으며 맛있다 하지,
배를 채워 주는 고기 덕분에,
마음까지도 모두 만족스럽네.

날마다 불 속에 마른 장작 더하니,
커다란 불더미가 날마다 훨훨 타오르네.

兇惡的蟒蛇不敢來,	징글징글한 비단구렁이도 감히 오지 못하고,
殘暴的虎豹也不敢來追.	무시무시한 호랑이와 표범도 쫓아오지 않네.
黑漆漆的夜晚,	깜깜한 밤이 되어도,
人就躺在火堆周圍,	사람들은 불더미 주위에 누워,
個個睡得熱和和,	각자가 따뜻하게 잠이 들었지,
人人睡得甜又美.	달콤하고 편안하게 잠이 들었네.
人們有了火,	불이 생기고 나니,
溫暖的日子甜醉了心房.	사람들은 따뜻하고 편안하게 살게 되었네.
吃得好來睡得香,	먹는 것은 맛있고 잠은 편하니,
男人女人身體健壯.	남자나 여자나 건강해졌네.
女人生下小孩一大窩,	여자들은 한 집 가득 아이를 낳고,
男人們個個喜洋洋.	남자들은 희희낙락 즐거워하네.
小孩一天天長大,	아이들은 날마다 무럭무럭 자라나,
地上的人越來越興旺.	땅 위의 사람들 번성해갔네.
生活在地上的人們,	땅 위에서 살아가던 사람들,
忘記了莫米的好心腸,	모미 신의 착한 마음 까맣게 잊은 채,
攆得麂鹿不祭獻,	사슴 잡아 제사도 지내지 않고,
男女不分白天黑夜睡在一起.	남녀가 밤낮없이 잠만 잤다네.
天上的莫米發了怒,	하늘의 모미 신이 화가 나서서,
把大水降到了地上.	땅 위에 홍수를 쏟아부었네.
紅彤彤的火被燒熄了,	밝게 타던 불꽃이 꺼져버리자,
人們個個哭的淚汪汪.	사람들이 모두 다 엉엉 울었네.
沒有紅彤彤的火,	밝게 타는 불꽃은 사라지고,
地上的人們遭了禍殃,	땅 위의 사람들 재앙을 당했네.
麂鹿肉雖肥,	기름진 문착 고기 있어도,
生撕硬嚼味道不甜香,	날고기 씹어먹으니 맛나지 않네.

男女老少喲,
又成了虎豹子的菜飯,
過著苦難的日子,
心田積滿冰和霜.

男女老少齊跪下,
把麂子馬鹿肉獻上,
向莫米認罪過,
求莫米把紅彤彤的火賜嘗.

慈祥的莫米,
開口對人們講.
紅彤彤的火種,
早已放到了地上.
只要人們守規矩,
天天把莫米記心房,
下功夫去尋找,
火種會閃出亮光.

人們牢記莫米的話,
到處去尋找火光,
尋遍了東西南北,
找遍了四面八方,
火種不得見,
人們都感到非常悲傷,

남녀노소 할 것 없이,
다시 호랑이와 표범의 밥이 되었고,
고통스러운 삶을 살게 되었지,
마음속엔 서리 같은 싸늘함만 쌓여갔네.

남녀노소 모두가 무릎을 꿇고,
문착을 제물로 바치고,
모미 신께 속죄했지,
모미 신께 불을 돌려달라고 비네.

자비로운 모미님이,
말씀하셨네.
"붉게 타는 불씨,
이미 땅 위에 놔두었다.
너희들이 규칙을 지키며,
날마다 마음속에 나를 기억하고,
정성껏 불씨를 찾아다닌다면,
번쩍이는 불빛이 보일 것이다."

사람들은 모미님 말씀을 명심하고,
불빛 찾아 여기저기 돌아다녔지,
동서남북 온 사방을 찾아다니고,
사방팔방 다니면서 찾아보아도,
불씨가 보이지 않으니,
모두 다 슬픔에 잠겼네.

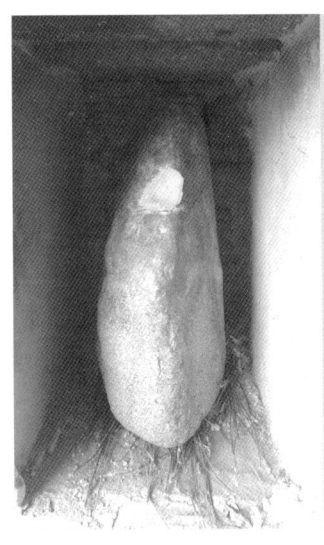 

나시족 마을의 대문 앞에 놓인 하얀 돌과 티베트족 마을 입구에 놓인 하얀 돌
윈난에 거주하는 강羌 계통의 민족은 머나먼 서북쪽에서부터 오랜 이주의 과정을 거쳐 지금의 윈난성까지 내려와 정착했다. 하니족 역시 그러하다. 나시족이나 티베트족 등 강 계통 민족은 지금도 흰 돌에 대한 숭배 의식을 갖고 있다. 그것이 불과 빛의 천신을 상징하기 때문이다.

人們找不到火種,	사람들이 불씨를 찾지 못하니,
像塊石頭壓住了心房.	돌덩이에 가슴이 눌린 듯했네.
銳腿雷領著大家,	루이투이레이가 모두를 데리고,
來到當年滾石頭的山上.	돌을 굴렸던 산 위로 왔네.
尋來塊塊大白石,	커다란 흰 돌[5]을 찾아와서는,
不停地直朝山腳滾放.	산기슭으로 계속해서 굴려 보냈네.
山腳不見起火煙,	산기슭에선 연기도 보이지 않고,
山腳不見起火光.	산기슭에선 불빛도 보이지 않네.
可憐的人們,	불쌍한 사람들이,
心裡裝著無限的希望,	마음 속에 무한한 희망을 품고,

---

[5] (역주) 티베트족과 나시족을 비롯해 하니족 등 고대 강(羌) 계통의 민족은 머나먼 이주의 과정을 거쳐오면서 흰 돌에 대한 숭배 의식을 여전히 갖고 있다. 하얗게 반짝이는 석영 종류의 돌은 빛과 불의 상징이다. 빛과 불을 중시하는 강 계통 민족은 지금도 하얀 돌을 중시한다. 김선자, 「중국 강족(羌族) 계통 소수민족 신화에 나타난 흰 돌(白石)의 상징성 - 빛과 불, 그리고 천신」(『중국어문학논집』 제91호, 2015.4.) 참조.

又找來一塊塊大白石,	다시 한번 크고 흰 돌을 찾아다녔지,
一次次直朝山腳滾放.	하나씩 산기슭으로 굴려 보내니,
砸倒森林一大片,	돌이 넓은 숲으로 가 부딪쳤다네,
砸得塵土滿天飛揚,	부딪쳐서 흙먼지가 하늘 가득 피어올라도,
一絲火煙也沒起,	한 줄기 연기도 피어오르지 않고,
一線火光也不見亮.	한 줄기 불빛도 빛나지 않네.
找不到火種心不死,	불씨를 찾을 때까지 단념하지 않고,
人們又連續把石頭滾放.	사람들은 계속해서 흰 돌을 굴렸네.
滾了一天又一天,	날마다 돌을 굴려 보내고,
滾了一趟又一趟.	계속해서 돌을 굴려 보내네.
可憐的人們,	불쌍한 사람들이,
眼睛直盯著山腳看.	눈을 치켜뜨고 산기슭을 바라봤네.
仍然不見一絲火煙,	여전히 연기 한 줄기 보이지 않고,
仍然不見一線火光.	여전히 빛도 한 줄기 보이지 않네.
白天滾了心不死,	한나절 굴려도 단념치 않고,
接著晚上又去把白石頭滾放.	밤까지 계속해서 흰 돌을 굴려봤네.
白石頭順著山坡一滾下,	산비탈 따라 흰 돌이 굴러가더니,
山腳立即閃現出一道火光.	산기슭에 번쩍이는 불빛이 나타났네.
人們高興了,	사람들 신나서,
立即跑到山腳去觀看.	산기슭으로 달려가 봤네.
看不到紅紅的火焰,	밝은 불은 어디에도 보이지 않아,
人們感到非常失望.	몹시도 실망했네.
突然看見草叢裡,	그런데 풀숲에서 갑자기 보이는구나,
閃著一點微微的火光.	반짝이는 자그마한 불빛 하나가.
銳腿雷輕輕一抓,	루이투이레이가 가볍게 쥐어보니,
原來火在一蓬絨草上.	불은 융초[6] 더미 위에 있었네.
莫米恩賜的火種,	모미께서 은혜로이 내려주신 불씨가,

原來放在這個地方.	여기에 놓여있었네.
可憐的人們,	불쌍한 인간들,
心中升起了無限的希望.	마음속에 무한한 희망이 용솟음쳤네.
大家扯來毛茸茸的草,	사람들이 보들보들 솜털 난 풀 뜯어와,
把珍貴的火種引上.	귀중한 불씨를 옮겨붙였네.
一團團的絨草,	융초 더미 하나하나 옮겨붙어서,
火燒得越來越旺.	점점 더 활활 타오르네.
突然騰起了火焰,	갑자기 불길이 치솟더니,
閃出了亮亮的火光.	반짝반짝 불빛이 빛나네.
大家又搬來了一堆堆乾柴,	마른 장작 한 더미씩 가지고 와서,
把火引到大大的乾柴堆上.	커다란 장작더미에 불을 붙이네.
大火燃起來了,	큰불이 타오르기 시작하더니,
火光照亮了四面八方.	불빛이 사방팔방 빛나네.
蟒蛇嚇得躲起來了,	비단구렁이도 놀라서 숨어버리고,
虎豹不敢再到人身邊.	호랑이도 표범도 사람 옆에 오지 못하네.
男女老少,	남녀노소 모두가,
睡著心裡暖洋洋.	잠들면서 마음이 포근해지네.
火燒麂鹿肉,	불에 구운 문착 고기,
吃著嘴裏肚裏處處香.	입에도 배에도 맛난 향이 가득하네.
紅彤彤的火,	밝게 빛나는 저 불,
是人類生存的希望.	인간이 살 수 있는 희망이라네.
不能再讓火澆滅,	다시는 저 불이 꺼지지 않게 해야지,

6_ (역주) 중국의 윈난, 구이저우, 쓰촨 지역에 많이 분포하는 화화융초(華火絨草)로 추정된다. 융모초(絨毛草)를 비롯해 이 속(屬)에 속하는 식물들은 보송보송한 솜털로 뒤덮여 있다. 한국에 자생하는 솜다리와 유럽에 자생하는 에델바이스가 같은 속에 있는 식물이다.

하니족의 작은 화덕

不然人又要遭受禍殃.
把火搬回石洞裡,
添上乾柴火燒旺,
用燒出來的火灰,
把火種好好埋藏.
人在搬家時,
首先不忘把火種帶上.
到了新住處,
要先把火引着燒旺.
從今以後喲,
祖先就靠小小的火塘,
一代又一代,
把火傳到了我們手上.
衆: 薩—薩!

꺼진다면 사람들이 재앙에 빠질 거야.
불을 동굴 속으로 갖고 가서,
마른 장작에 붙여 활활 태웠네.
다 타고 생긴 재로,
불씨를 고이고이 묻어두었네.
이사 때가 되면,
가장 먼저 불씨를 챙기지.
새로운 장소에 도착하면,
가장 먼저 화덕 불을 피우네.
이때부터,
조상님들 작은 화덕에 기대어,
한 세대 또 한 세대,
우리에게 불을 전해주셨네.
다 같이: 싸—싸!

阿匹松阿

제6장

사제와 족장, 장인의 기원

사제와 족장, 장인의 기원

阿匹松阿[1]

薩拉阿依 —
遙遠的天邊,
有三塊寬寬的平地.
開頭一塊是白的,
中間一塊是花的,
下面一塊是紅的.

那裡有三棵大樹,
分別長在三塊平地上.
開頭一棵是白的,
中間一棵是花的,

싸라아이 —
머나먼 하늘 끝,
넓고 너른 평지가 세 곳 있었네.
첫 땅은 하얀 색깔,
가운데 땅은 알록달록,
아래 땅은 붉은 색깔이었네.

그곳에 큰 나무 세 그루 있었네,
세 군데 땅 위에 각각 자랐지.
첫 땅의 나무는 하얀 색깔,
가운데 땅의 나무는 알록달록,

1_ [원주] '아피쑹아'는 하니족 전설 속의 능력자(能人)로서 족장(頭人)과 장인(匠人), 베이마(貝瑪)를 의미한다. '베이마'는 하니족 무사(巫師)이다.
(역주) 하니족과 같은 고강(古羌) 계통에 속하는 나시족의 창세신화에도 최초의 세상에 '능력있는 사람(能者)' 즉 '뭐든지 다 할 줄 아는 자(萬能神, ㄲ)', '지혜로운 자(智者, ㅆ)', 손에 오척간(五尺杆)을 들고 있는 '측량가(ㄹ)'와 '건축가(ㅊ)'가 등장한다. 마을을 구성할 때 마을을 이끄는 족장과 사제, 장인이 필요함을 이들의 신화가 말해주고 있다. (김선자, 『나시족 창세신화와 돔바문화』, 102쪽 각주102 참조)

중국의 중원 황토 고원지대와는 달리 윈난성 동부지역에는 붉은 땅이 많아 '홍토지紅土地'라고 불린다.
이런 땅은 척박하여 주로 메밀이나 감자 등을 기른다.(윈난성 동부 둥촨東川 지역)

下面一棵是紅的.	아래 땅의 나무는 붉은 색깔이었네.
三棵大樹上,	세 그루 큰 나무 위에,
開著三朶老實好看的花.	어여쁜 꽃 한 송이 피어있었네.
開頭一朶是白的,	첫 땅의 꽃은 흰색,
中間一朶是花的,	가운데 땅의 꽃은 알록달록,
下面一朶是紅的.	아래 땅의 꽃은 빨간색이었네.
三朶花上有三個窩,	세 송이 꽃 위에 둥지가 셋 있는데,
三個窩裡有三個蛋.	세 개의 둥지 속엔 알이 하나씩.
開頭一個是白的,	첫 알은 흰색,
中間一個是花的,	가운데 알은 알록달록,
下面一個是紅的.	아래의 알은 빨간색이었네.[2]

---

[2] (역주) 여기 나오는 알의 색깔은 전승되는 판본에 따라 달라지기도 한다. 『하니족신화전설집성(哈尼族神話傳說集成)』(中國民間文藝出版社, 1990)에 수록된「세 개의 신성한 알(三個神蛋)」에서는 천신 모미의 새가 붉은색, 초록색, 하얀색 등 세 개의 알을 낳았는데 각각의 알에서 세 명의 남자가 나온다. 붉은 알에서 나온 사람은 "나는 관리가 되어 세상 사람들의 일을 판결할 것이다."라 했고, 초록 알에서 나온 사람은 "나는 모피(베이마)가 되어, 사람들을 위해 귀신을 몰아내고 병을 고쳐줄 것이다."라 했다. 하얀 알에서 나온 사람은 "나는 장인이 되어 세상

윈난성 어디에나 부겐빌레아(삼각화)를 비롯한 붉은 꽃들이 많이 피어있다.

三個窩裡三個蛋,	세 개의 둥지 속 알 세 개,
三個蛋喲三種色,	알 세 개는 세 가지 색,
越看越神奇,	볼수록 신기한데,
不知道是什麼蛋.	무슨 알인지 알 수 없었네.
請問寨中放牛的小孩.	마을의 소 치는 아이 불러서 물어보네.
"在遙遠的天邊,	"머나먼 하늘 끝,
有三個不同色的蛋,	각각 다른 색깔의 알이 세 갠데,
一個是白的,	하나는 흰색,
一個是花的,	하나는 알록달록,
一個是紅的.	하나는 빨간색이란다.
知不知哪個是哪樣蛋?	그 알들이 대체 뭔지 아니?
知不知會認蛋的人在哪裡?"	그걸 아는 사람이 어디 있는지 아니?"
放牛的小孩看看天邊,	소 치는 아이가 하늘 끝을 보더니,
驚奇地睜大了眼睛,	놀라운 듯 두 눈을 크게 뜨고는,

사람들을 위해 도구를 만들고 집을 지어줄 것이다"라고 했다. (앞의 책, 207쪽)

윈난성 리장 돔바만신원에 만들어진 하얀 알과 검은 알 나시족 영웅서사시『흑백대전』에 의하면 태초의 세상에 검은 알에서 탄생한 흑족과 하얀 알에서 탄생한 백족 사이에 전쟁이 일어난다. 나시족은 빛을 숭배하는 민족이라 하얀 알에서 태어난 백족의 후손이라 여겨진다. 하니족 신화에서도 세 명의 능력있는 자가 알에서 탄생한다.

像水牛甩尾一樣把頭搖,
連聲說不知道.

請問放鴨的小孩.
"在遙遠的天邊,
有三個不同色的蛋,
一個是白的,
一個是花的,
一個是紅的.
知不知哪個是哪樣蛋?
知不知會認蛋的人在哪裡?"

放鴨小孩看了看天邊,
驚得張大了嘴巴,
像風吹樹梢樣把頭搖,
連聲說認不得.

물소가 꼬리 휘두르듯 고개 가로젓더니,
자기는 모른다고 말하네.

오리치는 아이를 불러서 물어보네.
"머나먼 하늘 끝,
각각 다른 색깔의 알이 세 갠데,
하나는 흰색,
하나는 알록달록,
하나는 빨간색이란다.
그 알들이 대체 뭔지 아니?
그걸 아는 사람이 어디 있는지 아니?"

오리치는 아이가 하늘 끝을 보더니,
놀라서 입을 크게 벌렸지,
바람에 나뭇가지 흔들리듯 고개를 가로젓더니,
자기는 모른다고 말하네.

請問寨中的老人.	마을의 노인을 모셔다가 여쭈어봤네.
"在遙遠的天邊,	"머나먼 하늘 끝,
有三個不同色的蛋,	서로 다른 색깔의 알이 세 갠데,
一個是白的,	하나는 흰색,
一個是花的,	하나는 알록달록,
一個是紅的.	하나는 빨간색이랍니다.
知不知哪個是哪樣蛋?	그 알들이 대체 뭔지 아시는지요?
知不知會認蛋的人在哪裡?"	그걸 아는 사람이 어디 있는지 아시는지요?
寨中的老人一聽,	마을의 노인이 듣더니,
高高興興地告訴說.	신나게 말해주었네.
"那是三個神蛋,	"그것은 세 가지 신성한 알이라네,
裝著三種能人.	능력 있는 자 세 명이 들어있지.
只要拿回蛋來抱,	알을 갖고 와서 품어야 한다네,
白蛋會抱장頭人來,	흰 알을 품으면 족장이,
花蛋會抱出貝瑪來,	알록달록한 알을 품으면 베이마가,
紅蛋會抱出工匠來."	빨간 알을 품으면 장인이 나온다네."
拿回三個神蛋,	신성한 알 세 개를 가져와서,
請大公雞來抱,	큰 수탉에게 품어달라고 부탁했지,
抱了一百天,	백일을 품어도,
神蛋冷陰陰,	신성한 알은 여전히 차가웠네,
抱死抱活不裂殼,	아무리 품고 있어도 껍질은 깨지지 않아,
公雞再也不敢抱了.	수탉은 다시는 알을 품지 못했네.
請老母雞來抱神蛋,	늙은 암탉에게 신성한 알 품어달라 부탁했지,
母雞抱了一百天,	백일을 품어도,
神蛋沒有一點熱氣,	신성한 알에는 조금의 온기도 없네,
左抱右抱不裂殼,	이리저리 품어도 껍질은 깨지지 않아,
母雞嚇得不敢再抱了.	암탉은 놀라서 다시는 알을 품지 못했네.

男人抱過了,	남자가 품어보고,
女人抱過了,	여자가 품어보고,
狗也抱過了,	개도 품어보고,
貓也抱過了,	고양이도 품어보고,
鵝也抱過了,	거위도 품어보고,
鴨也抱過了,	오리도 품어봤지만,
神蛋還是冷陰陰,	신성한 알은 차갑기만 하네,
神蛋還是不裂殼.	신성한 알 껍질이 도무지 깨지지 않네.
請教寨中的老人,	마을의 노인께 방법을 여쭤보니,
老人抬頭指指天.	노인이 고개 들어 하늘을 가리켰네.
"三個神蛋天上來,	"세 개의 신성한 알은 하늘에서 왔으니,
要請天上的太陽月亮抱."	하늘의 해와 달에게 부탁해야지."
太陽和月亮,	해와 달이,
輪流抱神蛋.	돌아가며 알을 품었네.
白天太陽抱,	낮에는 해가,
晚上月亮抱,	밤에는 달이 알을 품었지,
足足抱了九十天,	90일간 넉넉히 알을 품으니,
神蛋開始裂殼了.	신성한 알의 껍질이 갈라지기 시작했네.
三個神蛋抱出來了,	세 개의 신성한 알이 부화했지,
白蛋抱出來了,	하얀 알이 부화하고,
花蛋抱出來了,	알록달록한 알이 부화하고,
紅蛋抱出來了.	빨간 알이 부화했네.
一個不同一個,	각양각색의 알에서,
三個蛋抱出來三種能人.	능력 있는 자 세 명[3]이 나왔네.
頭人從白蛋裏抱出來,	족장이 하얀 알에서 나왔네,

聲音像打雷一樣響.	천둥같은 소리가 났지.
貝瑪從花蛋裏抱出來,	베이마가 알록달록한 알에서 나왔네,
有撮雞毛掛在嘴角上.	입가에 닭털을 묻히고 나왔지.
工匠從紅蛋裏抱出來,	장인이 빨간 알에서 나왔네,
聲音像拉風箱爆火花一樣.	불꽃 튀는 풀무 소리 내며 나왔지.
頭人的名字叫龍波阿優,	족장은 룽보아어우[4]-,
長得高大又神采.	풍채가 건장하고 인물이 빼어났네.
貝瑪的名字叫龍斗阿沙,	베이마는 룽더우아사[5]-,
世上數他記性最好.	세상에서 기억력이 가장 좋았네.
工匠的名字叫龍奴阿收,	장인은 룽누아서우[6]-,
兩手粗壯心靈手巧.	두 손이 튼튼하고 손재주가 좋았네.
頭人住在哪裡?	족장은 어디에 사나?
在仰者城的金殿上.	양저성[7]-의 대궐에 살았네.
貝瑪在哪裡講道理?	베이마는 어디에서 설교를 하나?
寨邊長鐵線草的路旁.	마을 어귀 우산잔디 자라난 길가에서.
工匠在哪裡傳手藝?	장인은 어디에서 기술을 가르치나?
寨門前有紅土的地方.	마을 앞의 붉은 땅에서.

3_ (역주) 쑨탄(孫潭)은 "하니족 사회에서 삼위일체의 상층구조를 이루고 있는 족장과 베이마, 장인은 하니족 전통 문화를 유지하고 민족 집단의 기억을 전승하는 중요한 책임을 지고 있다."라고 설명했다. (孫潭, 「哈尼古歌『十二 奴局』的族群記憶研究」, 雲南藝術學院 碩士學位論文, 2021, 29쪽)
4_ [원주] '룽보아어우'는 하니족 전설 속 최초의 족장이다.
5_ [원주] '룽더우아사'는 하니족 전설 속 최초의 베이마이다.
6_ [원주] '룽누아서우'는 하니족 전설 속 최초의 여성 장인이다.
7_ [원주] '양저성'은 하니족 전설 속 지역명.

하니족을 비롯한 윈난 소수민족 마을에는 어디나 마을의 지도자인 족장, 마을의 지혜로운 사제인 베이마가 있다. 그러나 그들의 일상생활에서 농기구에서부터 중요한 기물에 이르기까지 생활의 모든 것을 만들어내는 손재주를 지닌 장인도 빼놓을 수 없는 중요한 인물이다. (사진의 인물은 하니족과 이족, 라후족의 사제들)

頭人分三等,	족장은 등급이 셋,
一等跟一等不一樣.	등급마다 모습이 다르네.
一等頭人頭戴金帽子,	첫째 등급 족장은 머리에 금모자 쓰고,
身穿長長的紅衣裳,	몸에는 길고 붉은 옷 입고,
出出進進坐大轎,	드나들 때 커다란 가마를 타고 다니니,
仰者城裡很威風.	양저성에서 위엄이 넘치네.
二等頭人頭戴銀帽子,	둘째 등급 족장은 머리에 은모자 쓰고,
身穿長長的黑衣裳,	몸에는 길고 검은 옷 입고,
出出進進騎大馬,	드나들 때 큰 말을 타고 다니니,
培包鎭上有隨從.	'페이바오진'[8]-에 수행하는 사람들이 있네.
三等頭人頭戴銅帽子,	셋째 등급 족장은 머리에 동모자 쓰고,
身穿長長的黑衣裳,	몸에는 길고 검은 옷 입고,
走路拄一根手杖,	걸어갈 때 손에는 지팡이 짚고,
窩龍龍坡, 龍姿龍巴查訪.	워룽룽포, 룽쯔룽바[9]- 마을들을 다니며 살펴본다네.
工匠分三等,	장인도 등급이 셋,
一等跟一等不一樣.	등급마다 모습이 다르네.
頭等工匠手藝高,	첫째 등급 장인은 기술이 가장 좋아서,
煉銅煉鐵倒犁花,	구리와 쇠 두드려 쟁기 만들어 땅 뒤집지[10]-,
手拿彎尺和墨斗,	손에 곡자와 먹통을 들고,
蓋新房時立柱子.	새집 지으려 기둥 세우네.

8_ [원주] '페이바오진'은 하니족 전설 속 지명이다.
9_ [원주] '워룽룽포', '룽쯔룽바'는 하니족 전설 속 마을 이름.
10_ (역주) 장인이 기술이 좋아서 구리와 쇠를 제련해서 쟁기날을 만들어 그것으로 쟁기질을 하니, 쟁기로 뒤집어진 흙이 마치 꽃송이 같다고 하여 "쟁기꽃을 뒤집다"라는 표현을 쓴 것이다.

二等工匠有辦法,	둘째 등급 장인도 기술이 좋아,
打制鋤頭斧子和鐮刀,	괭이도 도끼도 낫도 만들어내지,
手拿斧子和鋸子,	손에 도끼와 톱을 들고서,
砍倒大樹解成板.	큰 나무 베어다가 판자 만드네.
三等工匠手靈巧,	셋째 등급 장인도 손재주 좋아,
砍倒竹子樹,	대나무 베어다가,
織出篩子, 簸箕和背籮,	광주리와 키, 등짐 바구니 짜내고,
編製紙人和紙馬.	제사에 쓸 종이사람, 종이말을 만드네.
自從世間有頭人,	세상에 족장이 나타나니,
天天給人斷事情,	날마다 온갖 일 해결해줬네.
吵鬧打架的事少了,	말싸움과 몸싸움이 줄어들었고,
搶人殺人的事少了,	사람 찌르고 죽이는 일도 줄어들었네.
地方管得平平的,	지역을 평안하게 잘 관리하니,
百姓好吃好在了.	사람들도 잘먹고 잘살았다네.
人們爲了謝頭人,	사람들이 족장에게 감사하면서,
把最俏的女人送給他做老婆,	가장 예쁜 여인 골라 시집보냈네.
把最貴重的東西送給他用,	가장 귀한 물건 보내주어 쓰도록 했네,
把最好吃的東西拿給他享受.	가장 맛난 음식 보내 먹도록 했지.
自從世間有貝瑪,	세상에 베이마[11]가 나타나니,
天天給人驅鬼治病.	날마다 귀신 쫓고 병 고쳐줬네.[12]

11_ (역주) "하니족의 베이마는 집에서 대를 이어 내려오거나 스승에게 전수 받는데, 때로는 심한 병을 앓거나 사고를 당한 후 베이마의 능력을 얻는 경우가 있다. 하니족 사회에서 베이마는 개인과 개인, 개인과 집단을 이어주는 중요한 역할을 한다. 특히 하니족 문화의 보유자로서 베이마는 민족 집단의 기억을 전승을 통해 보존하며, 전문적 연구과 전파를 통해 민족 집단의 기억을 공유해 민족 동질성을 형성하는데 기여한다."(孫潭, 앞의 논문, 31쪽)

用黃泡刺擋住寨門,	노란 산딸기 가시로 마을 문을 가리고,
用灶灰堵住路口,	아궁이 재로 길 어귀를 막으니,
魔鬼害怕了,	마귀가 두려워하며,
躲到深山懸崖去了.	깊은 산 벼랑으로 숨어버렸네.
寨子不鬧鬼了,	마을에는 귀신 소동이 사라졌고,
生病的人少了.	병에 걸린 사람도 줄어들었네.
生出來的小娃長得大,	갓 태어난 아기는 무럭무럭 자라고,
年紀大的老人活得長.	나이 많은 노인들은 장수하시네.

윈난성 남부 시솽반나 근처 마을 집앞의 가시 돋은 꽃과 집 앞에 걸어놓아 사악한 기운을 막는 기물

12_ (역주) 앞에서 족장과 장인은 등급이 셋이라고 했는데, 여기서 베이마의 등급은 말하고 있지 않다. 그러나 베이마(모피) 역시 사실은 세 개의 등급으로 나뉜다. 첫 번째는 '양피(仰批)'라고 하는데 가장 높은 등급의 모피로서 하니족 제사祭祀의 거의 모든 제사祭詞를 알고 있다. 가장 높은 등급의 장례활동이나 소를 잡는 큰 제사 활동을 주재한다. 양피는 하니족 사회의 역사 발전 맥락을 잘 알고 있고, 하니족의 유형·무형 전통문화지식이 풍부한 사람이다. 그래서 다음 등급인 '웡피(翁批)'와 '거우피(溝批)'의 존경을 받는다. 웡피가 제사를 지낼 때는 양피의 힘을 빌어 여러 귀신들을 함께 제압하기도 한다. 웡피는 중간 등급의 사제로서 귀신을 쫓아내거나(逐鬼)나 나쁜 기운 몰아내기(辟邪), 초혼招魂 등 일반 제사 활동을 주재한다. 거우피는 가장 낮은 등급으로, 희생물을 바치는 제사활동은 주재하지 못하고 닭점을 치는 등 간단한 주술 활동을 행한다. (黃紹文·王晏·滿麗萍, 「哈尼族自然宗教的神職人員 - 莫批」, 『宗教學硏究』 2010年 第1期, 123~124쪽)

人們爲了感謝貝瑪,	사람들이 베이마에게 감사하면서,
把肉多的雞腿牛腿送給他,	살진 닭 다리와 소 다리를 그에게 주고,
把白米和銀子送給他,	흰 쌀밥과 돈도 그에게 주며,
把新布送給他.	새로 짠 옷감도 그에게 주네[13].
自從世間有了工匠,	세상에 장인이 나타나니,
天天給人們做活計.	날마다 일거리가 생겨났네.
煉銅煉鐵倒犁花,	구리와 쇠 제련하여 쟁기 만들어 땅 뒤집지,
打制鋤頭砍刀和斧子,	괭이와 벌목 칼, 도끼 만들고,
編製背籮篩子和箟簸,	등짐 바구니와 체, 키도 짜서 만들고,
砍來樹木蓋新房.	나무 베어와 새 집도 만들었네.
有了銅鐵做活省力氣,	구리와 쇠가 있으니 힘도 아끼고,
有了房子不怕風吹雨打,	집이 있어 비바람도 두렵지 않아,
百姓好吃好在過日子.	모두가 잘먹고 잘 사는 나날 보내네.
人們爲了感謝工匠,	사람들이 장인에게 감사하면서,
拿酒拿肉給他吃,	술과 고기를 가져다주고,
送穀送米養他的兒女,	그의 자식 먹이라고 곡식도 주며,
拿出心來待工匠.	진심으로 장인을 대하게 됐네.
頭人, 貝瑪和工匠,	족장과 베이마와 장인,
一起生一起長的親兄弟,	함께 나고 함께 자란 형제라네,
和和氣氣管人間,	평화롭게 함께 인간 세상을 다스리니,

13_ (역주) 여기서 알 수 있듯, 세 명의 지혜로운 자(족장과 사제, 장인)는 하니족 사회를 구성하는 중요 인물들이다. 족장은 현실적인 업무들을 처리하며, 장인은 도구를 책임지고, 베이마(모피)는 신성한 세계와의 소통을 담당한다. 시간이 흐르면서 현재 하니족 사회에서 족장이나 장인의 역할은 상당 부분 사라졌지만, 사제 즉 베이마나 모피의 역할은 여전히 중요하다. 모피는 "인간과 신을 연결해주는 중개자의 역할을 하며 하니족 전통 지식과 사회, 역사에 모두 통달한 존재"이다. (傅永壽·常亞昕,「梯田莫批奴局哈巴」,『雲南藝術學院』2021年 第2期, 41쪽)

百姓無災無難安居樂業.	사람들은 재난 없이 평온한 일상을 사네.
不知過了多少年,	몇 년이 지났을까?
不知過了多少代,	몇 대가 지났을까?
人們的心開始臭起來,	사람들 심보가 고약해지기 시작했지,
把頭人, 貝瑪和工匠怨恨,	족장과 베이마와 장인을 원망하면서,
認爲人間無災難,	이 세상에 아무런 재난 없으니,
白白養活他們計劃不著,	그들이 없어도 살 수 있다고,
村村寨寨吹起牛角號,	마을마다 다니면서 떠들어대며,
趕走了頭人, 貝瑪和工匠.	족장과 베이마와 장인을 쫓아내버렸네.[14]
頭人趕走了,	족장이 쫓겨나자,
人間出了大小事情沒人斷.	마을의 크고 작은 일 아무도 해결 못하네.
不知過了多少天,	며칠이 지났을까?
不知過了多少年,	몇 년이 지났을까?
人們互相吵架打起來,	사람들은 말싸움에 몸싸움까지 했네,
人們互相爭鬥殺起來.	사람들은 다투고 죽이기까지 했지.
沒有頭人來坐堂,	마을 일 돌보는 족장이 사라지니,
一個管不著一個,	아무도 일마다 신경쓰지 않아,
地方像冬天的大霧一樣亂.	겨울에 안개 낀 듯 답답하기만 했네.
貝瑪趕走了,	베이마가 쫓겨나자,
攔寨門的黃泡刺掉了.	마을 입구에 달아놓은 노란 산딸기 가시 떼어냈네.
不知過了多少天,	며칠이 지났을까?

14_ (역주) 하니족 사회에서는 족장과 베이마와 장인의 역할이 중요하여 다음과 같은 속담이 전해진다고 한다. "족장이 없으면 성벽이 무너지고, 베이마(모피)가 없으면 귀신이 온갖 소리를 일으키며, 장인이 없으면 농경지가 황폐해진다"(黃紹文·王晏·滿麗萍, 「哈尼族自然宗教的神職人員 - 莫批」, 『宗教學研究』 2010년 第1期, 122쪽)

不知過了多少年,
成群魔鬼闖進寨子來吃人,

疾病和災難像秋天的樹葉一樣落下來.

工匠趕走了,
寨門外的鐵匠房倒了.
不知過了多少天,
不知過了多少年,
鋤頭斧子砍刀壞了沒人修,

住的房子爛了沒人蓋,
人們不會栽田種地了,
人們不會安家過日子了.

世間的人喲,
沒有頭人不會在,
沒有貝瑪不會在,
沒有工匠不會在.
村村寨寨議論紛紛,
男人女人來商量.
要把頭人請回來,
要把貝瑪叫回來,
要把工匠找回來.

去問寨中的老人,
頭人, 貝瑪, 工匠在哪裡?
老人搖搖頭,
嘆氣不說話.

몇 년이 지났을까?
마귀들이 떼 지어 마을로 와서 사람들을 마구마구 잡아먹었지,
가을에 낙엽지듯 질병과 재난이 우수수 내리네.

장인이 쫓겨나자,
마을 어귀 대장간도 문을 닫았네.
며칠이 지났을까?
몇 년이 지났을까?
망가진 괭이와 도끼, 벌목 칼이 망가져도 고칠 사람 없고,

사는 집이 무너져도 고쳐줄 사람 없었지,
사람들은 농사도 짓지 못하고,
집에서 편히 지낼 수 없게 되었네.

세상 사람들이여,
족장이 없으면 살 수가 없고,
베이마가 없으면 살 수가 없고,
장인이 없으면 살 수가 없소.
마을마다 옥신각신,
남자도 여자도 의논하네.
족장에게 돌아오라 부탁해야 해,
베이마가 돌아오게 만들어야 해,
장인을 찾아서 돌아오게 해야 해.

마을의 노인을 찾아 물었지,
족장과 베이마와 장인은 어디 계실까요?
노인이 절레절레 고개를 젓네,
한숨만 쉴 뿐 말이 없었네.

去問河壩的傣家,　　　　　　　　　강가 평지에 사는 다이족 사람에게 가서 물었지,
頭人, 貝瑪, 工匠在哪裡?　　　　　족장과 베이마와 장인은 어디 계시오?
傣家搖搖頭,　　　　　　　　　　다이족 사람이 절레절레 고개를 젓네,
說他沒見著.　　　　　　　　　　보지 못했다고 그가 말했네.

去問做生意的漢人,　　　　　　　장사하는 한족 사람에게 가서 물었지,
頭人, 貝瑪, 工匠在哪裡?　　　　　족장과 베이마와 장인은 어디 계시오?
漢人搖搖頭,　　　　　　　　　　한족 사람이 절레절레 고개를 젓네,
說他沒有遇著.　　　　　　　　　만나보지 못했다고 그가 말했네.

去問半山腰的彝家,　　　　　　　산 중턱에 사는 이족 사람에게 가서 물었지,
頭人, 貝瑪, 工匠在哪裡?　　　　　족장과 베이마와 장인은 어디 계시오?
彝家搖搖頭,　　　　　　　　　　이족 사람이 절레절레 고개를 젓네,
說他沒聽說.　　　　　　　　　　들어보지 못했다고 그가 말했네.

山雞問過了,　　　　　　　　　　꿩에게 물어봤네,
白鷴問過了,　　　　　　　　　　백한에게 물어보고,
畫眉問過了,　　　　　　　　　　흰눈썹웃음지빠귀에게도 물어보고,
斑鳩問過了,　　　　　　　　　　멧비둘기에게도 물어봤지만,
個個都說沒見著,　　　　　　　　모두가 본 적 없다 하고,
個個都說不知道.　　　　　　　　모두가 모르겠다 하네.

猴子問過了,　　　　　　　　　　원숭이에게 물어봤네,
松鼠問過了,　　　　　　　　　　다람쥐에게도 물어보고,
野豬問過了,　　　　　　　　　　멧돼지에게도 물어보고,
馬鹿問過了,　　　　　　　　　　붉은 사슴에게도 물어봤지만,
個個都說沒遇著,　　　　　　　　물어볼 때마다 마주친 적 없다 하고,
個個都說不知道.　　　　　　　　물어볼 때마다 모르겠다 하네.

人們包著冷飯到處找,	사람들이 찬밥 싸서 돌아다니며,
人們大聲喊著到處叫.	여기저기 큰소리로 불러 보았네.
找遍了寬寬的河壩,	넓디넓은 강가 평지 찾아보아도,
聽不到頭人, 貝瑪, 工匠的聲音.	족장과 베이마와 장인 목소리 듣지 못했네.
找遍了所有的半山腰,	산 중턱마다 찾아다녀도,
看不到頭人, 貝瑪, 工匠的腳跡.	족장과 베이마와 장인의 발자국조차 보지 못했네.
找遍了所有的高山,	높은 산마다 찾아다녀도,
見不到頭人, 貝瑪, 工匠的影子.	족장과 베이마와 장인의 그림자도 볼 수 없었네.

人們的心像水澆著一樣冷了,	사람들 마음이 찬물 뒤집어쓴 듯 식어갔지,
人們的心像刺戳著一樣難受了.	사람들 마음이 가시에 찔린 듯 고통스럽네.
男人的脖子哭啞了,	남자들은 울다가 목이 쉬었고,
女人的眼淚哭乾了.	여자들은 울다가 눈물 말랐네.
恰恰這時候,	바로 그때,
有隻燕子從遠處飛來.	제비 한 마리가 멀리서 날아왔다네.
人們問燕子.	사람들이 제비에게 물어보았네.
頭人, 貝瑪, 工匠在哪裡?	족장과 베이마와 장인은 어디 계실까?

燕子站在樹枝上,	제비가 나뭇가지 위에 앉아,
歪著頭對人們說.	고개를 갸웃하며 말을 했다네.
"我飛遍了大地,	"내가 대지 위를 전부 날아다녔고,
我飛過了大海,	큰 바다도 날아서 건너왔지만,
頭人, 貝瑪和工匠,	족장과 베이마와 장인이라니,
只聽說過沒見着."	듣기만 했지 보진 못했어."

人們沒有辦法了,	별다른 방도가 없어,
苦苦請求燕子說.	사람들이 제비에게 간곡하게 부탁했지.
"沒有頭人, 貝瑪和工匠,	"족장과 베이마와 장인이 없으면,
我們一天也不會過日子,	우리는 하루도 살아갈 수가 없어.

求你可憐我們,	제비야, 우리를 불쌍히 여겨,
幫我們請回頭人, 貝瑪, 工匠來."	족장과 베이마와 장인이 돌아오게 도와줘."

燕子同情人們,	제비는 사람들을 불쌍히 여겨,
便飛去找頭人, 貝瑪和工匠.	족장과 베이마와 장인을 찾으러 날아갔네.
整整過了一年,	꼬박 1년이 지나고서야,
燕子飛回來告訴人們.	제비가 돌아와서 알려주었네.
"頭人, 貝瑪和工匠找着了.	"족장과 베이마와 장인을 찾아냈어.
住在遙遠的天邊邊,	저 멀리 하늘 끝에 살고 있었지,
三弟兄栽田種地有吃有穿,	형제같은 세 명은 농사지으며 먹을 것도 입을 것도 모두 있었어.
不願回來給你們討人嫌."	너희에게 돌아와서 미움받고 싶지 않다네."

人們聽了又悲又喜,	사람들이 이 말 듣고 울고 웃으며,
要求燕子發善心.	제비에게 선심 쓰라 부탁을 했네.
"你給我們帶帶路,	"족장과 베이마와 장인이 사는 곳에 우리를 데려가 줄래?
我們親自去請他們."	우리가 직접 가서 부탁해볼게."

燕子心軟了,	제비 마음 약해져서,
展開翅膀飛在前面帶路.	날아올라 앞장서서 길잡이 했네.
人們跟在後面,	사람들은 제비 뒤를 따라가면서,
跨過了數不盡的江河,	수없이 많은 물을 건너갔고,
翻過了數不清的高山,	수없이 많은 산을 넘어갔지,
足足走了一年,	꼬박 1년을 걸어갔더니,
來到三弟兄住的天邊.	형제 같은 셋이 사는 하늘 끝에 다달았네.

人們見到三個能人,	사람들이 세 명의 능력자를 만나게 되자,
親切地懇求他們說.	공손하게 간청하며 말했네.

"尊敬的頭人、貝瑪和工匠,
過去是我們錯了,
被泥巴糊住眼好壞不分,
沒有你們我們不會過日子,
請你們回到我們那裡去."

頭人聽了笑了笑,
一句一句把話說.
"我當頭人是莫米安的,
我按照莫米的主意辦事,
日日夜夜把心都操碎了,
你們心裡卻不喜歡,
現在自己栽田種地日子好過,
我不願當頭人."

貝瑪聽了皺著眉頭,
一聲一聲把話說.
"我當貝瑪也是莫米安的,
我按照莫米的主意辦事,
天天驅鬼治病忙得頭昏眼花,

你們心裡卻嫌我,
這樣的貝瑪,
我一天也不會當."

工匠聽了眨眨眼,
一言一言把話說.
"我當工匠也是莫米安的,
我按照莫米的主意辦事,

"존경하는 족장님과 베이마, 장인이시여!
저희가 잘못했습니다,
눈에 뭐가 씌었는지 옳고 그른 것을 몰랐어요,
당신들이 안 계시면 저희가 살 수 없어요,
제발 저희에게 돌아와 주세요."

족장은 다 듣고 미소지으며,
한 마디씩 조곤조곤 이야기했네.
"내가 족장이 된 것은 모미님의 뜻이었으니,
모미님의 생각대로 행한 것이오,
밤낮으로 노심초사 일을 했지만,
그대들은 좋아하지 않았지요,
이제는 내가 직접 농사지으며 잘 살고 있소,
다시는 족장이 되지 않을 거요."

베이마는 다 듣고 인상을 쓰며,
한 마디씩 조곤조곤 이야기했네.
"내가 베이마가 된 것도 모미님의 뜻이었으니,
모미님의 생각대로 일을 했소,
날마다 귀신쫓고 병 고치느라 머리가 어지럽고
눈도 침침해졌지만,
그대들은 나를 혐오했지,
그런 베이마 따위,
단 하루도 더 하고 싶지 않소."

장인은 다 듣고 눈을 껌뻑거리며,
한 마디씩 조곤조곤 이야기했네.
내가 장인이 된 것도 모미님의 뜻이었으니,
모미님의 생각대로 행한 것이오,

天天打鐵蓋房累得我吃睡不安,

你們心裡卻恨我,
這樣的工匠,
我一天也不當."

人們一起跪在地上,
流著眼淚苦苦哀求說.
"尊敬的頭人, 貝瑪和工匠,
我們沒有你們活不成,
要是你們不回去,
我們就跪在這裡死也不起來."

頭人的眼淚淌出來了,
貝瑪的鼻涕流出來了,
工匠的聲音哭出來了,
三弟兄跟著人們回來了.

頭人回來了,
天天忙著給人們斷事.
不聽話的人拿棍子打,
惡人拿刀殺.
大家都規規矩矩過日子,
地方很快平定了.

貝瑪回來了,
天天忙著給人們驅鬼治病,
寨門掛上了黃泡刺,
路口撒上了灶窩灰.

대장간 일, 집 짓는 일 너무 힘들어 먹고 자기 편치 않았는데,

그대들은 나를 미워했지,
그랬던 장인 따위,
단 하루도 더 하고 싶지 않소."

사람들이 모두 무릎을 꿇고,
눈물을 흘리며 애원했네.
존경하는 족장님, 베이마와 장인이시여,
당신들이 없으면 우리는 살아갈 수 없습니다.
당신들이 돌아오시지 않는다면,
우리는 무릎을 꿇고 죽어도 일어나지 않겠습니다.

족장이 눈물을 흘렸네,
베이마가 콧물까지 흘렸지.
장인은 소리 내어 울었네,
능력자 삼인방은 사람들을 따라 돌아왔다네.

족장은 돌아와서,
날마다 사람들 일 처리하느라 바빴네.
말을 듣지 않는 사람은 몽둥이질로 혼내주었고,
나쁜 놈은 칼로 처단했다네.
모두가 질서있게 살아가더니,
마을이 금세 평안해졌네.

베이마는 돌아와서,
날마다 귀신 쫓고 병 고치느라 바빴네,
마을 입구에 노란 산딸기 가시 걸어두고,
길에는 아궁이 재 뿌려두었네.

魔鬼不敢闖進寨子了,
人們平平安安過日子.

工匠回來了,
天天忙著給人們打鐵蓋房子.
鋤頭斧子和砍刀打出來了,
人們歡歡喜喜栽田種地.
新新的房子蓋起來了,
人們舒舒服服地安家.
衆: 薩—薩!

마귀가 마을로 감히 못 들어오니,
사람들은 평안하게 지낼 수 있네.

장인은 돌아와서,
날마다 쇠 두드리고 집 지어 주느라 바빴네.
괭이며 도끼며 벌목 칼도 만드니,
사람들은 신이 나서 농사를 짓네.
새집도 새롭게 지어 올리니,
사람들이 편안하게 자리를 잡네.
다 같이: 싸—싸!

覺麻普德

제7장

마을을 세운 줴마

마을을 세운 줴마

覺麻普德[1]

薩拉阿依 —
遠古的哈尼師厄,
住著一家三個弟兄.
大哥叫覺麻,
二哥叫覺車,
三弟叫覺沖.

這裡森林密得望不見天,
一年四季雲霧騰騰,
野獸像螞蟻一樣多,
毒蟲像樹葉一樣旺,
兄弟三人無法安身.

他們聽說遙遠的地方,

싸라아이 —
먼 옛날 하니스어[2]라는 곳에,
삼형제가 한집에 살고 있었네.
큰 형은 줴마,
둘째 형은 줴처,
셋째는 줴충이라 했네.

숲이 우거져 하늘도 보이지 않는 그곳,
사시사철 안개가 자욱하니,
들짐승이 개미처럼 우글거리고,
독충이 무성한 나뭇잎처럼 가득해서,
삼형제는 편안하게 살 수 없었네.

머나먼 어딘가에,

1_ [원주] '줴마푸더'는 '줴마가 마을을 세우다'라는 뜻이다.
2_ [원주] 옛 지명.

有塊富饒的土地,	풍요로운 땅이 있다는 말을 들었지,
生出來的兒子力氣大,	하니 남자아이들 힘이 장사고,
生出來的姑娘樣子俏.	하니 여자아이들 어여쁘다네.
土肥水好好栽田和地,	기름진 땅, 맑은 물이 있어 농사도 잘되니,
栽一年能吃兩年.	한 해 농사로 두 해를 먹는다네.
芋頭葉子比籤箕大,	토란잎은 키 만큼 컸고,
一蓬嫩草夠七頭牛吃.	여린 잎 한 무더기로는 일곱 마리 소를 먹일 수 있었지.
弟兄三個離開森林,	삼형제가 울창한 숲을 떠나,
去尋找這個好地方.	풍요로운 그 땅을 찾으러 갔네.
弟兄三人走了九天九夜,	아흐레 밤낮을 걸어,
來到了一個河壩.	강가 평지에 이르렀네.
河壩的穀米一年兩熟,	강가 평지에선 한 해에 이모작을 하고,
河壩的泉水四季流淌.	강가 평지 샘물은 사시사철 샘솟고 있네.
可是吃了穀米發瘴氣,	그러나 곡식을 먹으면 장기[3]에 중독되고,
喝了泉水肚子疼,	샘물을 마시면 배가 아팠네.
指甲殼上看不見血色,	사람들 손톱엔 핏기가 없고,
人的臉上沒有亮光.	사람들 얼굴엔 윤기가 없네.
他們認出這裡不是好地方,	이 땅은 좋지 않구나,
又離開河壩去尋找.	강가를 떠나 다른 곳으로 가자.
他們又走了九天九夜,	삼형제 다시 아흐레 밤낮을 걸어,

3_ (역주) 북방에 거주하는 사람들이 남방으로 가게 되면 가장 두려워했던 것이 '장기에 중독되는 것(發瘴氣)'이다. '장기'는 습하고 더운 남부지역의 늪지대에서 발생하는 해로운 기체, 동식물이 부패하면서 생겨나는 가스 등이 섞인 것인데 인체에 매우 해롭다.

來到一塊平地.	어느 평지에 이르렀다네.
這裡的山四季常青,	그곳 산은 사시사철 푸르렀고,
這裡的水天天流淌.	물은 날마다 샘솟았네.
熱風吹來給人營養,	따뜻한 바람 불어오니 사람들 힘이 나고,
涼風吹來人有血色.	시원한 바람 불어오니 사람들 혈색 좋네.
大哥覺麻停下來,	큰 형 줴마가 멈춰 서더니,
忙對兩個弟弟說.	서둘러 두 동생에게 말했네.
"這裡是個好地方,	"여기가 바로 우리가 찾던 좋은 곳이야,
水好土肥好栽田地,	물 좋고 기름진 땅, 농사짓기 좋은 곳.
我們停下來吧,	우리 여기서 살자,
再好好選個寨址安家."	좋은 마을 터를 골라 여기서 살자"
覺麻三弟兄停下來了,	줴마 삼형제 그곳에 멈춰,
擇了個吉祥的日子,	길한 날을 골랐지,
登上一座高高的山頂,	높은 산꼭대기에 올라,
去選一個安居樂業的寨址.	즐겁게 일하며 살 수 있는 마을 터를 골랐네.
覺麻在山頂轉去轉來,	줴마가 산꼭대기에서 왔다 갔다 하며,
眼睛朝四周的山望去.	사방의 산을 바라보았네.
一條彎彎的河邊上,	구불구불한 강가에,
有一道歇著白雲的梁子,	흰 구름 걸려있는 산등성이,
梁子上森林密密麻麻,	그 위에 수풀이 우거져 있네.
森林中間有塊窪地,	숲 한가운데 움푹 파인 곳,
窪地里清澈的龍潭,	그곳에 맑고 투명한 연못,
像一塊明亮的鏡子.	거울처럼 밝게 빛나네.
覺麻高興了,	줴마가 기뻐했지,

覺麻看上了. "這裡是個好地方, 這裡是個好寨址. 我們在這裡建寨, 我們在這裡安家."	그곳이 마음에 들었네. "이곳은 좋은 땅, 이곳은 좋은 마을 터,[4] 여기에 마을을 만들자, 여기에 정착하자."
覺麻擇了個最吉利的日子, 帶著兩個弟弟, 抬著斧子和鋸子, 到山上挑選柱子.	쮀마가 길한 날을 택해서, 두 동생을 데리고, 도끼와 톱 가지고, 산에 가 기둥으로 쓸 나무 고르네.
雷打過的樹不能要, 要了房子容易著火燒. 禿了頂的樹不能要, 要了子孫後代不會發. 蟲吃過的樹不能要, 要了人會疾病多. 空心的樹不能要, 要了房子蓋得不穩紮.	벼락 맞은 나무는 쓰면 안 되지, 집이 쉽게 불타버리니까. 꼭대기에 잎이 없는 나무도 쓰면 안 되지, 후손이 번성하지 못하니까. 벌레 먹은 나무도 쓰면 안 되지, 잦은 병에 시달릴 거니까. 속이 빈 나무도 쓰면 안 되지, 집이 튼튼하지 못할 거니까.

4_ (역주) 李克忠은 "하니족 생존환경의 선택을 보여주는 표지가 바로 마을 건립 의례이다"라고 말했다. 하니족이 일단 마을의 위치를 결정하면 성대한 마을 건립 의례(建寨蓋房儀式)를 진행한다. 첫 번째는 마을을 만들 땅을 정하는 일이다. 지세가 넓고 평평해야 하며, 마을 옆에 반드시 냇물이나 솟아 나오는 샘물이 있어야 한다. 물론 마을의 전후좌우에 농사지을 만한 땅이 넓게 펼쳐져 있어야 한다. 두 번째는 좋은 마을 터를 선정하여 마을 터를 잡는 의례, '쭝커우라이(宗扣來)'를 진행한다. 이것은 개를 사용하여 귀신을 쫓아내고 사악한 기운을 몰아내는 의례이다. 그다음 세 번째로 가장 먼저 마을을 만든 몇몇 씨족의 남성 장로를 선택하여 마을 앞쪽으로 가서 마을 신 '앙마(昂瑪)'의 위치를 선정한다. 네 번째는 마을의 끝 혹은 마을을 나가는 문 쪽에 커다란 나무를 세워 마을 문을 정한다. 다섯 번째는 마을을 번성하게 하는 신, 분규를 일으키게 하는 신, 여러 자연 신(叢) 등에게 제사를 올린다. (李克忠, 『寨神 - 哈尼族文化實證研究』, 雲南民族出版社, 1998, 32~33쪽) 철저하게 지켜져온 이러한 순서는 척박한 환경에서도 안전하고 편안하게 살아가고자 하는 하니족 사람들의 소망을 반영하고 있다 하겠다.

先到東邊山上找,　　　　　　　먼저 동쪽 산에 올라 찾아보았네,
整個山林瞧過了,　　　　　　　온 산의 숲을 두루 둘러보았지,
挑過去挑過來,　　　　　　　　이 나무 저 나무 골라보고,
挑過了林中所有的樹木,　　　　숲속의 모든 나무 살펴보아도,
沒有一棵如意的樹,　　　　　　마음에 드는 나무 한 그루 없고,
沒有一棵合心的樹.　　　　　　마음에 맞는 나무 한 그루 없네.

來到北邊山上找,　　　　　　　북쪽 산에 올라 찾아보았네,
轉遍了整個山林,　　　　　　　온 산의 숲을 두루 돌아다녔지,
挑過去挑過來,　　　　　　　　이 나무 저 나무 골라보고,
挑過了林中所有的樹木,　　　　숲속의 모든 나무 둘러보아도,
沒有一棵如意的樹,　　　　　　마음에 드는 나무 한 그루 없고,
沒有一棵合心的樹.　　　　　　마음에 맞는 나무 한 그루 없네.

來到西邊山上找,　　　　　　　서쪽 산에 올라 찾아보았네,
轉遍了整個山林,　　　　　　　온 산의 숲을 두루 돌아다녔지,
挑過去挑過來,　　　　　　　　이 나무 저 나무 골라보고,
挑過了林中所有的樹木,　　　　숲속의 모든 나무 둘러보아도,
沒有一棵如意的樹,　　　　　　마음에 드는 나무 한 그루 없고,
沒有一棵合心的樹.　　　　　　마음에 맞는 나무 한 그루 없네.

來到南邊山上找,　　　　　　　남쪽 산에 올라 찾아보았네,
轉遍了整個山林,　　　　　　　온 산의 숲을 두루 돌아다녔지,
挑過去挑過來,　　　　　　　　이 나무 저 나무 골라보고,
挑過了林中所有的樹木,　　　　숲속의 모든 나무 둘러보다가,
在一個朝陽的山坡上,　　　　　햇빛 잘 드는 산비탈에서,
砍到了堅硬標直的栗木柱.　　　단단하고 곧은 밤나무를 베었네.

擇了個吉祥的日子,　　　　　　길한 날을 골라,

到河邊的山坡上割茅草.	띠풀을 베러 강가 산비탈에 올라갔네.
做過雀窩的茅草不能要,	새가 둥지를 튼 띠풀은 쓰면 안 되지,
要了麻蛇會進家裡來.	집안으로 뱀이 꼬일 수 있으니.
蛆蟲吃過的茅草不能要,	구더기가 먹은 띠풀도 쓰면 안 되지,
要了耗子會來做窩.	쥐가 와서 둥지를 틀 수 있으니.
綠茵茵的茅草不能要,	푸릇푸릇한 띠풀도 쓰면 안 되지,
要了雨天會漏雨.	비가 오면 샐 수 있으니.
倒在地上的茅草不能要,	땅에 쓰러진 띠풀도 쓰면 안 되지,
要了風天不擋風.	바람을 막지 못하니.
轉來轉去地找,	이곳저곳 찾아다니며,
挑來挑去地選,	이 나무 저 나무 골라보고,
找遍了山山嶺嶺,	산마다 고개마다 두루 찾아보고,
踩遍了溝溝窪窪,	골짜기와 움푹 파인 땅 두루 다니다가,
在一面朝陽的山坡上,	햇볕 잘 드는 산비탈에서,
割到了黃生生的茅草.	누런 띠풀을 베었네.
擇了個吉祥的日子,	길한 날을 골라,
到箐溝割藤子.	덩굴 베러 대숲 골짜기로 갔네.
鬼藤子不能要,	귀신 덩굴[5]은 쓰면 안 되지,
要了容易引鬼進家來.	귀신이 문턱을 넘어올 수 있으니.
蛆蟲吃過的藤子不能要,	구더기가 먹은 덩굴도 쓰면 안 되지,
要了地神不喜歡.	땅의 신이 싫어하시니.
發出來的嫩藤子不能要,	새로 자란 여린 덩굴도 쓰면 안 되지,

5_ (역주) '귀신 덩굴(鬼藤)'은 스킨답서스(Scindapsus)로 불리는 상록수 담쟁이과 식물이다. 학명은 Epipremnum aureum이며 중국어로는 황금갈(黃金葛), 녹로(綠蘿) 등으로 불리며 엄청난 생존력으로 '악마의 담쟁이덩굴(devil's vine)'이라는 별명이 있다.

要了扎不穩竹排.	대나무 뗏목을 단단하게 묶지 못하니.
掛著蛇蛻皮的藤子不能要,	뱀 허물이 걸린 덩굴도 쓰면 안 되지,
要了會嚇著祖宗.	조상님이 놀라실 테니.
轉來轉去地找,	이곳저곳 찾아다니며,
挑來挑去地選,	이 나무 저 나무 골라보고,
鑽遍了每一條箐溝,	대숲 골짜기마다 들어가 보고,
找遍了每一條沖沖,	개울마다 찾아다니다가,
在一條深深的箐溝裡,	깊고 깊은 어느 개울에서,
割到了牢牢的藤子.	질긴 덩굴을 베었네.
擇了個吉祥的日子,	길한 날을 골라,
到山坡上砍竹子.	대나무를 베러 산등성이로 갔네.
做過蜂窩的竹子不能要.	벌집 지은 대나무는 쓰면 안 되지,
要了容易引豹子進家來.	표범이 집 문턱을 넘어올 테니.
斷了尖尖的竹子不能要,	끝이 날카로운 대나무도 쓰면 안 되지,
要了人命活不長.	사람 명이 짧아질 테니.
開花的竹子不能要,	꽃이 핀 대나무도 쓰면 안 되지,
要了要敗家產.	집안 재산 다 말아먹을 테니.
蛆蟲吃過的竹子不能要,	구더기가 먹은 대나무도 쓰면 안 되지,
要了人容易生瘡.	몸에 종기가 생기기 쉬우니.
轉來轉去地找,	이곳저곳 찾아다니며,
挑來挑去地選,	이 나무 저 나무 골라보고,
找遍了每一蓬竹子,	작은 대숲도 찾아보고,
踩遍了每一片竹林,	커다란 대숲도 두루 찾아다니다가,
在朝陽的山坡上,	햇볕 잘 드는 산비탈에서,
砍到了俏生生的竹子.	싱싱한 대나무를 베었네.

擇了個吉祥的日子,	길한 날을 골라,
找塊平地脫土基.	평평한 땅을 찾아 터를 닦았네.
黑土不能要,	검은 흙을 써서는 안 되지,
用黑土打出來的土基不方正.	검은 흙으로 닦은 터는 고르지 않으니.
白土不能要,	하얀 흙을 써서는 안 되지,
用白土打出來的土基不牢靠.	하얀 흙으로 닦은 터는 단단하지 않으니.
夾石子的土不能要,	자갈 섞인 흙을 써서는 안 되지,
用夾石子土打出來的土基容易裂.	자갈 섞인 흙으로 닦은 터는 갈라지기 쉬우니.
轉來轉去地找,	이곳저곳 찾아다니며,
挑來挑去地選,	요리조리 골라보고,
踩遍了每一個山坡,	산등성이마다 올라가 보고,
找遍了每一個沖溝,	개울마다 찾아가 보다가,
在山腳的窪地上,	산기슭 움푹 파인 곳에서,
找到打土基的紅土.	터를 다질 붉은 흙을 찾아내었네.
擇了個吉祥的日子,	길일을 골라,
選個牢固的地基.	단단한 터를 고르네.
有洞的地基不能要,	구멍이 있는 터는 고르면 안 되지,
要了雨天房子會坍塌.	비 오는 날에 집이 무너질 수 있으니.
走動的地基不能要,	흔들리는 터도 고르면 안 되지,
要了以後房子會梭倒.	나중에 집이 쓰러질 수 있으니.
埡口上的地基不能要,	고갯마루의 터는 고르면 안 되지,
要了房子會被風吹掉.	바람에 집이 날아갈 수 있으니.
沖溝溝裡的地基不能要,	물길 흐르는 골짜기 속 터는 고르면 안 되지,
要了雨天會被洪水淹.	비가 오면 홍수에 잠길 것이니.
轉來轉去地找,	이곳저곳 찾아다니며,
挑來挑去地選,	요리조리 골라보고,

找遍了每一塊土塊,
踩遍了每一道坷坎,
在一塊朝陽的山坡上,
選好了牢固的地基.

地基踩好了,
地基選定了.
殺隻大紅公雞祭天地,
求天神地神保佑平安.
挖去鬆軟的浮土,
平出平坦的地基.

柱子砍來了,
茅草割來了,
藤子扯來了,
竹子砍來了,
土基打好了,
地基平好了,
要立柱子囉,
要蓋房子囉.

擇了最好的日子立柱子,
三個弟兄一起砌土基,
三個弟兄一起拴椽子,
三個弟兄一起鋪茅草,
新新的房子蓋好了,
立起三個石頭做鍋腳石,
拿來三把乾乾的柴火,
燃着柴火暖和和.

땅마다 샅샅이 살펴보고,
울퉁불퉁한 길마다 밟고 다니다가,
햇볕 잘 드는 산비탈에서,
단단한 터를 골랐네.

마을 터를 찾아냈지,
마을 터를 잘 골랐네.
크고 붉은 수탉 잡아 하늘과 땅에 제사 올리며,
하늘과 땅의 신께 평안을 비네.
표면의 부드러운 흙을 파내고,
평평하게 터를 다지네.

기둥으로 쓸 나무도 베어왔고,
띠풀도 베어왔고,
덩굴도 잘라왔고,
대나무도 베어왔고,
흙도 잘 다지고,
집의 터도 평평하게 잘 다졌지,
기둥을 세우고,
집을 지으세.

가장 좋은 날을 택해 기둥 세우고,
삼형제가 함께 집터를 만들고,
삼형제가 함께 서까래를 묶었네.
삼형제가 함께 띠풀을 얹었네.
새집을 다 짓고 나서,
세 개의 돌을 솥발로 삼고,
잘 마른 장작 세 묶음 가져와,
장작에 불붙이니 따뜻해졌네.

灰藍藍的火煙升上天, 희끄무레한 연기가 하늘로 피어오르니,
四面八方都知道這裡安了寨子. 마을이 생겨난 걸 모두 알게 되었네.
要使寨子有個好名聲, 마을이 좋은 명성을 얻고,
讓好名聲傳到遙遠的地方. 그 명성이 멀리까지 퍼지도록 해야 하네.

하니족 전통가옥인 버섯집 모양으로 새롭게 만든 자인향의 현대식 가옥(좌)과 토담으로 지어진 현대식 가옥(우)

지금은 찾아보기 힘든 진핑金平 하니족 전통가옥인 버섯모양의 모구팡蘑菇房(좌), 훙허紅河 자인향甲寅鄕 하니족 가옥의 내부(우), 하니족은 주택의 맨 위층에서 벼와 옥수수 등을 말린다.(하)

제7장 | 마을을 세운 줴마 161

房子蓋好了,	집을 잘 지었으니,
要找個好好的水井.	좋은 우물을 찾아야지.
雨季才會冒水的龍潭不能要,	우기 때에만 물을 뿜어내는 용담은 쓰면 안 되지,
田地裡滴下來的尾水不能要,	논밭에서 흘러내린 물도 쓰면 안 되네,
會冒渾水的龍潭不能要,	흙탕물이 섞여 나오는 용담도 쓰면 안 되고,
遍地浸出來的水不能要.	여기저기서 스며 나오는 물도 쓰면 안 되네.
只要清清的龍潭水,	맑고 깨끗한 용담의 물만 써야 한다네,
龍潭水是龍吐出來的.	용담의 물은 용이 뿜어내는 물이라네.
龍吐出來的清泉水,	용이 뿜어낸 맑은 샘물은,
甘甜清涼最養人的心.	달고 시원해서 사람 마음에 좋은 양분이 되네.
吃龍潭水長大的兒子,	용담 물을 마시고 자란 아들,
個個勤勞勇敢有本事.	부지런하고 용감하며 능력이 있네.
吃龍潭水長大的姑娘,	용담 물을 마시고 자란 딸,
個個生得像花一樣俏.	꽃처럼 아름답네.[6]
轉來轉去地找,	이곳저곳을 찾아다니며,
挑來挑去地看,	요리조리 둘러 보고,
找遍了每一條冲冲,	콸콸 물이 솟는 곳마다 찾아가 보고,
踩遍了每一道山樑,	산등성이마다 돌아다니다가,
在寨邊的窪地裡,	마을 옆 오목하게 들어간 곳에서,
找到了一眼清澈的龍潭.	맑고 깨끗한 용담을 찾아냈네.

---

[6] (역주) 다랑논에 농사를 짓는 하니족에게는 물이 가장 중요한 문화적 상징 코드이기도 하다. 특히 우물(水井)의 역사는 마을의 역사라서, 마을이 만들어지면 동시에 우물이 만들어진다. 하니족의 창세서사시『哈尼阿培聰坡坡』에도 여기 나오는 것과 비슷한 내용이 보인다. "여인이 이 물을 마시면/ 깔깔 웃는 모습이 물방울처럼 아름답고/ 남자가 이 물을 마시면/ 하하 웃는 소리 물의 근원이 끊이지 않듯/ 노인이 이 물을 마시면/ 얼굴에서 빛이 나네/ 아이들이 이 물을 마시면/ 소만큼이나 건강하지…"(『哈尼阿培聰坡坡』, 雲南民族出版社, 1986, 120쪽)

挖去旁邊的泥土,	못 옆의 진흙은 퍼내 버리고,
抬來硬硬的石板,	단단한 돌판을 들고 와서,
把四周砌起來,	사방을 층층이 돌로 쌓아,
把龍潭圍在中間.	용담을 중심으로 둘러쌌네.
水井修好了,	우물을 다 고치고,
殺一隻紅公雞祭獻天地,	붉은 수탉 잡아 하늘과 땅의 신에게 제사를 지내며,[7]
求天神地神好好保護龍潭,	하늘과 땅의 신께 용담을 지켜주시길 비니,
一年四季都冒清清的泉水.	사시사철 맑은 샘물이 솟아난다네.

'용담'이라는 이름이 붙은 물에는 '용신'이 산다고 여겨진다. 용신은 물과 숲과 나무를 관장하는 자연신이다. (시멍의 용담)

7_ (역주) 신성한 물에 대한 숭배와 더불어 하니족은 수자원이 있는 지역의 숲을 보호하고 수자원이 있는 숲의 나무들을 경배한다. 물에 대한 제사와 더불어 물과 관련된 금기들이 하니족의 '물'이라는 자원을 지켜주는 기제가 된다. (김선자, 「중국 소수민족 신화와 생태, 그리고 공유(commons) - 담론의 전쟁에서 공유의 담론으로」, 『중국어문학논집』 제129호, 2021.8, 228~230쪽) 차오이팡(巢譯方) 역시 위안양현(元陽縣) 첸푸좡촌(全福莊村)의 우물(水井)을 예로 들면서 이러한 기능에 관해 설명하고 있다. (巢譯方, 『雲南哈尼族水井的生態人類學解讀』, 雲南大學 民族研究院 碩士學位論文, 2015, 19~22쪽)

홍허현 자인향 타싸촌他撒村의 우물 12용천龍泉

독특한 모양을 한 뱀 머리의 우물 뱀 머리에서 물줄기를 뿜고 있다.

寨頭封起一片林,	마을 어귀 숲 한 구역 정하여,
世世代代一個不要砍.	대대로 한 그루도 못 베게 하네.
安一座普瑪做護寨神,	푸마[8]를 마을의 수호신으로 삼아,
每年殺一次豬雞敬獻,	해마다 돼지와 닭을 잡아 제사를 지내네.
請求護寨神顯靈,	푸마께서 우리와 함께 하셔서,
保佑全寨人無災無難,	마을 사람 재난 없이 지켜주시고,
保佑豬雞不病不死,	닭과 돼지 죽지 않고 건강하게 지켜주시고,
保佑牛羊又肥又壯,	소도 양도 살지게 지켜주시고,
保佑年年風調雨順,	날씨도 순조롭게 지켜주시고,
保佑莊稼年年豐收.	농작물도 해마다 풍년들게 지켜주소서.

8_ [원주] 마을의 수호신, 어떤 경우는 용수(龍樹)로 번역하나 불확실하다.

훙허 위안양현 징커우촌箐口村 하니족 민속 마을 전경

금빛으로 물든 자인향甲寅鄕 십이용천十二龍泉 다랑논(사진 제공: 季偉)

다랑논에 기대어 사는 하니족 사람들
(위안양현 다랑논)

寨邊的草坪上,   마을 어귀 풀밭 위에,
安作玩樂的磨秋場.   모추[9]-를 세울 넓은 마당을 준비하네.
砍來堅硬的栗木,   단단한 밤나무를 베어와,
栽起永世不朽的磨秋椿.   영원히 썩지 않을 모추 기둥을 세우네.
每年六月矻扎到了,   해마다 6월 쿠자자[10]- 제사 때가 되면,

9_ (역주) '모추'는 매년 6월에 지내는 하니족의 대표적인 축제인 '쿠자자(苦扎扎)'에 반드시 있어야 하는, 360도로 회전하는 시소다. 회전 시소는 '쿠자자' 축제에 없어서는 안되는 신성한 물건이다. 그들의 신화에는 해마다 이때 천신인 '모미'가 부리는 작은 신 '웨이쭈이'를 지상에 내려보내서 하니족이 사는 것을 살펴보도록 하였다고 한다. 하니족은 시소의 기둥 안 구멍 속에 생존과 밀접한 관계가 있는 상징적 물건인 오곡과 풀, 쇳조각과 은전 조각을 넣어둠으로써 웨이쭈이 신을 환영하였다. 자세한 내용은 나상진, 「윈난성(雲南省) 남부 소수민족의 곡물신화와 의례 - 윈난성 하니족·와족을 중심으로」(『외국학연구』 제31집, 2015. 3.) 참조.

10_ [원주] 하니족 전통 명절.
(역주) 하니족의 중요한 축제들은 대부분 농경과 관련되는데, 그 각각의 축제들은 농사의 한 단계에서 그 다음 단계로 진입하게 되는 과정을 알려준다. '앙마투' 이외에 하니족의 대표적인 축제로는 '자러터(扎勒特)'와 '쿠자자'가 있다. 이족의 설인 음력 10월에 지내는 '시월년(十月年)'을 하니어로 '자러터'라고 한다. 음력 6월의 축제인 '쿠자자'는 하니족의 가장 대표적인 축제로, 농한기에 즐기는 오락 활동이면서 오곡의 풍성한 수확과 사람과 육축이 건강하기를 축원하는 의미를 담고 있다.

하니족의 축제 풍경
훙허현 다양제촌人羊街村 하니족 이처인奕車人의 축제인 '쿠자자苦扎扎' 모습(사진 제공: 紅河縣委宣傳部 馬永林)

牽來肥壯的黃牛,   살진 황소 끌고 와,
在磨秋場上殺翻.   모추 마당에서 제물로 바쳤네.
點亮松明火,   소나무 가지에 불 밝혀,
門頭掛上綠松枝,   문 앞에 푸른 솔가지 걸고,
男女老少敲鑼打鼓,   남녀노소 꽹과리와 북 두드리며,
迎接神仙威咀到寨上.   마을에 오신 웨이쭈이[11]-신을 맞이하네.

神仙威咀來了,   웨이쭈이 신께서 오셨네,
給寨子帶來幸福和吉祥.   마을에 행복과 좋은 기운 갖고 오셨네.
神仙威咀騎著白馬要走了,   웨이쭈이 신께서 흰 말을 타고 떠나려 하니,
全寨男女老少到磨秋場,   마을 사람 모두 모추 마당에 나와,
擂響地神聽得見的牛皮鼓,   땅 신도 들을 수 있도록 소가죽 북 두드리고,
敲響天神聽得見的鑼鈸.   하늘신께 들리도록 꽹과리를 울리네.
跳起歡樂的鼓舞,   기쁨의 춤을 추며,
騎著磨秋升到天上.   모추를 타고 하늘까지 솟아오르네.

11_ (역주) '웨이쭈이'는 '어쭈이(俄咀)'로도 불리며 천신인 '모미'가 부리는 작은 신이다. 하니족의 명절인 '쿠자자' 기간에 하니족 마을을 방문하여 나쁜 마귀를 쫓아주고 복을 가져다준다.

歡送我們的神仙威咀,	웨이쭈이 신을 환송하니,
騎著白馬回到遙遠的地方.	흰 말을 타고 머나먼 곳으로 돌아간다네.
莊稼收完了,	잘 익은 곡식을 수확하고,
黃生生的穀子收回來了,	누렇게 익은 벼를 거둬들이네.
殺翻肥肥的大豬,	토실토실한 돼지를 잡고,
踩好白白的糯米粑粑,	새하얀 찹쌀바바[12]-도 만들고,
燒一甑香甜的燜鍋酒,	향긋하고 달콤한 먼궈주[13]- 한 솥 가득 찌고,
宰殺大大小小的雞鴨.	큰 오리 작은 오리, 큰 닭 작은 닭, 모두 잡네.
請天神來過新年,	하늘신 모셔서 새해 보내고,
請地神來過新年.	땅 신 모셔서 새해 보내네.
接回祖先來過年,	조상님 맞아서 새해 보내고,
接回和祖宗不在一起的家人來過年,	조상님 없는 가족[14]-도 함께 맞아 새해 보내네.
新的一年開始了,	새로운 한 해가 시작되니,
一家人歡歡喜喜過幾日.	온 가족이 며칠 동안 즐겁게 지내네.

12_ (역주) 찹쌀로 만든 둥글고 납작한 떡. 하니족은 조상에게 올리는 새해 제사에 찹쌀과 메밀을 섞어 만든 둥근 떡을 올린다.

13_ (역주) 훙허(紅河) 지역 하니족의 전통방식으로 빚은 증류주. 쌀과 옥수수, 수수 등으로 만드는데, 2018년에 훙허주(紅河州) 제5차 비물질문화유산 명단에 올라갔다.

14_ [원주] 불의의 사고 등으로 세상을 떠난 조상들이 있는 사람들.
　　 (역주) 윈난 지역의 소수민족 거주지역은 워낙 산이 높고 척박하여 생활 환경이 좋지 않다. 그런 곳이기에 많은 생활 금기들이 있는데, 특히 뜻하지 않은 죽음에 대한 금기는 매우 철저하게 지켜진다. 나이가 들어 정상적으로 죽는 죽음은 '안전한 죽음'이라고 생각하여 『지로경(指路經)』 등을 낭송하며 영혼을 조상들의 땅으로 보내지만, 자살이나 사고, 난산(難産) 등 '위험한 죽음'에 대해서는 피해야 할 것으로 여긴다. 그렇게 죽은 이유가 비명횡사한 다른 사람의 영혼이 붙었기 때문이라고 여기기 때문이다. 그래서 그런 영혼은 '지로'의 대상이 아니라 '분리'의 대상이다. 그래서 떠나가는 영혼에게 절대로 돌아오지 말라고 말한다. '위험한 죽음'에 대한 애도와 공포의 심리에 대한 이상의 견해는 김선자, 「애도와 공포, 그 사이 - 중국 소수민족 신화와 의례에 나타난 죽음과 치유」(『중국어문학논집』 제138호, 2023. 2, 271~297쪽) 참조.

하니족의 축제 풍경
찹쌀로 만든 하니족의 떡 '찹쌀바바'(좌), 쿠자자 축제를 마치고 난 후에 차려진 훙허 다양제촌 이처인의 식탁(우)

要蓋寨門了,	마을의 문을 만들어야 하네,
要給寨子安個大門了.	마을에 대문을 달아야 하네.
抬來大大的石頭,	커다란 돌덩이를 날라오고,
砍來堅硬的錐栗木,	튼튼한 밤나무를 베어오네,
寨門蓋好了.	마을 문이 완성되었네,
老人小娃有玩的地方了.	노인들도 아이들도 놀 곳이 생겼네.
寨門蓋好了,	마을 문이 완성되었고,
寨門安好了,	마을 문이 잘 세워졌지,
把客人請進寨子來,	손님은 마을 안으로 모시고,
把惡人堵在寨門外.	악인은 마을 문밖에서 막아내자.
寨門蓋好了,	마을 문이 완성되었지,
請來高能的貝瑪,	출중한 능력을 갖춘 사제 베이마[15]를 모셔와,

15_ (역주) 베이마는 모피(摩批, 莫批)라고도 하는 하니족의 사제로, 하니족의 역사와 문화에 정통한 지혜로운 존재이다. 중국 서남부 지역 소수민족의 사제는 평소에는 농사를 짓고 일반인과 함께 생활하지만, 명절이나 제사, 혼인, 치병(治病) 의례 등을 행할 때는 사제의 역할을 한다.

위안양현 신제진新街鎭 아이춘촌愛春村의
하니족 사제 마젠창馬建昌

把寨裡的魔鬼驅出寨門,	마을 안의 나쁜 귀신들을 문밖으로 내쫓고,
把災難和疾病趕出寨門.	재앙과 질병도 문밖으로 내쫓아버리세.
砍來黃泡刺,	노란 산딸기 가시 베어와,
穩穩掛在寨門上,	마을 문 위에 단단히 걸어두었지,
把魔鬼擋在寨門外,	나쁜 귀신들을 마을 문밖에서 막고,
把災難和疾病擋在寨門外.	재난과 질병도 마을 문밖에 막아두세.
寨門蓋好了,	마을의 대문이 완성되었네,
寨子建起來了.	마을이 세워졌네.
房前屋後要栽上樹.	집 앞뒤에는 나무를 심어야 하네.
寨脚的田壩栽楊柳,	마을 어귀 논두렁엔 버드나무 심고,
寨脚的坡子上栽竹子,	마을 어귀 언덕에는 대나무 심고,
寨門外邊栽大青樹.	마을 문밖에는 대청수 심네.
寨子栽上了樹木,	마을에 나무를 심으니,[16]

16_ (역주) 하니족의 조상신은 마을을 세우는 날 선택한 신수神樹에 깃든다. 그러니까 신수는 후손들이 기리는 조상의 구체적인 형상이며 상징물이다. (鄒輝,「植物的祭禮與象徵 - 哈尼族"昂瑪突"意義的再解讀」,『雲南社會科學』 2008년 第5期, 81쪽)

하니족 마을의 뒷산에는 신림神林이라고 불리는 신성한 공간이 있다. 함부로 들어갈 수 없는 이곳에 있는 커다란 나무는 마을을 지키는 수호신이다.(좌, 홍허현 자인향 타싸촌) 중국 서남부 지역의 소수민족 마을에서 흔히 볼 수 있는 나무인 '용수龍樹'는 뿌리가 깊고 굵어 울창한 숲을 이루는 마을의 보호수이다.(우, 자인향 타싸촌)

寨神心裡老實喜歡	마을 신[17]이 진심으로 기뻐하며,
天天守在寨子裡.	날마다 마을을 지켜주네.
寨子像大象筋拉着一樣穩紮,	마을은 코끼리 힘줄로 묶은 것처럼 든든했고,
寨子像大象皮箍着一樣牢固.	코끼리 가죽으로 감싼 것처럼 견고하네.
寨裡的房子不會歪倒了,	마을 안의 집들은 기울어지지 않을 것이고,
寨腳的陡坡不會梭坍了.	마을 어귀 가파른 비탈도 무너지지 않을 것이네.

17_ (역주) '마을 신(寨神)'은 하니어로 '앙마(昂瑪)'라고 한다. 뤼춘(綠春) 일대 하니어로 '앙'은 '정신', '마'는 '어머니' 혹은 '크다'는 뜻이니, '앙마'는 '마을 정신의 어머니', 즉 영혼 혹은 마을 신을 의미한다. '투'는 '바친다' 혹은 '제사'라는 뜻이다. (李克忠, 『寨神 - 哈尼族文化實證硏究』, 雲南民族出版社, 1998, 26쪽) 그러니까 이 단락은 마을을 세울 때 가장 중요한 마을의 문을 세우고 마을 신을 모시는 과정의 기원을 설명하고 있다. 마을 신을 모시는 제사 등의 활동을 '앙마투(昂瑪吐, 昂瑪突)'라고 하는데, 마을 신에게 제사 지내는 앙마투는 하니족 문화에서 가장 성대하고 중요한 의미를 지닌 활동이다. 지역에 따라서 '푸마투(普瑪吐)', '부마투(布瑪吐)', '앙마아오리(昂瑪奧禮)', '룽카훙(聾卡轟)', '망구제(鋩鼓節)' 등으로 불리기도 하는데, '앙마'나 '푸마', '부마' 등은 모두 '조상신'이라는 뜻이다. 지역에 따라서는 '푸'가 '마을'이라는 뜻이고, '마'가 사람이라는 뜻이라서 '푸마투'는 제사의 대상이 되는 큰 마을의 수호신이라는 의미이다. (앞의 책, 26~27쪽 참조)

覺麻三弟兄把寨建起來,
寨子的名字叫麻密,
覺車到各地建街子,
覺沖到別處建寨當首領,
覺麻留在麻密寨安家創業.
人一代一代繁衍,
世間的寨子一寨一寨建起來.
衆: 薩―薩!

쮀마 삼형제 마을을 세웠지,
마을 이름은 '마미'[18]-라 했네.
둘째 쮀처는 여기저기 시장을 만들었고,
막내 쮀충은 다른 곳에 마을 세워 촌장이 됐고,
맏형 쮀마는 마미에 남아 마을의 기반을 다졌네.
사람들은 대를 이어 번성했고,
마을들은 점점 더 많이 생겨났다네.
다 같이: 싸―싸!

18_ [원주] 마을 이름.

牡實米戛

제8장

후손의 번성

후손의 번성

牡實米戛[1]

薩拉阿依 ―	싸라아이 ―
天上有滴紅彤彤的血,	붉디붉은 핏방울 하나가,
忽然掉下大地.	하늘에서 땅으로 갑자기 떨어졌네.
血灑落在哪裡?	핏방울은 어디로 떨어졌을까?
灑落在寨子邊的草坪上.	마을 어귀 풀밭 위에 떨어졌지.
豬啊! 請你不要去拱土,	돼지야! 흙을 파 뒤집지 말고,
也不要去踏草坪.	풀밭도 밟지 말아라.
豬搖搖擺擺游出寨子,	하지만 돼지는 어슬렁거리며 마을 밖으로 놀러 나갔지,
天上的血沾在豬身上了.	하늘에서 떨어진 피가 몸에 튀었네.
狗啊, 請不要去咬豬,	개야! 돼지를 물지 말고,
也不要亂叫.	함부로 짖지도 마라.

1_ [원주] '무스미가'는 하니족어로 '하늘의 피가 땅 위에 떨어지다.'라는 뜻으로 자식을 낳아 기른다는 뜻이다. (역주) 이 장은 하니족의 산후 금기와 출산 의례에 관한 내용으로, 하니족의 민속을 살펴볼 수 있다.

狗衝出寨子咬豬, 天上的血沾在狗毛上了.	하지만 개는 마을 밖으로 뛰쳐나가 돼지를 물었지, 하늘에서 떨어진 피가 털에 튀었네.
女人啊, 請不要去打狗, 也不要發躁. 女人罵著打狗, 天上的血又沾到女人身上了.	여인이여! 개를 때리지 말고, 조급해 하지도 말아라. 하지만 여인들은 욕하면서 개를 때렸지, 하늘에서 떨어진 피가 여자 몸에 튀었네.
寨中有人說, "狗血抹在人身上, 血糊哩啦多腥氣, 威咀看到不順眼, 還是趕快洗了吧!"	마을 사람 누군가가 말했네. "개 피가 사람 몸에 묻어있으니, 낭자한 선혈에 비린내가 진동하는구나, 웨이쭈이님 보시기에 거슬리니, 얼른 가서 피를 씻어내거라!"
沾在人身上的血, 紅得像朵大紅花, 那不是豬血, 那不是狗血, 是人要發展興旺的血.	여인의 몸에 튄 피는, 하와이무궁화[2]처럼 붉었네 돼지 피도 아니고, 개 피도 아닌 그것, 사람을 번성케 하는 피라네.
不是黑頭鴣尾下的毛髮紅, 是女人身上流出的血紅亮. 不是園子裡的桃子開花, 是血在女人們的身上開花.	검은머리 자고새 꼬리 아래 털처럼 검붉지 않고, 여자들의 몸에서 흘러나오는 선홍빛이네. 뜰에 핀 복사꽃이 아니라, 여인의 몸에 핀 꽃이라네.

---

2 (역주) '대홍화(大紅花)'의 학명은 'Hibiscus rosa-sinensis L.'이고, '하와이무궁화'라고 불린다. 중국에서는 '주근(朱槿)'이라고도 한다. 장미처럼 짙은 분홍색의 큰 꽃이 피는데, 광둥과 광시, 푸젠 등 중국의 남부지역에서 많이 볼 수 있다. 광시좡족자치구 난닝시(南寧市)의 시화(市花)이기도 하다.

하니족 여성은 검푸른 색의 일상복을 즐겨 입는다.

위안양 하니족 마을의 여인들

不會開花結果的樹不要栽,

能開花結果的樹人喜歡,
果實累累的桃樹人愛護,
會生兒育女的女人才值錢.

我家的女人,
不像別人一樣,
身子發冷發熱,
腳癱手軟沒有力氣.
走路跟不上人家,
喘氣不同別人.
吃飯沒有滋味,
喝水也不清甜.
上山下田不愛做活計,
一天到晚沒有精神,
她不是生病軟綿綿,
是肚子裡懷娃娃了.

꽃 피우지 못하고 열매 맺지 못하는 나무는 심지 않지,
꽃 피우고 열매 맺는 나무라야 사람들이 좋아하네.
열매가 주렁주렁 달린 복숭아 나무가 사랑받듯,
아이 낳고 기를 수 있는 여인이라야 가치가 있네.

우리 집 여자들,
다른 사람들과 달라,
몸이 차가웠다가 뜨거웠다가 하고,
다리는 풀리고 손도 힘이 없어서,
걸을 때 다른 사람 못 따라가고,
걸어도 남들 속도 못 따라가네.
밥을 먹어도 맛이 없고,
물을 마셔도 달지가 않네.
산에 가도 밭에 가도 일하기 싫고,
하루 종일 기운이 없지,
병이 나서 힘이 없는 게 아니라,
뱃속에 아기가 생긴 거라네.

아기를 낳기 위해 친정으로 온 딸을 위해 준비한 식탁(좌)과 온 동네 사람들이 와서 아기의 탄생을 축하하는 모습(우)
(사진은 홍허주 위안양현 신제진新街鎭 아이춘촌愛春村 하니족 마을)

娃娃懷兩個月了, 아기가 생긴 지 두 달이 되니,
一隻手一隻腳長出來了. 손 하나, 발 하나가 자라났네,
娃娃懷三個月了, 아기가 생긴 지 석 달이 되니,
兩隻腳一隻手長出來了. 손 하나, 발 두 개가 자라났네.
娃娃懷四個月了, 아기가 생긴 지 넉 달이 되니,
兩隻腳兩隻手長出來了…… 두 다리 두 손이 다 자랐고……
娃娃懷了九個月, 아기가 생긴 지 아홉 달 되니,
像到時的花朵要謝, 때가 되면 시드는 꽃봉오리처럼,
像成熟的瓜果要落, 다 익은 과일이 떨어지듯,
生娃娃的月份到了. 아기를 낳을 달이 되었다네.

娃娃生出來了, 아기가 태어났네,
下地會哭三聲了, 세상에 태어나면 세 번 울지,
臍帶要割斷下來了, 탯줄을 잘라내야 해,
娃娃不能給冷着, 아기는 춥게 하면 안 되지,
阿爹三天不要出門下田, 아빠는 사흘 동안 밭일하러 나가지 말아야 하고,
阿媽三天不要燒火煮飯. 엄마는 사흘 동안 불 피워 밥을 해서는 안 된다네.

은으로 만든 전통 모자를 쓰고 있는 하니족 어린이들

生下一個孩子,
一家人都很高興,
要煮糯米飯,
送給寨裡的長老鄉親.

아기 하나가 태어나니,
온 가족이 기뻐하지,
찹쌀밥 지어서,
마을 어른들과 이웃들을 대접하네.

殺隻雞取個名字,
給男孩取的名字,
要同阿爸名字連著叫.
給女孩取的名字,
不興同阿爸連著叫,
願的是孩子能平安長大.

닭 한 마리 잡아 이름을 짓네,[3]
아들에게 이름을 지어줄 때는,
아빠 이름에서 돌림자를 따서 붙이고,
딸에게 이름을 지어줄 때는,
아빠 이름에서 돌림자를 따지 않지,
아기들이 건강하게 잘 자라길 바라네.[4]

3_ (역주) 하니족 사제인 '베이마'는 생로병사등 인간사에 관해 닭으로 점친다. 아기의 이름을 지을 때 닭을 잡는 것도 같은 맥락으로 이해할 수 있다.

4_ (역주) 이러한 관습은 아버지의 이름과 자식의 이름을 연이어 붙여 짓는 소수민족의 부자연명제(父子連名制)와 연관된 제도이다. 부자연명제는 하니족 뿐 아니라, 이족, 징포족(景頗族), 지눠족(基諾族) 등 여러 민족 사이에서 전승되었다. 이 제도는 모계 씨족이 해체되고 부계 씨족이 확립된 이후에 등장했다. 모계사회에서 부계사회로 진입한 후, 혈통을 부계의 직계 친족으로 명확히 계승하고 구분하기 위해서 나타난 제도이다. 위의 문장은 하니족 이름 짓기의 상징성과 가족 유대감에 관해서 생각하게 한다. 표면적으로 볼 때, 아들과 딸에 대한 차별적 관습과 전통 사회의 가부장적 구조를 보여 주는 것 같지만, 동시에 자식에 대한 행복을 기원하는 부모의 깊은

抱在大腿上,	아기를 무릎에 앉히면,
孩子會笑了,	아기가 웃겠지,
會認阿媽了,	엄마를 알아보고,
會認阿爸了,	아빠도 알아보겠지,
像小山雀一樣會叫了,	작은 박새처럼 조잘댈 것이고,
像小瓦雀一樣會說話了.	작은 참새처럼 말을 하게 되겠지.
在地上會爬著玩了,	바닥을 기어 다니며 놀다가,
搖搖晃晃地會走路了,	아장아장 걸을 수 있게 되고,
漸漸地會玩灰了.	흙장난도 하겠지.
一天一天地長大,	매일매일 자랄 거야,
像竹子一節一節升高,	대나무 마디처럼 쑥쑥 자라서,
背著鴨籠會到寨腳放鴨子了,	오리장을 지고 마을 어귀로 가서 오리를 치고,
別著鐮刀會上山放牛了,	낫을 차고 산에 올라가 소도 치다가,
唱著山歌會挖田了.	산가[5]를 흥얼거리며 논도 갈겠지.
衆: 薩―薩!	다 같이: 싸―싸!

애정을 엿볼 수 있다.

5_ (역주) 산가(山歌)는 노동요로 소수민족의 대표적인 전통문화 가운데 하나다. 주로 산간에 거주하는 소수민족들이 산과 들판에서 일할 때 혹은 감정을 표현할 때 구성진 가락으로 부르는 노래다. 다양한 내용을 담고 있으며 노래는 좀 짧은 편이고, 곡조는 경쾌하며 리듬은 자유롭다. 하니족 다성부 민요(哈尼族多聲部民歌)는 윈난성 훙허(紅河) 하니족이족자치주 훙허현(紅河縣) 지역의 민간음악으로, 2006년 5월에 제1차 국가급 비물질문화유산에 등재되었다. <모내기 산가(栽秧山歌)>, <사랑 노래(情歌)> 등이 대표적이다.

杜達納嘎

제9장

하니족 이주의 노래

하니족 이주의 노래

杜達納嘎[1]

薩拉阿依 —
哈尼人最先在哪個地方?
後來爲哪樣又要搬遷?
前前後後在哪些地方栽過磨秋樁?
是哪個先祖,
給我們找到了這可愛的家鄉?

싸라아이 —
아득한 옛날, 하니 사람들은 어디에서 살았을까?
왜 그곳에서 떠났을까?[2]
하니족은 모추 기둥[3]을 어디에 세웠을까?
어떤 조상님이,
우리가 사는 이 아름다운 곳을 찾아주신 걸까?

1_ [원주] '두다나가'는 하니족 조상들의 이주 노래이다.
2_ (역주) 하니족 이주의 과정에 대해 서술한 작품으로는 『스얼누쥐(十二奴局)』의 「두다가나(杜達納嘎)」 이외에 『하니아페이충포포(哈尼阿培聰坡坡)』(하니족 조상의 이주사), 『야니야가짠가(雅尼雅嘎贊嘎)』(야니인의 이주사) 등이 있다. 야니인은 하니족의 지파로 시솽반나(西雙版納) 일대에 거주한다. 스쥔차오(史軍超)는 1986년에 나온 「哈尼族遷徙史詩斷想」에서 이러한 서사시를 '遷徙史詩'라고 명명한 바 있다. (『民族文學研究』 1986년 第3期, 39쪽)
3_ (역주) '모추(摩秋)'는 하니족 문화에서 중요한 상징물로, 하니족의 대표적인 축제인 '쿠자자(苦扎扎)' 때 세우는 회전 시소이다. 쿠자자는 농한기에 즐기는 오락 활동이면서 오곡의 풍성한 수확과 사람과 가축이 건강하기를 기원하는 의미를 담고 있다. 먼저 소나무로 된 말뚝(摩秋樁, 모추 기둥)을 세우고, 그 위에 다시 굵은 나무 기둥을 걸쳐놓는데, 위에 걸친 나무가 기둥보다 더 굵고 길어 360도로 빙빙 돌며 회전하는 것이 가능하다. 하니족의 축제에 사용되는 '모추'에 관한 상세한 내용은 나상진, 「윈난성(雲南省) 남부 소수민족의 곡물신화와 의례 - 윈난성 하니족·와족을 중심으로」(『외국학연구』 제31집, 2015. 3.) 참조.

一

薩拉阿依 —
在那遙遠的地方,
有一條寬闊的大江,
淌著金子一樣的水,
閃爍著耀眼的金光.
江畔有塊寬寬的平地,
是個美麗富饒的地方,
這塊土地,
是哈尼阿甫最先生活的家鄉.

1. 하니족의 아득한 고향 뉘마아메이[4]-

싸라아이 —
아득히 머나먼 그곳에,
넓고 큰 한 줄기 강이 있었지,
금빛 물결이 흐르는 그곳,
강물은 눈부시게 빛났네.
강가에 펼쳐진 넓고 평평한 곳[5]-,
아름답고 비옥한 땅이 있었지,
그 땅은,
하니족 조상님 아푸[6]-가 맨 처음 살았던 고향이라네[7]-.

4_ (역주) 제9장 하니족 이주의 노래 '두다나가'는 총 4절로 구성되어 있는데 『열두거리』의 다른 노래에 비해 편폭이 길다. 원문은 4절을 별도의 제목없이 절별로 숫자만 표시해 구분했으나 번역은 내용파악의 편의를 위해 각 절별로 한국어 제목을 덧붙였다.

5_ (역주) 하니족 조상이 살았던 최초의 땅을 『하니아페이충포포』(朱小和演唱, 史軍超·盧朝貴·段貺樂·楊叔孔 翻譯, 中國國際廣播出版社, 2016)에서는 '후니후나(虎尼虎那)'라고 부른다. "싸-이-싸!/ 조상들의 옛이야기가 이렇게 시작되네./ 한 어머니가 낳으신 친족들이여/ 그 아득한 시절/ 하늘가에 '후니후나'라 불리는 곳이 있었네/ 붉은 돌이 하늘의 불처럼 타오르고/ 검은 돌이 어두운 밤처럼 덮여있는 곳/ 기괴한 거석들이 한없이 쌓여/ 신기하게 깎아지른 듯 높이 솟아 있었지…후니후나, 높고도 황량해/ 오색 구름 바위 위에 떠돌고/ 가장 높은 산봉우리, 천신도 감히 쉬려하지 않네/ 산줄기는 거인의 높다란 코와 같아/ 산줄기와 함께 하는 것은 두 개의 큰 강/ 파도를 일으키며 산을 치네/ 큰 산도 상심의 눈물을 흘리는 듯/ 두 개의 강 밤낮으로 동쪽으로 흘러가네" (김선자, 「영혼의 길 밝혀주는 노래 지로경」, 『아시아의 죽음문화』, 소나무, 2010, 115~117쪽)

6_ [원주] '아푸'는 '조상'을 의미한다.

7_ (역주) '후니후나'에 대해 『하니아페이충포포』에서는 다음과 같이 노래한다. "북쪽의 큰 강, 어시디예(厄地西耶, 누런 강)라 불렀네/ 그 성질 거칠어/ 거대한 몸을 뒤채면/ 무수한 소용돌이가 쳤네/ 산에서 내려오는 배고픈 호랑이 같은 강/ 산에서 내려오는 배고픈 호랑이 같은 강/ 포효하는 소리가 사면팔방에 울리네/ 남쪽의 큰 강, 아이디거예(艾地戈耶, 맑은 강)라 불렸네/ 푸른색 보검(寶劍)이 산 바위를 가르는 듯/ 도도하게 흐르는 물 천둥소리 같아/ 뛰어다니는 바람을 놀라게 하네/ 드넓은 물이 발처럼 드리워져 있고/ 눈같이 하얀 물거품, 흰 구름처럼 날아오르네/ 아득한 후니후나, 조상들의 옛이야기 이렇게 말하네/…. 하니족의 조상, 이런 곳에서 태어났지" 김선자는 하니족이 머나먼 서북쪽, 지금의 칭하이성(靑海省) 쪽에서 이주해왔다고 하면서 '후니후나'가 어디쯤인지 구체적으로 알 수는 없으나 지금도 칭하이에 중국 최대의 짠물호수인 칭하이호를 비롯해 짠물 호수들이 많은 것을 보면 그들의 조상 기원 신화와 연결해 생각해볼 수 있는 대목이 있다고 했다. (김선자, 「영혼의 길 밝혀주는 노래 지로경」, 앞의 책, 117~118쪽)

학자들이 '뉘마아메이'라고 추측하기도 하는 쓰촨성四川省 시창西昌 츙하이邛海

最古的時候,	아득히 먼 옛날,
哈尼祖先沒有住的地方,	하니족의 조상님들 정착할 곳 없어,
像猴子一樣到處跑,	원숭이처럼 여기저기 떠돌다가,
一天在一個地方.	어느 날 한곳에 머물게 되었지.
不知過了多少年,	얼마나 시간이 흘렀는지 모르고,
不知換了多少代,	몇 세대나 지났는지도 알 수 없었네.
哈尼的祖先,	하니족의 조상님들,
養起了豬雞牛羊,	돼지와 닭, 소와 양을 기르기 시작했고,
吆著豬雞到處走,	돼지와 닭을 몰며 여기저기 다니고,
吆著牛羊到處放.	소와 양을 몰고 이동하며 풀을 뜯게 했네.

쓰촨성 서남부의 시창의 량산涼山
높은 산이 첩첩한 이 길을 따라 강 계통의 민족이 북쪽에서부터 윈난으로 내려왔을 것으로 추측한다.

哈尼吆著豬和雞,	돼지와 닭을 몰고,
吆著成群的牛羊,	소 떼와 양 떼를 몰아,
來到諾瑪阿美.	뉘마아메이[8]-에 이르렀네.

8_ [원주] '뉘마아메이'는 옛 지명으로 지금의 량산이족자치주(涼山彝族自治州)의 시창(西昌) 일대를 가리킨다. (역주) 하니족 이주의 역사를 노래한 서사시 『하니아페이충포포』에서는 하니족이 이주해서 '뉘마아메이'에 이르기 전에 가장 먼저 거주했던 곳을 '후니후나'라고 하고 이어서 '스쑤이호(什雖湖)', '가루가쩌(嘎魯嘎則)', '러뤄푸추(惹羅普楚)'를 지나 뉘마아메이에 이르렀다고 한다. 최초의 거주지인 후니후나가 어디인가에 대해서도 여러 가지 설이 있어서 황하의 발원지인 바옌카라산(巴顏喀拉山) 인근(長石, 「歷史的迹化 - 哈尼族送葬頭飾"吳芭"初考」, 『山茶』 1988年 第2期)이라고도 하고, 바이융팡(白永芳)은 '쿤룬산(崑崙山)'(白永芳, 「哈尼族口述史地名 "谷哈"考及哈尼族南遷歷史」, 『雲南師範大學學報』(哲學社會科學版) 2013年 第2期)이라고 하는 설도 있다. 후니후나 뒤에 이어지는 '스쑤이호'는 칭하이호(靑海湖), '가루가쩌'는 칭하이와 간쑤(甘肅), 쓰촨(四川)의 경계 지역, '뤄뤄푸추'는 민강(岷江) 상류라고도 했다. 저허(哲赫)는 '뤄뤄푸추'가 지금의 간쑤성 톈수이(天水) 일대라고도 했다.(哲赫, 『哈尼考辯』, 雲南民族出版社, 2010) 구술 서사에 등장하는 지명이기 때문에 다양한 설이 존재하는 것을 알 수 있다.

諾瑪阿美是個好地方,	뉘마아메이는 살기 좋은 곳[9],
哈尼先祖看上了,	하니 조상님 마음에 들었네,
哈尼先祖喜歡了.	하니 조상님 모두 기뻐하셨지.
砍來直直的木頭作柱子,	곧게 솟은 나무 잘라 기둥으로 삼고,
砍來長長的木頭作大梁,	긴 나무 잘라서 대들보 삼네,
割來茅草和藤子,	띠풀과 덩굴 베어와,
蓋起了新新的草房.	초가집[10] 새로 지었지.
一邊住人堆穀子,	한쪽에는 사람 살고 곡식을 저장하고,
一邊關豬養牛羊.	한쪽에는 돼지 치고 소와 양을 키우네.

윈난 소수민족들의 농경에 중요한 물소(좌), 윗층에 걸린 옥수수(우)(사진은 윈난성 스린石林 우커수촌五棵樹村 싸니이족撒尼彝族 마을)

9_ (역주) '뉘마아메이'가 어디인가에 대해서도 여러 가지 설이 있지만 대체로 일치하는 것은 지금의 쓰촨성(四川省) 경내라는 것이다. 지금의 쓰촨성 야룽강(雅礱江), 안닝하(安寧河) 유역이라는 설, 쓰촨 량산(凉山) 리저우(禮州) 일대라는 설, 쓰촨성 시창(西昌) 충하이(邛海) 호숫가 혹은 시창의 서쪽 안닝하(安寧河) 평지, 청두(成都) 평원이라는 설 등이 있다. (陳燕, 「哈尼族遷徙研究的回顧與反思」, 『思想戰線』 2014년 第5期 第40卷, 76쪽)

10_ (역주) 이것은 앞에서도 여러 차례 언급한 바 있듯, 하니족의 전통 주택인 '버섯집(모구팡, 蘑菇房)'으로 그 모양이 버섯과 같다고 해서 붙여진 이름이다.

選寨頭的大樹做普瑪,	마을 입구 큰 나무 골라 푸마[11]로 삼고,
選寨邊的毛木樹做龍主,	마을 주변 구거나무는 용주[12]로 삼고,
選寨腳的草坪作磨秋場.	마을 아래 풀밭에 모추 마당을 만드네.
殺豬祭普瑪,	돼지 잡아 푸마께 제사 올리고,
殺狗雞祭龍主,	개와 닭 잡아 용주에 제사 올리고,
殺牛祭磨秋椿.	소 잡아 모추 기둥에 제사 올리네,
求天神和地神,	하늘과 땅의 신,
壓邪除魔排災難,	악한 기운을 누르고 재앙을 물리쳐,
保佑全寨人平安,	마을 사람들이 평안하고,
保障莊稼無災害,	농작물이 잘 자라고,
保佑六畜肥又壯.	가축도 살지고 튼튼하길 기원하네.
淌著金水的江畔,	금빛 물결 흐르는 강가,
美麗富饒的諾瑪阿美,	아름답고 풍요로운 눠마아메이[13],
莊稼長得好,	농작물은 쑥쑥 잘 자라고,
栽出來的米飯特別香.	지어낸 밥은 향기롭고 맛있네.
養的豬雞,	돼지와 닭은,
多得像山上的雀鳥一樣.	산 위의 참새처럼 많기도 하지.

11_ [원주] '푸마'는 마을의 수호신이다.
(역주) '푸마'는 '앙마'를 가리킨다. 앞에서도 소개했듯 마을의 수호신 '앙마'를 기리는 제사를 '앙마투'라고 하는데, 하니족의 가장 큰 명절 중 하나이다.

12_ [원주] '용주'는 사악한 기운을 물리치는 나무이다.
(역주) 하니족을 비롯한 윈난성 여러 소수민족은 마을 뒤의 숲을 '용수림(龍樹林)'이라고 부르고 그 숲의 나무 중에 가장 크고 곧은 나무를 '용주(龍樹)'라고 부른다. 여기 나오는 '용주'는 바로 '용수'와 거기에 깃든 용신을 의미한다. 그곳에는 용신(龍神)이 깃들어 있어서 하니족 사람들이 농사를 지을 수 있는 물을 지켜준다고 생각했다. 벼농사를 지으면서 물을 그들에게 가장 소중한 것이었고, 그 물을 내려오게 해 주는 숲은 그들의 생존과 직결된 것이었다. 하니족의 생태의식을 잘 보여주는 신앙인 셈이다.

13_ (역주) 류푸성劉復生은 "하니족 사람들은 조상들이 원래 눠마아메이 평원에서 유목을 했다고 하는데 아주 먼 북방의 큰 강에 있다는 것만 알 수 있을 뿐 구체적 위치는 알 수 없다"고 했다. (劉復生, 「族群問題三議 - 以藏彝走廊民族爲例」, 『四川大學學報』(哲學社會科學版) 總第133期, 2004年 第4期, 11쪽)

| 養的牛羊, | 소와 양은, |
| 多得像搬家的螞蟻一樣. | 이사 가는 개미 떼처럼 많기도 하네. |

마을 용수가 있는 숲에서 제사를 올리는 이족 사람들(開遠市 碑格鄕 架吉村 僕㐰鄕)

모추 기둥을 세우고(좌), 쿠자자 기간에 모추를 타고 노는 하니족 사람들(우)

金色的水,	황금빛 강물이,
把世代的哈尼人哺養.	대대로 하니족을 길러냈네.
吃金水長大的兒子,	황금빛 강물 마시고 자란 아들,
個個是英俊勇敢的好漢;	잘 생기고 용감한 사나이라네.
吃金水長大的女兒,	황금빛 강물 마시고 자란 딸들,
個個是聰明美麗的姑娘.	똑똑하고 어여쁜 아가씨라네.
富饒美麗的諾瑪阿美,	풍요롭고 아름다운 뉘마아메이,
哈尼人好吃好在的地方,	하니족 먹고살기 좋은 땅이었지[14].
每一寸土地,	한 조각 땅마다,
浸透著哈尼人的血和汗,	하니족의 피땀이 스며있다네.
每一棵草木是哈尼先祖的命根子,	풀과 나무들은 하니 조상님의 생명줄,
這裡是哈尼先祖安居樂業的天堂.	조상님들 즐겁게 살아가던 천당이었지[15].
熟透的甜果子,	무르익어 달콤한 과일은,
容易招來饞嘴的雀鳥,	식탐 많은 참새를 부르고,
肥壯的牛羊,	살진 소와 양은,
會招來兇惡的豺狼.	흉악한 승냥이를 부르지.
美麗富饒的諾瑪阿美,	아름답고 풍요로운 뉘마아메이,
招來了惡人的魔掌.	흉악한 무리의 마수가 다가왔네.
虎豹一樣兇惡的惡人來了,	호랑이와 표범같이 사나운 무리가 왔으니,
災難降到哈尼人的頭上.	하니족의 코앞까지 재난이 닥쳤네.

14_ (역주)『하니아페이충포포』에도 뉘마아메이가 풍요로운 곳이라고 하면서 "뉘마아메이 평평하고도 넓어/ 눈들어 사방을 보면 거칠 것이 없네/ 그 어느 산도 이곳보다 푸르지 않고/ 그 어느 물도 이곳보다 맑지 않아/ 부드러운 띠풀이 작은 나무처럼 크고/ 노을처럼 아름다운 꽃들이 피어있다네...아름다운 뉘마아메이, 하니 사람들의 새로운 보금자리라네"(61~62쪽)라고 묘사하고 있다.

15_ (역주)『하니아페이충포포』에서는 하니 사람들이 이곳에서 상당히 오랜 기간 거주했다고 쓰고 있다. "하니사람들이 뉘마아메이에 몇 대나 머물렀지?/ 족보를 뒤져보니/ 무려 13대나 이곳에서 살았다지"(『哈尼阿培聰坡坡』, 72쪽)

惡人騎著大馬,	흉악한 무리가 큰 말을 타고,
手裡的長刀閃著寒光,	손에 든 긴 칼 서늘한 빛 내뿜네.
身上披著弓箭,	활과 화살 둘러메고,
惡狠狠地闖進哈尼人的家鄉.	매섭게 하니족 마을로 치고 들어오네[16].
才發出來的嫩苗,	막 돋아난 새싹은,
經不住寒霜摧殘;	차가운 서리를 견디지 못하는 법,
才剛發起來的哈尼人,	이제 겨우 자리 잡은 하니족,
難把闖進家鄉的惡人抵擋.	마을에 침입한 흉악한 무리 막아내기 어려웠네[17].
哈尼人的鮮血,	하니족의 붉은 피,
像河水一樣流淌,	강물처럼 흘러내리고,
哈尼人的頭顱,	하니족의 머리는,
像石頭一樣落在地上.	돌멩이처럼 땅 위로 굴러떨어지네.
惡人搶走了金黃黃的穀子,	흉악한 무리가 황금빛 곡식을 빼앗아 가고,
趕走了成群的牛羊.	소 떼와 양 떼도 다 빼앗아 가네.
美麗的家園被踐踏了,	아름다운 고향이 짓밟히고

16_ (역주)『하니아페이충포포』에서는 뉘마아메이에서 하니족을 쫓아낸 것이 라보인(臘伯人)이라고 하는데, 각주에 의하면 라보인은 '한족과 이족, 바이족 등 하니족 이외의 다른 민족을 가리키는 총칭'(『哈尼阿培聰坡坡』, 72쪽)이라고 했다. 『하니아페이충포포』에서는 라보인의 고약한 성품에 대해 이렇게 말한다. "뉘마아메이의 아름다운 이름이 동쪽으로 퍼져나갔네/ 라보臘伯의 높다란 큰 성城까지 들려왔다지/ 라보의 지도자 우무烏木가 보낸 마방馬幇이/ 산넘고 물 건너 뉘마아메이 강가에 왔다네/그들은 오색 실 갖고 와 하니족의 홍미紅米로 바꾸고/ 반짝이는 금과 은을 갖고 와 하니족의 하얀 면과 바꿨지... 장사하는 사람들 강물 속 물고기처럼 많고도 많아/ 별별 사람들이 다 있었지/ 라보 사람 올 때는 튀어나온 새우처럼 굽은 말 타고 왔다가/ 돌아갈 때는 (물건 가득 실어) 암돼지 배처럼 늘어져서 갔다네/ 라보 사람 마음씨 고약하고 교활하여/ 오어烏魚가 진흙 속에 머리 처박는 것 같았지/ 하니 사람들이 '마카, 마카(안돼요, 안돼)!'라고 하면 '카니카니(돼, 돼)'라고 했네"(앞의 책, 72~74쪽)

17_ (역주)『하니아페이충포포』에서는 처음에 상냥하고 달콤하게 하니족에게 접근했던 라보가 어떻게 하여 하니족을 쫓아내게 되었는지에 대해 풀어나가면서 앞 부분에 이렇게 노래하고 있다. "싸-이-싸! 말하노라, 조상님의 후손들이여/ 들어라, 마을의 형제자매들이여/ 마음 아픈 옛 이야기를 하고자 하니 잘 들어라/ 내가 말하려 하네/ 라보인이 우리 하니족의 뉘마아메이를 어떻게 빼앗았는지/ 내가 노래하려 하니/ 뉘마아메이 강가에 얼마나 많은 조상님들의 피눈물이 서렸는지/ 얼마나 많은 하니사람들이 뉘마 강가에 묻혔는지!"(앞의 책, 76쪽)

無辜的哈尼人遭了禍殃.	죄 없는 하니족이 재앙을 당했네.
親親的父老兄妹,	사랑하는 하니 부모 형제들이여,
惡人霸佔了我們的家鄉,	흉악한 무리가 우리 고향을 빼앗았으니,
吃住都不安寧了,	평안하게 먹고 살 수 없게 되었네요.
不能再忍受這樣的災難,	이런 재앙 더는 참을 수 없으니,
趕快背上東西,	서둘러 세간살이 등에 지고서,
趕著成群的牛羊,	소 떼와 양 떼를 몰고,
牽扶年邁的老人,	노인들 부축하고,
背上年幼的兒子姑娘,	어린 자식 등에 업고,
大家一起走吧!	모두 함께 떠납시다!
去找安居樂業的地方!	편안히 살 곳 찾아 떠납시다[18]-!
衆: 薩—薩!	다 같이: 싸—싸!

二	2. 훙아에서 워니를 거쳐 러앙까지 이주하다
薩拉阿依—	싸라아이—
不知走了多少個白天,	며칠 낮을 걸었는지,
不知過了多少個黑夜,	며칠 밤을 새웠는지,
來到了一座高高的山上,	높은 산 위에 이르러,
疲倦的人們停下來休息.	지친 사람들 멈춰 쉬었네.
山腳下有個大海,	산자락에 넓은 바다 있고,

18_ (역주) 하니족 조상이 최초에 거주했던 후니후나가 어디인지, 눠마아메이가 어디인지에 대해서는 여러 학자들이 구술사와 민족학 현지 조사 등을 통해 다양한 견해를 내고 있지만, 정확한 지명은 알 수 없다. 다만 이주의 방향이 북쪽에서부터 남쪽으로라는 것, 하니족 조상이 서북 지역의 간쑤, 칭하이 고원에서부터 서남쪽 윈난을 향해 길고도 먼 이주를 했다는 점, 그리고 이어서 베트남과 라오스, 미얀마, 타이까지 이주했을 것이라는 점에는 모두가 동의한다. (陳燕, 앞의 논문, 76쪽)

海邊有個寬寬的坎子,	바닷가에 넓은 들판이 있네.
男女老少看見了,	남녀노소 들판을 보고,
心裡有說不出的高興.	너무나 기뻐했네.
親親的父老兄妹,	사랑하는 하니 부모 형제들이여,
我們找到了一塊好土地.	좋은 땅을 찾았습니다.
這裡叫洪阿,	홍아[19]라는 이곳은,
是個寬寬的壩子.	넓은 평지랍니다.
地平草嫩好養牛羊,	평평한 땅과 부드러운 풀, 소와 양 기르기 좋고,
水好土肥好栽穀子,	물 좋고 기름진 땅, 곡식 심기 좋습니다.
大家停下來吧!	우리 여기서 살기로 합시다!
我們就在這裡安寨子.	여기에 마을을 세웁시다.
砍來了長長的大梁,	들보로 쓸 긴 나무 베어오고,
砍來了粗粗的柱子,	기둥으로 쓸 굵은 나무 베어오고,
割來了黃黃的茅草,	지붕 이을 누런 띠풀 베어오고,
扯來了牢牢的藤子,	질긴 덩굴 끌어오고,
築起了厚厚的泥牆,	두껍게 진흙 담 세우고,
蓋起了新新的房子.	다시 새집을 지었네.
普瑪安起來了,	푸마도 모시고,

19_ [원주] 전해지는 바에 따르면 '홍아'는 지금의 '쿤밍'이라고 한다.
(역주) '홍아'는 '구하(谷哈)'라고도 하는데, 바이융팡(白永芳)은 지금의 '쿤밍(昆明)'이라고 말했다. (白永芳, 앞의 논문) 주원쉬(朱文旭)와 리쩌란(李澤然)은 쓰촨성 시창(西昌)의 츙하이(邛海)라고 했다. 『하니아페이충포포』에서는 "구하미차(谷哈密查)는 지금의 쿤밍을 가리킨다. 지금도 하니족은 쿤밍을 여전히 '구하'라고 칭한다."라고 했다. 천옌(陳燕)은 "'구하'가 어디인가에 대해서는 여러 가지 설이 있다. 한 민족이 이주하면서 옮겨온 지명이기 때문에 하니족이 거주하는 여러 지역에서 지칭하는 바가 서로 다를 수 있다. 그러나 『하니아페이충포포』에서 '구하'를 '쿤밍'이라고 했는데, 필자가 위안양현(元陽縣) 징커우촌(箐口村)에서 조사할 때 마을의 노인들이 쿤밍을 '구하'라고 부르는 것을 들었다"(陳燕, 앞의 논문, 76쪽)라고 말한 바 있다.

龍主建起來了,	용주도 세우고,
磨秋椿也立起來了,	모추 기둥도 세웠네,
水井挖好了,	우물도 다 파고,
哈尼又安起了寨子,	다시 마을을 세웠네.
趕起了熱鬧的街場,	북적이는 장터도 다시 여니,
男女老少歡歡喜喜.	남녀노소 모두 기뻐했네.
美麗的洪阿,	아름다운 훙아,
成了哈尼人生活的土地.	하니 사람들의 터전이 되었네.
富饒的洪阿,	풍요로운 훙아,
哈尼生活的地方,	하니 사람들 삶의 터전,
頭人管得好,	족장님이 잘 관리하니,
整個地方平平安安.	온 마을이 평안하네.
貝瑪背得好,	베이마가 잘 돌보시니,
百姓沒有災和難.	재앙도 어려움도 없네.
工匠肯出力,	장인께서 힘을 쓰시니,
寨子越來越繁榮興旺.	마을은 갈수록 번성해가네.
幸福的日子,	행복한 나날 보내며,
剛剛滋潤了枯銹的心腸,	삭막해진 마음 달래는데,
天大的災難,	거대한 재앙이,
又降到哈尼人的頭上.	또다시 하니 사람들에게 닥쳐오네.
惡人揮舞著長刀,	악인이 긴 칼 휘두르며,
又闖到哈尼人的家鄉,	하니 사람들의 새 터전에 침입했네.
受苦的哈尼人,	가엾은 하니 사람들,
又遭到了惡人的摧殘.	악인의 포악함에 수난을 당하네.
頭人當不成官了,	족장도 당해내지 못하니,
地方亂得像火燒蜂窩.	불붙은 벌집처럼 난리가 났네.

貝瑪背不成了,	베이마도 감당하지 못하니,
百姓多災多難死亡多.	끊임없는 재앙에 사람들이 죽어가네.
工匠做不成活計,	장인도 대책을 내지 못하니,
寨子變成一片荒涼.	마을은 황폐해가네.
可憐的哈尼人,	가엾은 하니 사람들,
再也無法住在洪阿這地方.	이곳 홍아에서 더는 살 수 없었네.
親親的父老兄妹,	사랑하는 하니 부모 형제들이여,
惡人又闖到我們的家鄉,	악인들이 다시 우리의 터전을 침입했네요.
頭人, 貝瑪和工匠,	족장님과 베이마와 장인,
受到惡人的摧殘.	모두가 험한 꼴을 당하셨어요.
無辜的百姓,	죄 없는 우리 하니 사람들,
受盡了天大的災難.	엄청난 재난에 시달렸지요.
趕快背上東西,	어서 짐을 둘러메고,
趕快趕著成群的牛羊,	소 떼와 양 떼를 몰고,
牽扶年邁的老人,	노인은 부축하고,
背上年幼的兒子姑娘,	어린 자식 등에 업고,
大家一起走吧!	모두 함께 떠납시다!
去找個安居樂業的地方!	편안히 살 곳 찾아 떠납시다!
不知過了多少條江,	셀 수 없이 많은 강을 건너,
不知過了多少條河,	셀 수 없이 많은 물을 건너,
不知翻了多少座山,	셀 수 없이 많은 산을 넘으며,
受苦的哈尼人喲,	고생하던 하니 사람들,
來到窩你地方.	워니에 이르렀네.[20]

---

[20] (역주)『하니아페이충포포』를 비롯해 하니족 이주의 역사를 노래한『야니야가짠가』,『푸가나가(普嘎納嘎)』 (조상의 이주와 거주),『어뱌오미뱌요(俄表咪表)』(天亮地亮) 등 여러 서사시에 등장하는 하니족의 이주 노선에

窩你壩子,	워니는 평지,
土地肥得像豬板油一樣,	땅은 비옥해 윤기가 흐르고,
草有竹子粗,	목초도 있고 대나무도 튼실하네.
高高的楊柳樹齊天長.	높이 솟은 버드나무는 하늘과 나란히.
親親的父老兄妹,	사랑하는 하니 부모 형제들이여,
我們來到了窩你地方.	워니라는 곳에 왔네요.
窩你地平水又好,	평평하고 물도 좋고,
是塊黑油油的肥土壤.	땅도 윤기가 흐르고 비옥하네요.
水好土肥好栽穀子,	물도 좋고 흙도 좋아 곡식 심기 좋고,
草旺地寬好養牛羊.	목초지도 넓고 풍성해 소와 양 기르기에 좋군요.
大家停下來吧,	우리 여기서 살기로 합시다!
我們就在這裡蓋新房.	여기에 새집을 지읍시다.
肥沃的窩你,	비옥한 워니,
成了哈尼人的家鄉.	하니 사람들의 새 터전이 되었네.
栽一把秧能收一背穀子,	모를 한 줌 심으면 광주리 가득한 낟알,
田棚成了滿滿的穀倉.	들판이 가득 찬 곳간이 됐네.
半背穀子能踩一斗米,	반 광주리 낟알로 쌀 한 말 거두고,
煮出來的米飯滿壩子香.	지은 밥 향기가 평지를 가득 채우네.
栽的棉花有大樹高,	목화를 심으면 큰 나무만큼 자라고,
結出的棉桃大得像頂草帽.	목화 꽃망울 맺히면 밀짚모자만 하네.
滿壩盛開的棉花,	평지 가득 피어난 목화는,
像冬天的雲海一樣,	겨울철 피어나는 운해와 같아,

대해서는 李娜, 『哈尼族遷徙史詩的歷史記憶與民族認同研究』(雲南師範大學 文學院 碩士學位論文, 2022. 5, 15~17쪽) 참조.

軋出的棉絮絨又絨,
紡出的棉線細又長,
織出的布匹潔白柔軟,
哈尼人穿上了暖和和的衣裳.

泥鰍雖然香肥身子短,
幸福的日子過不長.
可憐的哈尼人,
又遭到了天大的禍殃
七天七夜下大雨,
窩你壩子變成了汪洋.
洪水淹沒了莊稼,
洪水沖毀了新房.
沒吃沒穿熬日子,
男女老少受盡了饑寒.

親親的父老兄妹,
老天給我們帶來了災難,
棉樹變成了爛草,
穀子陷進了泥塘.
住在窩你,
大家都沒心腸,
大家一起走吧,
去找個安居樂業的地方.

牽扶年邁的老人,
背上年幼的兒子姑娘,
苦命的哈尼人,
爬上壩子後面的大山,

뽑아낸 솜털은 보들보들,
자아낸 무명실은 가늘고 기네,
짜낸 무명은 희고 부드러워,
하니 사람들 따뜻한 옷 지어 입었네.

미꾸라지 맛좋아도 길이는 짧듯,
행복한 나날은 길지 않았네.
가엾은 하니 사람들,
또다시 거대한 재앙을 당했네.
이레 밤낮 동안 큰비가 내리더니,
워니 평지가 물바다가 되었네.
홍수로 곡식은 물에 잠기고,
홍수로 새집이 무너졌다네.
못 먹고 못 입으며 버텨봤지만,
남녀노소 할 것 없이 주리고 떠네.

사랑하는 하니 부모 형제들이여,
하늘이 우리에게 재난을 내리서,
목화는 썩은 풀이 되었고,
알곡은 진흙탕에 빠졌네요.
워니에 살고자 해도,
더는 버틸 수가 없어요,
모두 함께 떠납시다.
편안히 살 곳 찾아 떠납시다.

노인은 부축하고,
어린 자식은 등에 업고,
가엾은 하니 사람들,
평지 뒤 높은 산으로 올라갔지,

男女老少不停息,
一直追趕落去的太陽.
來到了一個寬闊的壩子,
人們都叫它勒昂,
到處長著黃飯花樹,
滿壩飄著撲鼻的花香.
噁心的臭氣報兇惡,
醉人的花香報吉祥.
男女老少,
都說勒昂是安居樂業的好地方.

男女老少齊動手,
在壩子中間蓋起了新房.
寬闊的勒昂壩子,
成了哈尼人的家鄉.
一塊塊的地開出來了,
撒上了玉米和高粱;
一丘丘的田開出來了,
栽上了綠茵茵的穀秧.

勒昂壩子,
是個好地方,
栽的莊稼得豐收,
豬雞鵝鴨多得像螞蟻,
壩子裡到處是肥壯的牛羊.
吃魚好像吃豆腐渣,

남녀노소 쉬지 않고,
지는 해를 따라가다가,
넓게 트인 평지에 이르렀다네,
러앙[21]이라 불리는 그곳,
곳곳에 밀몽화가 자라고 있어,
꽃향기가 평지를 가득 채우네.
역겨운 악취는 불행의 징조,
좋은 꽃향기는 행운의 징조.
남녀노소 모두가,
러앙에서 편안히 살자고 했네.

남녀노소 힘을 합쳐,
평지에 새집을 짓기 시작했네.
넓게 트인 러앙 평지,
하니 사람들의 터전이 됐네.
땅을 개간하고,
옥수수와 수수 뿌려,
언덕마다 밭 일구고,
파릇파릇 모 심었네.

러앙 평지,
참으로 좋은 곳이었지,
농사 잘되어 풍년 들고,
돼지와 닭, 거위와 오리는 개미 떼처럼 불어났고,
평지 곳곳 소와 양은 살이 올랐네.
생선 살은 비지처럼 고소하고,

21_ [원주] 지금의 젠수이(建水)이다.

지금의 윈난성 젠수이建水는 하니족 이주지 중 하나였던 러앙이라고 여겨지기도 한다.

香脆的牛乾巴掛滿房梁.	맛나고 쫄깃한 육포가 들보 가득 걸려있네.
頭人管得好,	족장님이 잘 관리하니,
整個地方平平安安.	온 마을이 평안하네.
貝瑪勤祭獻,	베이마가 열심히 제사 드리니,
百姓沒有災和難.	재앙도 어려움도 없네.
工匠肯出力,	장인께서 힘을 쓰시니,
寨子越來越繁榮興旺.	마을은 나날이 번성하네.
哈尼人的兒孫,	하니의 자손이,
一年比一年發展,	점점 더 늘어나서,
人多勒昂壩子在不下,	러앙 평지에 더는 있지 못하니,
哈尼要到新的地方闖地盤.	하니 사람들 새 땅을 찾아야 했네.
親親的父老兄妹,	사랑하는 하니 부모 형제들이여,
我們的兒孫一天天發展,	우리 자손들이 나날이 늘어나니,
再這樣下去,	이대로는 살 수 없네요,
勒昂壩子會變成街場,	러앙 평지가 장터 바닥이 될 테니,
爲了子孫後代,	미래의 자손들을 위해,
我們去別處闖地盤.	다른 곳으로 가 터전을 엽시다.

大家分頭走吧!
各自去找自己的地盤!

勒昂壩子的哈尼人,
分成十二路去闖地盤.
莫作帶著朝東邊走四路,
去找安居的地方.
區依帶着朝南邊走四路,
去找樂業的地方.
仰者帶着朝西邊走四路,
去找幸福的地方.
還有一部分
仍然留下來守勒昂.
眾: 薩 — 薩!

무리를 나누어 떠납시다!
각자 터전을 찾아봅시다!

러앙 평지의 하니 사람들,
열두 무리로 나누어 터전 찾아 떠났네.
모줘가 네 무리를 이끌고 동쪽으로 가,
편안히 살 곳을 찾아보았네.
취이가 네 무리를 이끌고 남쪽으로 가,
정착할 터전을 찾아보았네.
양저가 네 무리를 이끌고 서쪽으로 가,
행복하게 살 곳을 찾아보았네.
그리고 일부는,
남아서 러앙을 지켰네.
다 같이: 싸 — 싸!

三

3. 라싸에서 훙허를 따라 바닷가로 가다

薩拉阿依 —
有本事的仰者,
我們的葉車祖先,
帶著父老兄妹,
最後離開勒昂家園,
沿著西邊的高山,
一步不停地走向前.

싸라아이 —
능력 있는 양저,
우리 예처의 조상,
부모 형제 이끌고,
우리 고향 러앙을 떠났지,
서쪽의 높은 산을 따라,
한 걸음도 쉬지 않고 앞으로 갔네.

不知爬過了多少座山,
不知經歷了多少艱難險阻,
勇敢的哈尼,

수없이 많은 산을 넘고,
수없이 많은 고비를 넘겼지,
용감한 하니 사람들,

하니족의 지파인 예처인(이처인)

來到一座高高的山巓,
看見山南有個寬寬的壩子,
像個木盆放在群山中間.

親親的父老兄妹,
平平的壩子就在眼前,
我們就到壩子裡安家,
我們就在壩子裡栽秧,
世世代代,
就在壩子裡過幸福的太平年.

男女老少,
來到波浪滔滔的元江邊,
水深流急無法過,
望著平平的壩子急得打轉轉.
聰明的仰者有主意,
用芭蕉樹紮成筏子放在水中間,
男女老少,
坐著筏子渡過了天險.

높고 높은 산꼭대기에 이르러,
광활한 평지가 펼쳐진 걸 보았지,
산으로 둘러싸인 분지가 있었네.

사랑하는 하니 부모 형제들이여,
평평한 평지가 눈앞에 있네요,
이 평지에 터 잡고,
이 평지에 모 심고,
대대손손,
이곳에서 행복하게 살기로 해요.

남녀노소 다 같이,
강물이 넘실거리는 위안강가에 도착했지,
물이 깊고 물살 거세 건널 수가 없었네,
평평한 평지가 눈앞인데 발만 동동 굴렸네.
똑똑한 양저가 방법을 생각해냈지,
파초 나무로 뗏목 만들어 물에 띄우니,
남녀노소 다 같이,
뗏목 타고 험한 강물 건너갔네.

這個壩子叫臘薩,	이 평지는 라싸[22]라 했지,
夾在兩條河中間.	두 줄기 강 사이에 있었네.
我們的祖先在此安了寨子,	조상님들 이곳에 마을 터를 잡으시고,
開出了一丘丘良田.	언덕마다 좋은 논을 일구었지.
栽出的穀子老實好,	심고 거둔 곡식은 튼실하고,
栽出的甘蔗老實甜.	심고 거둔 사탕수수 달콤하구나.
有年臘薩發大水,	어느 해 라싸에 물난리가 났지,
洪水憤怒地呼吼,	성난 물살이 소리를 내며,
河邊的蘆葦被冲走,	강변의 갈대도 쓸어가 버리고,
粗粗的蘆根衝到了河下邊.	굵직한 갈대 뿌리만 남았네.
住在河下游的異族人,	강 하류의 다른 민족들,
見到蘆根煙筒般粗圓,	물담배 통만큼 굵은 갈대 뿌리 보고,
知道河頭有塊肥土地,	강 상류에 기름진 땅 있음을 알게 되었네,
他們樂得笑眯了雙眼.	입이 귀에 걸리도록 즐거워했지.
洪水退去後,	홍수가 물러가고,
一夥異族人順河來到臘薩壩,	다른 민족이 강줄기 따라 라싸로 왔네,
像群蒼蠅碰到了蜜.	파리 떼가 꿀단지를 만난 듯 몰려들었지.
借口來打魚,	고기잡이 왔다고 둘러대면서,
久久賴著不肯把家還.	한참을 버티며 돌아갈 기색이 없네.
不分白天黑夜,	낮이고 밤이고,
一下不停地在壩子裡頭轉.	쉬지 않고 평지를 어슬렁거렸네.
哈尼人安居樂業,	하니 사람들 그곳에서 즐겁게 사니,
異族人也想沾點邊,	다른 민족이 그것을 차지하고 싶었네.

22_ [원주] 지금의 위안장(元江)이다.

數不盡的人跑來寨子,	많은 사람이 마을로 달려와,
要求上門做姑爺的話比蜜甜.	사위 삼아 달라는 달콤한 말을 했네.
先祖仰者心腸軟,	조상님 양저 마음이 약해,
招下十個姑爺幫栽田.	열 명을 사위 삼아 농사를 돕게 했네.
十個姑爺非常勤勞,	사위 열 명 정말 부지런해,
一年到頭不閑一天.	일 년 동안 하루도 쉬지 않았네.
十個姑爺來相伴,	열 명의 사위가 짝을 지었지,
十個姑娘幹活日日跑在先.	열 명의 사위가 날마다 앞장서서 일했네.
男女老少,	남녀노소 다 함께,
個個幹活不願閑.	쉬지 않고 일했네.
人勤莊稼好,	부지런히 농사 지으니,
豐收一年接一年.	해마다 풍년이 드네.
有吃有穿人興旺,	잘 먹고 잘 입으니 마을이 번성하고,
男女老少樂無邊.	남녀노소 모두가 즐겁게 사네.
幸福日子沒過多少年,	하지만 행복한 날 오래가지 않았네.
不幸的災難驅趕哈尼人搬遷.	재앙이 다시 하니족을 길 위로 떠나게 했네.
十個姑娘,	열 명의 하니족 딸들,
聽信了十個姑爺的蜜語甜言,	다른 민족 남편의 감언이설을 믿고,
叫來他們的公婆,	시부모님을 모셔왔지,
帶著異族的人到門前,	다른 민족 사람들 데리고 문 앞에 와서,
提出要分家,	딸들은 분가시켜 달라 했지,
要分財產和良田.	재산과 논을 나눠 달라 했네.
先祖仰者不答應,	조상님 양저가 거절하니,
她們又哭又鬧咒祖先.	딸들은 울며불며 양저를 저주했네.
十個狠心的姑娘,	표독한 열 명의 딸이
像十把長刀戳在先祖的心間.	열 자루의 긴 칼로 양저 마음을 찌르는 듯.

先祖仰者,	조상님 양저,
看出姑爺姑娘心裡藏著奸,	사위와 딸들 꿍꿍이를 알았지,
心想分就分,	어서 나눠줘야지,
趁早割斷禍水根源.	빨리 나눠주고 화근을 자르려 하셨네.
他把十個姑娘和姑爺,	조상님 양저, 사위와 딸들을,
一起叫到了面前.	한 자리에 부르셨네.
"姑爺和姑娘,	"딸들아, 사위들아,
說說咋個分良田?"	논을 어떻게 나눠주면 좋겠니?"
狠毒狡猾的姑爺,	독하고 교활한 사위가,
不等姑娘張口先開言.	딸들보다 먼저 입을 열었네.
"親親的阿爸,	"사랑하는 아버님,
我們只要一點點,	저희는 그저 조금만 바랄 뿐입니다,
省得人去熬苦累,	저희가 고생하며 참아왔으니,
叫隻狗來踩分田,	개 한 마리 데려다가 논을 나눠 주시죠,
讓狗走一圈,	개가 한 바퀴 돌아온 만큼의 땅을,
圈內就作我們的田."	저희 논으로 나눠 주세요."
先祖仰者不知是毒計,	조상님 양저는 간계인 줄도 모르고,
滿口答應讓狗踩分田.	개가 밟고 돌아온 만큼 땅을 주기로 했네.
十個姑爺叫來隻白狗,	열 명의 사위들, 하얀 개 데리고 와서,
狗尾拴上蘸了油的破布片,	기름칠한 헝겊 조각, 개 꼬리에 묶었네.
破布片點着火,	헝겊 조각에 불을 붙였지,
嚇得白狗叫著繞田壩躥了一圈!	뜨거워 놀란 개가 짖으며 논두렁을 껑충껑충!
全部良田都被姑爺分走了,	좋은 땅은 사위들이 몽땅 가져가 버렸네.
上當的先祖仰者有苦難言.	조상님 양저, 속았지만 말도 하지 못 했네.
全部好田被搶走,	좋은 땅은 전부 뺏겨버리고,
哈尼人只好種剩下的一點瘦田.	남은 척박한 땅에 농사지어야 했네.

異族人的心還不滿足,
故意把牛放到哈尼人的田中間,
哈尼人的田埂被踩壞,
哈尼人的穀子被踏踐.
憤怒的先祖仰者,
砍斷一條牛腿丟田邊.

狡猾的異族人,
來到先祖仰者的身邊,
裝著低頭來認罪,
認錯的話說了一遍又一遍.
"豹子抬剩的爛牛,
糟蹋了好魯魯一片田,
像這樣誰見著都會氣憤,
砍斷牛腿合大家心愿,
往後要是哪家牛來踩,
要比這回處罰更嚴。"

毒蛇藏在綠草中,
笑臉掩蓋著內心的陰險.
我們的先祖仰者,
有天帶著獵狗到山上轉,
回來的時候,
過著異族人搶佔的那片地,
狠毒的異族人,
很快把仰者圍在中間.
"上次牛踩田,
你砍了牛腿丟在田邊,
牛是不懂道理的,

다른 민족 사람들 땅이 아직 부족한지,
하니족 논에 소를 풀었네,
하니족 논두렁이 밟혀서 무너졌지,
하니족 곡식이 모두 짓밟혔지.
분노하신 조상님 양저,
소 다리 한쪽을 잘라 논 옆에 던졌네.

교활한 다른 민족이,
조상님 양저 곁으로 와서,
머리를 떨구고 사죄하는 척,
잘못했다며 거듭 말하네.
"표범이 물어가다 두고 가 다리가 썩은 소가,
좋은 논을 짓밟아 망쳤네요,
누가 봐도 화날 지경으로 망쳐놨으니,
소 다리를 잘라버리길 모두가 바라지요,
앞으로 어느 집 소든 논을 짓밟으면,
지금보다 더 엄하게 벌을 주십시오."

독사가 풀 속에 숨어있듯,
웃는 얼굴에 감춰진 음험한 속마음.
우리 조상님 양저,
사냥개를 데리고 산으로 갔네.
산에서 돌아올 때,
다른 민족에게 빼앗긴 그 땅을 지나오는데,
악독한 다른 민족이,
순식간에 양저를 둘러쌌다네.
"지난번에 소가 논을 짓밟았을 때,
당신이 소 다리 잘라 논 옆에 던졌지.
소가 도리를 모르는 미물이지만,

可我們沒有說一句怨言,
你是懂道理的人,
故意踩田毀我們的臉面,
今天着砍你的腿,
丢到遠遠的壩子邊"

異族人舉起閃亮的長刀,
哈尼人抬著磨快了的鉤鐮,
殺聲埋葬了歌聲,
鮮血染紅了富饒的家園。
異族人越打人越多,
哈尼人越斗人越減。
受苦的哈尼人抵擋不住,
退到了臘薩壩子的東邊。
我們的先祖仰者,
望著受苦的老少開了言。

"親親的父老兄妹,
異族人多勢衆不怕天和地。
我們哈尼人少勢力單,
挨著異族的老牛鞭。
從今以後子子孫孫要代代傳。
哈尼人不得招姑爺,
出嫁的姑娘不得分田。

"親親的父老兄妹,
仁慈的莫米不睜眼,
哈尼人受盡欺凌,
天神一點也看不見,

우리는 한 마디 불평도 하지 않았소.
당신은 도리를 아는 사람인데,
일부러 논을 밟아 우리 체면을 구겼소.
오늘 당신 다리를 잘라서,
멀리멀리 평지 가로 던져버리겠소."

다른 민족 사람이 번쩍이는 긴 칼을 치켜들자,
하니 사람은 갈아놓은 낫을 들었지,
죽음의 소리에 노랫소리가 묻히고,
선혈이 풍요로운 고향을 붉게 물들였네.
하니족과 싸우는 다른 민족 많아질수록,
하니족 숫자는 점점 줄어들었네.
수난당한 하니족은 당해내지 못하고,
라싸 평지 동쪽으로 물러났다네.
우리 조상님 양저,
고통받는 사람들을 보며 말씀하셨네.

"사랑하는 하니 부모 형제들이여,
다른 민족은 사람 수가 많으니 두려운 게 없지.
우리 하니 사람들은 수도 적고 힘도 부족해,
다른 민족에게 채찍질 당하네.
오늘부터 자손 대대로 전하라.
하니족은 사위를 얻지 말고,
결혼해 출가한 딸에게는 땅을 나눠주지 말라."

"사랑하는 하니 부모 형제들이여,
인자하신 모미님이,
하니 사람들의 고통에 눈 감으셨네,
모미님 눈에는 보이지 않는 모양이야,

十個姑娘是十把長刀,
長刀戳爛了我的心田.
這樣下去不得了,
哈尼人的災難越會增."

"我們大家走吧!
一個人的心也不要偏,
一個也不要落掉,
一個也不要逃潛.
順河走下去,
一直走到出太陽的天邊邊,
爲我們的哈尼人,
尋找一個幸福的樂園."

"我們的人多,
只要大家心齊,
毒蛇不敢咬,
魔鬼也不敢挨身邊.
老虎不敢來抬吃,
豹子也不敢來舔舔.
放大膽子快走吧,
樂園就在遙遠的前面."

苦命的哈尼人,
流著悲傷的眼淚,
離開異族霸佔的臘薩,
向遙遠的東方搬遷.
強壯的男人走前頭,
婦女老幼走中間.

열 명의 딸들은 열 자루의 긴 칼,
긴 칼이 내 마음을 난도질했네.
계속 이렇다면 방법이 없지,
하니족의 재앙만 더 커질 뿐."

"우리 모두 떠나세!
누구의 마음도 벗어나지 않게,
아무도 버려지지 않게,
아무도 도망가지 않게 하세.
강을 따라 내려가 보세,
해가 뜨는 하늘 끝까지 가보세,
우리 하니 사람들을 위해,
행복한 낙원을 찾아가 보세."

"우리는 사람도 많으니,
모두가 마음을 모으면,
독사도 감히 물지 못하고,
마귀도 감히 오지 못 할 것이네.
호랑이도 물어가지 못할 것이며
표범도 넘보지 못할 것이네.
걱정하지 말고 대담하게 어서 가보세.
저 앞 먼 곳에 낙원이 있네."

가엾은 하니 사람들,
가슴 아픈 눈물 흘리며,
다른 민족에게 빼앗긴 라싸를 떠나,
머나먼 동쪽으로 이주했다네.
건장한 남자들이 선두에 서고,
부녀자와 노인, 아이들은 중간에서 걸었네.

拿長刀的男人在前頭開路,
防衛的男人手持長矛跟在後邊.

白天大家出力趕路程,
晚上一群群老虎豹子撲到人跟前.
聰明的仰者主意高,
四周燒起大火防危險;
強壯的男人和獵狗睡邊上,
女人和老幼睡在中間.
老虎豹子不敢來,
一群群躲進了森林裡面.
衆: 薩—薩!

긴 칼 든 남자들이 앞장서 길을 열고,
호위하는 남자들, 긴 창 들고 뒤에서 따라오네.

낮에는 서둘러 걸었지만,
밤이면 호랑이와 표범 떼가 덮쳐오네.
지혜로운 양저가 기발한 생각을 했네.
사방에 불을 밝혀 위험을 막았네.
건장한 남자와 사냥개가 가장자리에서 자고,
여인과 노인, 아이들이 가운데서 잠자네.
호랑이와 표범이 감히 덤비지 못하고,
무리 지어 숲속으로 숨어버렸네.
다 같이: 싸 — 싸!

四

4. 양저, 바닷가에서 다시 고향으로 떠나다

薩拉阿依 —
苦命的哈尼人,
我們葉車的老阿波,
不知過了多少個夜晚,
不知過了多少個白天,
不知爬過多少座山樑,
不知跨過多少條江河,
穿過無邊無際的大壩子,
一直順著紅河走到海邊.

싸라아이 —
가엾은 하니 사람들,
예처의 우리 조상님들,
수없이 많은 밤이 지나고,
수없이 많은 낮이 지나고,
수없이 많은 산등성이를 넘고,
수없이 많은 강을 건너,
끝도 없이 넓은 평지를 지나,
훙허를 따라 바닷가까지 왔네.[23]

23_ (역주) 여기에 나오는 '바다(海)'가 진짜 바다인지는 명확하지 않다. 원난 소수민족 서사시에 등장하는 대부분의 '바다'는 '넓은 물' 즉 '호수'를 가리키기에 여기서도 '호수'일 가능성은 있다. 하니족의 이주 과정을 묘사한 이 작품

攜帶的糧食吃完了,	가지고 온 양식도 다 먹어버렸지,
小娃娃們哭又叫,	아기들은 울고불고,
年邁的老人累又餓.	노인들은 지치고 굶주렸지.
我們的祖先仰者,	우리 조상님 양저,
好比針尖戳心窩,	뾰족한 바늘로 심장을 찌르는 듯 마음 아파,
他站在海邊上,	바닷가에 서서,
一句一句對大家說:	모두에게 말했네.
"親親的父老兄妹,	"사랑하는 하니 부모 형제들이여,
幸福的樂園還沒有找着,	행복한 낙원을 아직 찾지 못했네.
前面擋著無邊的大海,	앞은 끝없는 바다로 막혀있고,
沒有吃的大家都挨餓.	먹을 것도 없어 모두 주리고 있네.
苦命的哈尼人,	기구한 하니 사람들이여,
又遇到了災禍.	다시 재앙을 만나게 되었구나.
大家停下來吧,	모두 여기에서 멈춰,
在這裡住上一些日子再說."	한동안 머물면서 다시 의논해 보세."
受苦的哈尼人,	수난을 당한 하니 사람들,
在海邊平壩上住下來,	바닷가 평지에 머물며,
男人開田開地種莊稼,	남자들은 땅 일궈 농사를 짓고,
女人拿魚撈蝦採野果.	여자들은 물고기 잡고 열매를 땄네.
有水不怕口乾,	목말라도 물 있으니 걱정이 없고,

에서 하니족의 조상이 뉘마아메이(쓰촨성 시창)를 지나 지금의 쿤밍과 카이위안(開遠), 젠수이까지 온 뒤에 위안장(元江)을 거쳐 훙허(紅河) 강줄기를 따라 베트남을 관통하여 바다까지 갔다가 다시 지금의 위안양(元陽) 지역으로 올라왔을 가능성은 크지 않기 때문이다. 또한, 하니족 이주의 과정을 노래한 대부분의 다른 서사시에서도 묘사하는 이주의 노선이 거의 윈난성 경내이다. 하지만 하니족이 중국 윈난성 경내에만 거주하는 민족이 아니라 인근의 태국, 미얀마, 라오스, 베트남에까지 분포한다는 점에서 보면 여기 나오는 '바다'가 그저 '호수'는 아닐 가능성도 있다. 여기 묘사된 '바다'가 '바다처럼 큰 호수'라고 해도 그것이 어디인지 명확하지 않기에 일단 여기서는 원래 책에 쓰인 대로 '바다'로 옮기기로 한다.

天氣悶熱不怕衣裳薄,	옷 얇아도 날 더우니 겁낼 일 없네.
沒有辦法了,	다른 방도가 없으니,
大家只能簡簡單單過生活.	사람들은 검소하게 살아야 했네.
海邊的大壩子,	바닷가 드넓은 평지,
土地特別肥沃,	흙이 비옥했다네.
棉樹要用斧子砍,	목화 나무 도끼로 벨 만큼 굵었고,
穀稈可以做煙筒,	벼 줄기는 굴뚝만큼 굵었으며,
高粱穗子如馬尾,	수수 이삭은 말총만 했고,
小米穗子像雀窩.	좁쌀 이삭은 새 둥지만 했네.
莊稼豐收了,	농작물은 풍작이었고,
收得糧食萬千籮.	수확한 양식은 수천 광주리.
可憐的哈尼人,	가련한 하니 사람들,
一日兩頓飯,	하루에 두 끼만 먹었지만,
個個肚子飽,	모두가 배불렀네.
可是天氣熱得像火燒,	날씨가 불타는 듯 더우니,
老人小娃熱死好幾個.	노인과 아이들이 여러 명 죽었네.
海邊的大壩子,	바닷가의 넓은 평지에서,
再也沒法生活.	더는 살 수 없었네.
"親親的父老兄妹,	"사랑하는 하니 부모 형제들이여,
這裡熱得在不得,	이곳은 너무 더워 견딜 수가 없구나,
大人早早就死去,	어른들은 죽어 나가고,
生下來的小娃不會活.	남아있는 아이들도 살 수가 없네.
這樣在下去,	이렇게 있다가는,
我們會死得更多!	더 많이 죽어갈 것!
我們趕快走吧,	우리 어서 떠나세,
過海去找幸福的樂園謀生活."	바다 건너 행복한 낙원을 찾아가 보세."

我們的先祖仰者,	우리의 조상님 양저,
肚子裡的主意多.	다 계획이 있었네.
派人找來木頭和竹子,	사람을 보내 나무와 대나무 찾아다가,
紮成大大的筏子幾十個,	커다란 뗏목 수십 척을 엮고,
男女老少帶上吃的東西,	남녀노소 먹을 것 챙기게 해,
一個筏子坐一夥.	뗏목 한 척에 한 무리씩 태웠네.
下海的筏子像簸米,	바다에 뗏목 띄우니 쌀 까부는 키 같았지.
一直朝出太陽的地方簸.	해 뜨는 곳 향해 가며 쌀 까부는 듯 흔들렸다네.
老天突然扇扇子,	하늘이 갑자기 거센 부채질을 하니,
藍天頓時變成了大黑鍋.	파랗던 하늘이 순식간에 검은 솥처럼 변했네.
無邊的大海搖晃起來,	끝없는 바다에서 뗏목이 흔들리니,
遭了難的哈尼沒法逃脫.	조난된 하니족 사람들 탈출할 수도 없었네.
刮來一陣大黑風,	광풍이 한바탕 불어닥치고,
連筏帶人被海水淹沒.	뗏목에 탄 사람들 바닷물에 빠졌네.
苦難的哈尼人,	수난을 당한 하니 사람들,
又遭到了天大的殃禍.	다시 큰 재난을 만나게 되었네.
不知過了多少個白天,	수없이 많은 낮이 지나고,
不知熬了多少個黑夜,	수없이 많은 밤이 지났네.
可憐的哈尼人,	불쌍한 하니 사람들,
漂落在海邊的沙灘上.	바닷가 모래사장으로 표류해 왔네.
我們的先祖仰者,	우리 조상님 양저,
被熱熱的太陽曬活.	뜨거운 햇볕 덕분에 다시 살아나셨지.
他爬起來四處去轉,	사방을 돌아다니며,
看看還有多少人活著.	몇 명이나 살아있나 살펴보셨네.
他在沙灘上找了好幾天,	며칠 동안 모래사장 찾아봤지만,
好些人還是找不着.	찾아내지 못한 사람 많았지.
找着的人裡頭,	찾아낸 사람 중,

死掉的很多很多.
活著的男女老少總共只有百十個.
我們的先祖仰者,
帶著大家去找地方謀生活.

這裡四處是平平的壩子,
到處長滿了大樹和草根,
沒有一座齊天的高山,
沒有一條紅河樣大的江河.
看不到一絲火煙,
看不到一座村落.
走遍了四面八方,
四面八方都被大海圍著.

我們的先祖仰者,
出來的時候對大家說.
"親親的父老兄妹,
你們大家都看囉!
這個沒有人家的地方,
四面八方都被大海圍著,
狠心的惡人進不來,
我們不消再遭殃禍.
這是個好地方,
安個幸福的樂園蠻適合."

"太陽從東邊出,
慢慢又往西邊落.
西邊淌下來的紅河水,
淌到東邊的大海裡匯合,

죽은 사람도 많았네.
살아남은 사람들 통틀어 겨우 백명 남짓.
우리 조상님 양저,
남은 사람 이끌고 살아갈 장소를 찾아다녔네.

이곳은 사방이 평평한 평지,
큰 나무와 풀뿌리가 빽빽하게 자라났지,
하늘에 닿을 만큼 큰 산도 없고,
홍허처럼 큰 강도 없네.
연기 한 줄기 보이지 않고,
작은 마을조차 보이지 않네.
사면팔방 다 돌아다녔지만,
온통 바다로 둘러싸였네.

우리 조상님 양저,
모두에게 말했네.
사랑하는 하니 부모 형제들이여,
그대들도 모두 보았을 것!
이곳은 사람이 없고,
사면팔방 바다로 둘러싸여,
악인도 쳐들어오지 못하지,
우리는 이제 화를 입지 않아도 되네.
이곳은 좋은 곳,
행복하게 정착할 낙원으로 적합하네."

해가 동쪽에서 떠서,
뉘엿뉘엿 서쪽으로 지네.
서쪽에서 흘러온 홍허의 물,
동쪽으로 흘러와 바다와 만나네.

大海是水尾,	바다는 물의 끝,
這地方就叫額咪囉.	이곳을 어미[24]라고 부르세.
大家定下心來了,	모두들 마음을 정하고,
我們就在這裡過生活."	여기에서 살아가세나."

受苦的哈尼人,	수난을 당한 하니 사람들,
在額咪安起寨子,	어미에 정착해 마을을 세웠네.
蓋起草房一間間,	초가를 한 채씩 짓고,
寨頭建起了普瑪一座,	마을 입구에 푸마의 자리를 만들고,
寨邊定了一座龍主林,	마을 주위 숲을 골라 용수림으로 삼고,
寨中修了一口井,	마을 안에 우물 파고,
寨腳支起一棵磨秋樁,	마을 어귀에 모추 기둥 설치하고,
田地開出來了,	논을 개간하니,
男女老少心裡熱和和.	남녀노소 모두 마음이 따뜻해졌네.

額咪是個好地方,	어미는 좋은 곳,
平平的土地老實肥沃.	평평한 땅에 흙은 정말 비옥했네.
棉樹長得一間房子高,	목화 나무도 집만큼 높게 자라고,
粗粗的穀稈能掛大稱砣.	벼 줄기는 굵어서 저울추도 매달 수 있었네.
莊稼年年長得好,	농작물은 해마다 잘 자랐고,
陳穀裝滿了筐筐籮籮.	저장해둔 곡식은 광주리마다 가득 찼네.
額咪家鄉年成好,	수확은 해마다 좋았고,
哈尼人日子過得樂呵呵.	하니 사람들 만족스럽게 지냈네.

| 額咪這地方雖說莊稼好, | 어미에서 농사는 잘되었지만, |
| 瘴氣卻像魔鬼一樣惡. | 장기[25]가 마귀처럼 악독했네. |

24_ [원주] '어미(額咪)'는 '하늘의 가장자리, 물의 끝'이라는 뜻이다.

瘴氣熏得人們頭暈眼花,	장기를 쐰 사람들 어지러웠고,
喝了水後肚子好像脹破.	물을 마시면 배가 불룩해졌네.
着了瘴氣發起來,	장기를 쐬면,
全身一下發冷一下又發熱.	온몸이 차가웠다가 뜨거워졌다가.
哈尼人來到額咪九年,	하니 사람들 어미에 온 9년 동안,
年年發瘴氣死掉一些人.	장기 때문에 해마다 여럿이 죽었네.

我們的先祖仰者,	우리 조상님 양저,
年年都受瘴氣折磨.	해마다 장기 때문에 괴로워했네.
殺狗給他打瘴氣,	개를 잡아 먹여 장기를 물리치게,
吃了狗肉才得把命活.	개고기를 먹고서 살아났다네.
瘴氣難斷根,	하지만 장기를 뿌리 뽑긴 어려워,
隔上一段時間又發作,	한동안 잠잠하다, 또 발작했지.
雖然人沒死,	죽지는 않았지만,
病得頭髮已全部掉落.	머리카락 모두 빠져버렸네.

我們的先祖仰者,	우리 조상님 양저,
再也忍受不了瘴氣的折磨,	장기의 고통을 더는 견딜 수 없었지,
他望望西邊天,	양저가 서쪽 하늘 바라보며,
痛心地對大家說.	가슴 아파하면서 말했네.
"親親的父老兄妹,	"사랑하는 하니 부모 형제들이여,
這裡的瘴氣老實惡,	이곳은 장기가 정말 심하지,
這樣下去會送掉命,	이러다가는 모두가 죽게 될 수 있겠어,
還是回老家去算囉."	우리의 고향으로 돌아가세나."

| 鄉親們知道故鄉好, | 고향이 좋다는 건 모두가 알지, |

25_ (역주) 앞에서도 소개했듯 '장기(瘴氣)'는 덥고 습한 지역에서 열병을 일으킨다고 여겨지는 독한 기운이다.

開始個個都聽得心裡樂.
可是想到故鄉的惡人,
想到過去的災禍,
想到歸途中的風險,
異口同聲對仰者說.
"回去九死一生太危險,
還是在額咪過過算囉."

"大家不走就留下來,
安安心心在額咪生活,
我死也要回故鄉,
不然我心裡不安樂."
仰者說完就開路,
坐著筏子離開額咪囉.
眾: 薩─薩!

五

薩拉阿依 ─
我們的先祖仰者,
坐著筏子渡大海,
鼓足全身的力氣,
拚命直朝西邊天划.
老天突然扇扇子,
一陣大風把仰者吹到海邊來.

이 말을 듣고 다들 즐거워했네.
하지만 고향의 악인들이 떠올랐고,
예전의 재앙이 떠올랐지.
돌아가는 길에 겪을 위험도 생각나,
이구동성으로 양저에게 말했네.
"돌아가는 건 너무 위험합니다,
그래도 어미에 있는 것이 낫겠어요."

"떠나지 않으려면 남으시게,
안심하고 어미에서 살아가시게,
나는 죽는 한이 있어도 고향으로 돌아갈 것이네,
가지 않으면 내 마음이 편치 않으니."
양저는 말을 마치고 길을 나섰지,
뗏목을 타고 어미를 떠났네.
다 같이: 싸─싸!

5. 양저, 뗏목 타고 바다 건너 고향으로 돌아오다

싸라아이 ─
우리의 조상님 양저,
뗏목을 타고 바다를 건넜네.
온 힘을 다해,
죽을 힘을 다해 서쪽 하늘로 노 저어갔네.
하늘이 갑자기 부채질하듯,
태풍이 불어 양저를 바닷가로 보냈네.

훙허의 넓은 강과 다랑논

仰者認出自己在紅河口,	훙허 어귀에 왔음을 알고,
高興得立即把腳邁,	기뻐서 바로 발을 내딛었지,
沿著紅河一直往上爬,	훙허를 따라 계속 올라갔네,
走得比鹿子還要快.	사슴보다 빠르게 올라갔지.
不知過了多少天,	며칠 낮을 걷고,
不知過了多少夜,	며칠 밤을 걸어,
一個晴天的早晨,	날씨 맑은 어느 날 새벽,
來到臘薩下面的南洼街.	라싸 아래 난와[26]-장에 왔다네.
我們的先祖仰者,	우리의 조상님 양저,
沒有自己的家和寨,	집과 마을도 없고,
沒有落腳處,	발붙일 곳도 없어,
成了一朵飄遊不定的雲彩.	정처 없이 떠도는 한 조각 구름이 됐네.
有天趕南洼街,	어느 날 양저가 난와 장터에 갔다가,
仰者從別處轉回來,	다른 곳을 돌아서 왔네.
在那街場上,	장터에서,
見到岳父慈嘎哥歐樂開懷.	장인 츠가거어우를 만나 회포를 풀었네.
仰者訴說了承受的災難,	양저가 겪었던 고난을 이야기하니,
岳父的眼淚掛滿了兩腮.	장인 두 뺨 위로 눈물이 흐르네.
善良的慈嘎哥歐,	마음씨 착한 츠가거어우,
把姑爺領回了自己的山寨,	사위를 데리고 마을로 돌아와,
拿最好的東西給他吃,	가장 좋은 것 먹이고,
找來最好的藥給他除病害.	가장 좋은 약 찾아와 그의 병을 없애주었네.
請來最高的貝瑪,	가장 높은 베이마를 모셔와,
把仰者的魂叫回來.	양저의 영혼을 불러왔네.[27]-

26_ [원주] '난와(南洼)'는 지명으로 지금의 위안장현(元江縣) 경내에 있다.
27_ (역주) 하니족을 비롯한 윈난 소수민족은 사람이 아픈 것이 몸에서 영혼 하나가 빠져나갔기 때문이라고 생각한

仰者的魂叫回來了,	양저의 영혼을 불러오니,
仰者的病慢慢好起來,	몸이 점차 좋아져,
黑黑的頭髮長出來了,	새까만 머리카락이 돋아났고,
疲倦的眼睛閃出了神彩,	피곤한 눈에 생기가 돌았네.
出門走山路,	집에서 나와 산길을 걷는데,
比麂子還跑得快.	사슴보다 더 빨리 달렸지.
仰者的老婆在額咪死了,	양저의 아내는 어미에서 죽고,
只是他一個人回來,	양저 혼자만 돌아왔다네.
差了個老婆,	아내가 없이는,
吃得再好日子也難挨.	아무리 잘 먹어도 사는 게 힘들었네.
我們는先祖仰者,	우리의 조상님 양저,
要討個老婆自己安寨.	새 아내를 구해 마을에 정착하려 했네.
告別了善良的岳父,	마음씨 착한 장인과 작별을 하고,
來到山高林密的江外.	산 높고 숲 우거진 장와이[28]로 갔네.
屬馬的日子,	말의 날에,
仰者來到熱鬧的馬街,	양저는 북적이는 말 시장으로 가서,
轉來轉去想找個合心的老婆.	여기저기 다니며 마음에 드는 아내를 찾았네.
擁擠的街子中間,	붐비는 장터에는,
紅的綠的樣樣東西都賣,	알록달록 갖가지 물건을 팔고 있네.
但是街中間的女人,	장터에 있는 여인 중에,
沒有一張嘴使他感到可愛.	사랑스런 입을 가진 여인은 없었네.
轉來轉去地找,	여기저기 오가며 찾아다니고,

다. 그래서 사제를 모셔다가 영혼을 부르는(叫魂) 의례를 거행하면 영혼이 돌아오고, 그러면 아픈 것이 낫는다고 여긴다.

28_ [원주] 훙허의 남쪽 강가를 '장와이(江外)'라고 한다. 북쪽 강가는 '장네이(江內)'라고 한다.

轉到街頭鑽過去鑽過來.	장터 입구를 들락날락했네.
熱鬧的街頭,	북적이는 장터 입구,
吃的用的東西樣樣都有賣,	먹을 것 쓸 것 다 팔았지만,
可惜在街頭的女人,	장터 입구 여인 중,
沒有一張臉使他喜笑顏開.	그를 웃음 짓게 하는 얼굴의 여인은 없었네.
轉來轉去地找,	왔다 갔다 찾아다니며,
轉到街尾鑽過去鑽過來.	장터 어귀를 들락날락했네.
熱鬧的街尾,	북적이는 장터 어귀,
穿的玩的東西樣樣都賣,	입을 것 놀 것 다 팔았지만,
可惜在街尾的女人,	장터 어귀의 여인 중,
沒有一雙眼睛給他帶來歡快.	그를 즐겁게 하는 눈을 가진 여인은 없었네.
先祖仰者,	조상님 양저,
趕了馬街趕羊街,	말 시장에 갔다가 양 시장으로 갔네.
跑遍了東西南北	동서남북 다 돌아다녔지만,
趕遍了所有的大街小街,	크고 작은 장터 다 다녔지만,
合心的女人,	마음에 드는 여인,
一個也沒有找得來.	한 명도 찾아내지 못했네.
先祖仰者,	조상님 양저,
心灰失望地來到南洼街.	실망하고 난와 장터로 왔다네.
剛走進街子,	장터로 들어가자마자,
一雙迷人的眼睛使他發呆,	한 쌍의 눈에 빠져들어 멍해졌다네.
高聳的胸脯使他高興,	봉긋한 가슴에 설렜고,
紅潤的臉龐使他非常喜愛.	발그레 윤기 있는 얼굴이 사랑스러웠네.
仰者走過去細細一看,	양저가 지나가며 자세히 보니,
原來是小姨妹歐紐!	처제인 어우뉴였네!

仰者領著小姨妹,
走到岳父慈嘎哥歐的面前,
訴說找不到合心的老婆,
請求再將歐紐嫁給他生後代.
岳父同意了,
仰者領著歐紐到米尼坎安寨.

不知過了多少年,
不知過了多少載,
我們的先祖仰者,
終於得到了福氣,
生了八個兒子,
個個長得老實可愛.

燕子飛去了十八回,
門前松樹長了十八台,
八個兒子長大了,
仰者將兒子一個個安排.
"我的兒們喲,
請聽我把道理說.
我們哈尼人,
經受了數不盡的災難.
平平的壩子雖然好,
天災人禍太多我們不能在,
子子孫孫都不要到壩子安寨."

양저는 처제를 데리고,
장인 츠가거어우에게 갔지,
마음에 드는 아내를 못 찾았으니,
어우뉴와 혼인해 자식 낳게 해 달라고 부탁했네.
장인이 그러라고 했지,
양저는 어우뉴를 데리고 미니칸[29]-에 정착했네.

몇 년이 지났는지,
몇 해가 지났는지,
우리의 조상님 양저,
마침내 복을 받아,
아들을 여덟 낳으니,
모두가 정말 귀여웠다네.

제비가 열여덟 번이나 날아갔고,
문 앞의 소나무 열여덟 그루 자라났지,
여덟 아들이 장성하니,
양저가 아들들에게 하나하나 일렀네.
나의 아들들아,
내가 하는 말을 잘 들어라.
우리 하니 사람들,
수많은 재난을 겪었단다.
평평한 평지가 좋긴 하지만,
자연재해와 외지인의 침입이 많았지,
너희들은 절대로 평지에 정착하지 말아라."

29_ [원주] 지금의 훙허현 경내에 있다.

"高高的山樑,　　　　　　　　　　　"높은 산등성이,
山清水秀災害少,　　　　　　　　　산 좋고 물 맑으니 재해가 적지.
山高不怕大水淹,　　　　　　　　　산이 높으면 물에 잠길 염려가 없단다,
坡陡惡人很難爬上來,　　　　　　　비탈이 가파르면 악인들도 오르기 어렵고,
森林茂密難開路,　　　　　　　　　숲이 무성하면 길을 열기 어려워,
壞人也不敢輕易進山寨,　　　　　　외지의 악인들이 쉽게 마을로 들어오지 못하지,
從今以後,　　　　　　　　　　　　이제부터는
子子孫孫都在山上安寨."　　　　　대대손손 모두 산 위의 마을에 정착하여라."[30]

"親親的兒子們喲,　　　　　　　　"사랑하는 아들들아,
你們要牢牢記在心上,　　　　　　　마음 속에 깊이 새기거라,
諾瑪阿美是我們的故鄉,　　　　　　뉘마아메이는 우리 하니족의 고향이다.
寬寬的壩子洪阿是我們的老寨,　　　드넓은 평지 홍아는 우리의 옛 마을이다.
窩你、勒昂、臘薩壩子我們在過,　　워니와 러앙, 라싸 평지는 우리가 살았던 곳이야.
出太陽的額咪地方便有我們的子孫後代,
　　　　　　　　　　　　　　　　해가 뜨는 어미에도 우리의 후손이 있지.
還有在勒昂分開走了十二路,　　　　러앙에서 열두 거리로 나뉘어 떠났으니,
東南西北處處有我們哈尼人.　　　　동서남북 곳곳에 우리 하니 사람들이 있단다.

---

[30] (역주) 『하니아페이충포포』(朱小和 演唱, 史軍超 等 整理, 『哈尼阿培聰坡坡』, 雲南民族出版社, 1986)에 의하면 '후니후나'에서 먹을 것이 없어 남쪽의 수초가 풍부한 '스쑤이호'로 왔는데 산림에 불이 나는 바람에 다시 남천(南遷), '가루가쩌'에 왔다. 그러나 현지 주민인 '아춰(阿攂)'와 마찰이 일어나 계속 내려가서 비가 많이 내리는 강가 골짜기 '러뤄푸추'에 이르렀다. 하지만 전염병이 많아 다시 남천, 두 개의 강이 돌아 흐르는 아름다운 평원 '뉘마아메이'에 왔다. 그러나 '라보(臘伯)'라는 부족 때문에 전쟁을 하게 되어 패배, '뉘마아메이'를 떠나 '써어쪄냥(色厄作娘)'으로 왔다. (김선자, 『중국 소수민족 신화기행』, 안티쿠스, 2010, 177쪽) 그곳에서 다시 부족 간의 전쟁을 피해 동쪽으로 이주, '구하미차(谷哈密査)'에 와 현지 주민인 '푸니(蒲尼)'의 양해 아래 함께 거주하지만, 하니족 인구가 늘어나자 푸니가 겁을 내며 전쟁을 하려 했다. 그래서 하니족은 민족이 끊어질까 봐 걱정되어 다시 남천, '나퉈(那妥)'와 '스치(石七)'를 지나 마침내 홍하(紅河)를 건너 아이라오산(哀牢山) 지역으로 들어와 번성하게 되었다. (陳燕, 앞의 논문 참조) 그러니까 하니족이 머나먼 이주의 과정을 거쳐온 것은 열악한 환경 문제도 있었지만, 그보다 더 중요한 것은 강성한 민족, 원주민과의 충돌을 피하기 위한 것이었음을 알 수 있다. 민족의 충돌로 민족이 아예 사라지는 것보다는 이주를 택하는 것이 좀 더 나은 선택이었다.

切莫忘記了,
往後有機會要認祖宗互相往來."

절대 잊지 말아라.
그곳 사람들 같은 조상이니 이후에도 서로 오고 가야 한다."

天下的哈尼人喲,
沒有先祖就沒有我們這一代.
先祖的話做得藥,
子子孫孫要牢記在心!
斷根的松樹要枯死,
忘了祖宗的人活在世上不光彩.
親親的父老兄妹,
走到哪裡都不要忘記祖宗和後代.
衆: 薩―薩!

세상의 하니 사람들이여,
조상이 없으면 우리 세대도 없다네.
조상님의 말씀은 약이 되는 법,
대대손손 마음에 깊이 새기세!
뿌리가 끊어진 소나무가 말라 죽듯이,
조상을 잊은 사람은 세상에 살아도 빛나지 않네.
사랑하는 하니 부모 형제들이여,
어디를 가든 하니족의 조상과 후손을 잊지 마시라.
다 같이: 싸―싸!

汪咀達瑪

제10장

효도

효도

汪咀達瑪[1]

薩拉阿依 —
天上的星星,
是太陽月亮生成的.
地上的大樹,
是種子長出來的.
世間的男男女女,
是阿爸阿媽生養成的.

爸媽生兒育女,
不像摘多衣果一樣容易,
不像撒蕎子地一樣省力.
花費的心血像流水一樣多,
使出的力氣稱難稱.
世間的兒和女,
爸媽的恩情重如山,

싸라아이 —
하늘의 별들은,
해와 달이 낳았지.
땅 위의 나무들은,
씨앗에서 자라났지.
세상의 남자와 여자,
아버지와 어머니가 낳고 길렀네.

부모가 자식 낳아 기르기란,
돌사과를 따는 것처럼 쉽지 않고,
메밀밭에 씨 뿌리는 것처럼 수월하지 않네.
쏟아붓는 정성은 흐르는 물처럼 끝이 없고,
들이는 힘은 저울로도 잴 수가 없네.
세상의 모든 아들과 딸들아,
부모님 은혜는 산과 같으니,

1_ [원주] '왕쭈이다마'는 '부모님께 효도한다'는 뜻이다.

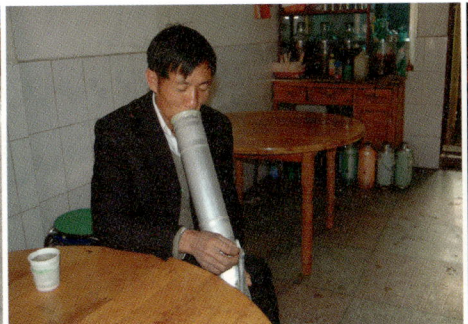

윈난 지역의 소수민족이 평소 즐겨 태우는 물담배(좌, 중)와 가옥 내의 화톳불(우)

要時時刻刻記在心裡.	항상 마음에 새겨야 하네.
對自己爸媽,	자신의 부모님께,
要儘力服侍孝敬到底.	온 힘 다해 효도해야 하네,
像小雞出殼你一生下地,	병아리가 알을 깨고 나오듯,
呱呱哭著亂滾亂動,	너는 세상에 나오자마자 응애응애 울며 몸부림쳤지,
阿爸怕你冷了,	아버지는 네가 추울까 봐,
吃著的煙筒丟一邊,	물고 있던 물 담뱃대 던져두고,
趕忙拿柴火燒旺火塘.	서둘러 장작 모아 화톳불을 피우셨네.
阿媽怕你冷了,	어머니는 네가 추울까 봐,
軟軟的棉花包了一層又一層,	부드러운 솜으로 겹겹이 싸고,
緊緊抱在懷裡讓你暖和.	품에 꼭 안아 따뜻하게 해 주셨네.
親親的阿爸阿媽,	사랑하는 아버지와 어머니,
時時把你放在心窩裡.	항상 너를 마음속에 품고 계시네.
阿爸抱著你喝酒,	아버지는 너를 안고 술 드시면,
香香的酒甜到心窩.	술맛이 향기로워 가슴 속까지 달콤했지.
你要撒尿了,	네가 오줌을 누려고 하면,

阿爸趕忙放下筷子, 輕輕撐開你的腳. 黃黃的尿撒在地上, 臭氣衝進阿爸的喉嚨, 親親的阿爸不發火, 等你撒完尿照樣把酒喝.	아버지는 서둘러 젓가락을 내려놓고, 네 다리를 살짝 벌려 주셨지. 샛노란 오줌이 바닥으로 흘러내려, 지린내가 아버지 코를 찔러도, 다정하신 아버지는 화도 내지 않으시고, 네가 오줌을 다 누면, 태연하게 다시 약주를 드셨지.
阿媽抱着你吃飯, 香香的米飯甜在心窩, 你要撒屎了, 阿媽趕忙擱下飯碗, 輕輕撐開你的小腿腳. 黃稀稀的屎沾衣襟, 親親的阿媽不動氣, 等把你料理乾淨, 才顧得上把飯碗端起.	어머니가 너를 안고 밥을 드시면, 밥맛이 향기로워 가슴 속까지 달콤했지. 네가 오줌을 누려고 하면, 어머니는 재빨리 밥그릇을 내려놓고, 네 작은 다리를 살짝 벌려 주셨지. 노란 묽은 똥이 옷깃에 묻어도, 따뜻하신 어머니는 화도 내지 않으시고, 네 뒤처리를 깔끔히 하고 나서야, 다시 밥그릇을 드셨지.
你人嫩鼻孔細, 濃濃的鼻涕阻塞換氣, 張口咽不下奶水, 換氣響得像口熬稀飯的土鍋.	네 여리고 조그마한 콧구멍이 진득한 콧물로 막혀 숨을 쉬지 못하고, 입을 벌려도 젖을 못 넘기고, 죽 끓는 뚝배기에서 나는 소리처럼 숨소리가 들리면,
阿爸和阿媽, 怕把你嫩嫩的鼻子搗爛, 用嘴含著你的小鼻子, 一口一口把鼻涕吸出.	아버지와 어머니, 네 여린 코가 헐까 봐, 네 작은 코에 입을 살짝 대고는, 한 입 한 입 콧물을 빨아내셨지.
你人小還不懂事,	네가 아직 어려서 철이 없을 때,

見著什麼就要什麼,	보는 대로 다 달라고 했지,
見樹上的核桃,	나무 위의 호두를 보면,
指著要一個,	가리키며 하나 달라고 졸랐지.
可是樹上的核桃,	하지만 나무 위의 호두는,
青青果皮還沒有裂殼.	껍질도 푸릇하고 아직 벌어지지도 않았네.
阿媽爲使你歡喜,	어머니는 너를 기쁘게 해 주시려고,
連忙支起小土鍋,	작은 뚝배기를 불 위에 올리고,
煮個大雞蛋,	큰 달걀 하나 삶아,
染上綠色讓你吃著.	초록 물들여 먹게 하셨네.[2]
你見別人吃多衣果,	다른 사람이 돌사과 먹는 걸 보더니,
嚷著也要吃果果.	너는 자기도 먹겠다고 떼를 썼지.
你吃一半丟一半,	반은 먹고 반은 버리면서,
伸著小手要一個又一個,	작은 손 내밀어 한 개 더 달라고 했지,
阿媽爲了滿足你,	어머니는 너를 만족시키기 위해,
一天上樹摘三次多衣果.	하루 세 번 나무에 올라가 돌사과를 따셨지.
你見著天上的星星,	네가 하늘의 별을 보고,
嚷著要一顆,	하나만 따달라고 떼를 썼지,
阿爸沒法摘給你,	아버지 너에게 별을 따 주지 못하시니,
你的眼淚淌成一條小河.	네가 흘린 눈물이 시내가 되었지.
爲了不使你失望,	네가 실망하지 않게 하려고,
阿爸捉來螢火蟲逗你快活.	아버지는 반딧불 잡아 너를 즐겁게 해 주셨지.

2_ (역주) '초록물 들인 달걀'은 앞에서 호두가 덜 익어서 아직 푸릇푸릇한데도 따달라고 조르는 아이를 기쁘게 해 주기 위해 달걀에 초록물을 들여서 준 것으로 추정된다.

你見著天上的月亮,　　　　　네가 하늘의 달을 보고,
嚷著要一個,　　　　　　　　하나만 따달라고 떼를 썼지.
阿媽沒法拿給你,　　　　　　어머니가 달을 따오지 못하시니,
你差點把阿媽的臉撕破.　　　너는 엄마 얼굴을 할퀴려 했지.
爲了不讓你傷心,　　　　　　너를 속상하지 않게 하려고,
阿媽傷透了腦筋,　　　　　　어머니는 한참 고민하다가,
踩一塊雪白的糯米粑粑,　　　눈처럼 흰 찹쌀 반죽 발로 밟고 빚어내,
給你抱著盡情玩樂.　　　　　네게 주고 마음껏 놀게 하셨네.

你長大了一點,　　　　　　　네가 조금 더 자라니,
像隻跳上跳下的松鼠.　　　　다람쥐처럼 깡충깡충 뛰어다녔네.
熱和和的春天,　　　　　　　따뜻한 봄날,
你拖著鋤頭當馬騎,　　　　　괭이를 말처럼 타고 끌면서,
嘿哧嘿哧騎到門前,　　　　　헉헉대며 대문 앞까지 달려가더니,
又拖著往寨子邊走去.　　　　다시 괭이를 마을 어귀로 끌고 갔네.
騎馬的遊戲玩夠了,　　　　　말타기 놀이 실컷 하고서,
你把鋤頭丟在草坪上.　　　　풀밭 위에 괭이를 팽개쳐 버렸네.

阿爸和阿媽,　　　　　　　　아버지와 어머니,
要去挖田種地,　　　　　　　농사지으러 나가려 하는데,
找不見鋤頭,　　　　　　　　괭이를 찾아도 보이지 않네,
急得像熱鍋上的螞蟻.　　　　뜨거운 솥 위의 개미처럼 안절부절.
阿媽氣得流眼淚,　　　　　　어머니가 속이 타서 울고 계시니,
阿爸只好低頭向人家借.　　　아버지는 집집마다 빌리러 다닐 수밖에.

火一樣熱的夏天,　　　　　　불처럼 뜨거운 여름날,
烏雲一來就下雨.　　　　　　먹구름 몰려오더니 소나기가 내리네.
像小鴨子見到水塘,　　　　　새끼 오리가 연못을 본 듯,
你聽到水響就歡喜.　　　　　너는 빗소리를 듣자마자 즐거워했지.

悄悄跑出家門口,	슬며시 집 문을 빠져 나와,
不卷褲腳就跳下泥塘裡,	바짓단도 걷지 않고 진흙탕으로 뛰어들어,
開一條溝引水,	도랑 파고 물 끌어와,
打道埂堵做田學使犁.	둑 쌓고 밭 만들며 쟁기질을 흉내 내네.
玩飽玩夠出水來,	물장난을 실컷 하니,
新新的衣裳沾滿爛泥,	새 옷은 진흙투성이,
阿爸一天給你洗三次澡,	아버지는 하루 세 번 씻기셨고,
阿媽一天給你換三回衣.	어머니는 하루 세 번 옷 갈아입히시네.
瓜果熟了的秋天,	과일이 익어가는 가을,
你成了一隻樹上的猴子.	너는 나무 위의 원숭이가 되었지.
只要枝頭還有梨果,	가지 끝에 배가 달리기만 하면,
一天不知爬樹多少次.	하루에도 몇 번이고 나무를 오르내렸지.
新新的衣裳撕得開花,	새 옷은 찢겨 꽃이 피듯 터져 버리고,
厚厚的褲子磨出口子.	두툼한 바지도 닳아서 구멍이 났네.
阿爸一天要到樹下叫你三回,	아버지는 하루 세 번 나무 밑에 가서 너를 부르고,
阿媽一天要給你補衣裳三次.	어머니는 하루 세 번 옷을 꿰매 주셨네.
牛馬不出廠的冬天,	소도 말도 너무 추워 외양간에서 나오지 않는 겨울,
茫茫寒霧從四方升起.	자욱한 겨울 안개 사방에서 피어오르네.
家裡的火塘還未冒煙,	집 안 화덕에 장작불 연기도 올라오지 않았을 때,
你就偷著上山攆雀逗趣.	너는 살금살금 산으로 가 참새들 쫓아다니며 놀았지.
太陽都落山了,	해는 이미 지고,
飯涼三回又熱三回,	식은 밥 데우기를 세 번을 반복해도,
不見你的影子在哪裡,	너는 그림자도 보이지 않네.
阿媽焦得到森林邊呼喚,	어머니는 초조하여 숲에 가서 큰 소리로 부르시고,
阿爸急得四處尋找你的足.	아버지는 안절부절, 사방으로 찾아다니셨네.

過年過節的時候,　　　　　　　　　명절이 다가오면,
你嚷著要穿新衣,　　　　　　　　너는 새 옷을 사달라고 졸랐지,
家裡沒有銀子錢,　　　　　　　　옷 사줄 돈 한 푼 없어,
阿爸阿媽生方打主意.　　　　　　아버지와 어머니 머리 싸매고 궁리하셨네.
天不亮阿媽上山背柴賣,　　　　　어머니는 새벽부터 산에 가서 땔감 해다 파시고,
太陽落山阿爸還在外賣苦力,　　　아버지는 저물녘까지 힘들게 일하셨네.
一滴血汗一分錢,　　　　　　　　피땀 흘려 모으신 한 푼 두 푼으로,
你能穿上新衣裳不容易.　　　　　네가 입는 새 옷, 힘겹게 사주셨지.

五荒六月鬧飢荒,　　　　　　　　오뉴월에 기근 들어,
家裡找不出一粒米,　　　　　　　집안에서 쌀 한 톨을 찾을 수 없었지,
阿媽愁得淚汪汪,　　　　　　　　어머니는 걱정으로 눈물이 글썽글썽,
阿爸焦得滿臉成了老樹皮.　　　　아버지는 초조하여 얼굴이 늙은 나무껍질처럼 말랐지,

阿爸阿媽爲不讓你餓壞,　　　　　자식만은 굶기지 않으시려고,
走遍寨頭寨腳把米借.　　　　　　아버지와 어머니 온 마을 다니면서 쌀을 빌리셨네.
一絲細雨落乾田,　　　　　　　　메마른 논밭에 가는 빗줄기 찔끔 내리듯,
借來一碗米難以充饑.　　　　　　빌려온 쌀 한 되로는 허기도 못 채우네.

爲了養活你,　　　　　　　　　　너를 먹이기 위해,
阿爸上山挖野菜,　　　　　　　　아버지는 나물 캐러 산에 오르셨지,
進森林被猛獸毒蛇嚇得魂飛,　　　맹수와 독사에 놀라 혼비백산하시고,
鑽草窠給倒鉤刺劃破背脊.　　　　풀숲 헤치다가 갈고리에 등이 찢기셨네.
挖一背野菜,　　　　　　　　　　등짐 한 바구니 나물 캐시고,
流的血汗如下一場雨,　　　　　　비오듯 피땀을 흘리셨네,
阿媽低頭出家門,　　　　　　　　어머니 고개 떨구고 집을 나서서,
挨村串寨去討借.　　　　　　　　마을 이곳저곳으로 구걸하러 다니셨네.
來到寨頭被惡狗咬,　　　　　　　마을 어귀에서 사나운 개에게 물리시고,
下到寨腳受惡人欺.　　　　　　　마을 아래에서 못된 놈들에게 괴롭힘을 당하셨네.

伸手討飯抖碎了心,
討一碗飯流一臉淚.
阿爸挖來了野菜,
阿媽討來了飯和米,
野菜阿爸阿媽咽,
米飯一顆一粒留給你.
阿媽餓成了扁豆,
阿爸瘦得像條乾魚,

艱難困苦的日子,
像數不盡的樹葉.
能換的東西換完了,
能賣的東西已賣出去,
阿爸和阿媽,
唯獨沒有捨得賣你.

省吃儉用積穀米,
爲的是飢荒年成有飯吃.
阿爸阿媽盡心養育你,
盼你像春筍一樣快長,
一節一節長成樹.
阿媽的心血操乾了,
阿爸的力氣使盡了,
你已長成大人,
討了媳婦當家立業.
像轉磨一樣輪到你了,
切莫把阿爸阿媽的恩情忘記.

손을 벌려 밥 얻으려니 가슴은 무너지고,
밥 한 그릇 구걸하고 눈물 한바탕 쏟네.
아버지가 나물을 캐어오시고,
어머니가 밥을 얻어오셔서,
나물은 아버지와 어머니가 삼키시고,
쌀 한 톨 밥 한 알은 모두 너에게 주셨네.
어머니는 굶주려 납작한 완두콩 깍지처럼 되셨고,
아버지는 말린 물고기처럼 야위셨네.

힘들고 고된 날들,
셀 수없이 많은 나뭇잎처럼 고생은 끝이 없었네.
먹을 것으로 바꿀 수 있는 것은 모두 바꾸고,
팔 수 있는 것은 모두 다 팔았지만,
아버지와 어머니 아무리 힘들어도,
너만은 차마 팔 수 없었네.

아껴 먹고 아껴 쓰며 모은 곡식은,
기근 들면 먹기 위함이었네.
아버지와 어머니 정성껏 너를 키우시며,
봄 죽순처럼 빨리 자라,
마디마디 자라서 나무 되길 바라셨네.
어머니의 정성 모두 소진되었고,
아버지의 기력 다 써버렸지,
너는 어느새 어른이 되어,
아내를 맞이하고 가정을 이루었네.
맷돌이 돌아가듯 이제는 네 차례가 되었구나.
부모님의 은혜 절대 잊지 말기를.

바구니를 메고 아침에 장을 보러 나온 나시족 여인(좌, 윈난 리장고성),
대나무 바구니는 소수민족에게 없어서는 안 되는 일용품이다(우, 훙허현 다양제향).

阿媽的臉上疊起溝埂,
阿爸的頭上落上了一層銀霜,
世上的人喲,
個個都要老一回,
做兒女的人喲,
不要學山雀硬了翅膀不回窩.

要拿出一片誠心來孝敬老人,
讓他們日子過得快活.

爲了養育你,
阿爸阿媽掙傷了腰桿,
苦損了筋骨.

어머니 얼굴에 주름이 고랑처럼 겹겹이 쌓이고,
아버지 머리에 은빛 서리가 내려앉았네.
세상 사람들이여,
누구라도 언젠가는 늙는 법,
자식 된 사람들이여,
날개 굳어졌다고 둥지로 돌아가지 않는 곤줄박이
처럼 되지 말게나.

성심을 다해 부모님께 효도하길,
남은 날들 즐겁게 보내실 수 있도록.

너를 키우기 위해,
아버지와 어머니,
온몸이 부서지도록 고생하셨네.

無論生活有多艱難,	삶이 아무리 힘들고,
無論活計有多繁忙,	사는 것이 아무리 바쁘더라도,
切莫叫阿爸阿媽出家門,	부모님 집 밖으로 내몰아,
上山下地幹活計.	산에 오르고 밭에 내려가 일하시게 하면 안되네.
磨損的刀難砍柴,	칼이 무뎌지면 나무를 베기 어렵고,
上了年紀的人牙脫落.	나이 든 사람은 이가 빠지는 법이네.
阿爸阿媽吃的要精心做:	부모님 드실 음식 정성 다해 만들어야 하니.
飯要煮得泡軟,	쌀은 잘 불려서 부드러운 밥 만들고,
菜要切細煮爛,	반찬은 잘게 썰고 푹 익혀,
讓他們吃得又香又甜.	맛있게 드시게 해야 하네.
家裡辦事情,	집안일 할 때는,
先要和阿爸阿媽商量.	먼저 부모님과 상의해야지.
家裡有好吃的東西,	맛있는 음식이 생기면,
先要給阿爸阿媽嘗.	부모님이 먼저 드시게 하고,
過年過節殺雞鴨,	명절에 닭과 오리 잡으면,
嫩肉和肝要給阿爸阿媽送上.	연한 고기와 간은 부모님께 드려야 하네.
阿爸喜歡喝口酒,	아버지가 술 한잔 즐기신다면,
家裡的酒壺不要空.	집안의 술독이 비지 않도록,
母親喜歡燒火塘取暖,	어머니가 화덕 불 쬐는 것 좋아하시면,
灶前的柴堆不要空.	아궁이 앞 땔감이 모자라지 않도록 해야 하네.
阿爸阿媽老來腳手硬,	부모님 나이 들어 팔다리 뻣뻣해지니,
出出進進不靈便.	들락날락 거동이 불편하시네.
不論到寨子裡串門子,	마을의 이집 저집 다니시거나,
或是走親串戚到他鄉,	타지에 친척을 찾아가서도,
不論出門去做客,	집을 떠나 출타하시거나,
或是去看望朋友,	친구를 만나러 나가셔도,

간란식 가옥에서는 사람이 거주하는 위층의 내부에 화덕이 있다. 윈난 소수민족에 있어 화덕은 보온과 취사의 기능뿐만 아니라 가정공동체의 단합과 교육현장의 기능도 수행한다.

做兒女的要多加留意,
送去接回盡兒女心肠.

阿爸阿媽老來怕風寒,
防寒保暖記在心上.
要趁天氣還不冷,
早早縫好過冬的衣裳.
十冬臘月到山寨,
不讓阿爸阿媽受寒凍,
兒女要多砍些柴,
白天黑夜把火塘燒旺.

世間的兒女,
這是孝敬爸媽的道理.
道理是人間的種子,
一天也不能讓它打失.
一代一代傳下去,
世世代代興下去.
衆: 薩―薩!

자식은 더 많이 신경 쓰고,
배웅하고 마중할 때 효심을 다해야 하네.

부모님은 추위에 약하시니,
방한과 보온에 신경 써야 하네.
날씨 추워지기 전에,
미리미리 겨울옷 지어드려야 하네.
동지섣달 산골 마을에 추위가 찾아올 때,
부모님이 추위에 떨지 않도록,
자식들은 땔감 잔뜩 준비하고,
화덕에 불을 밤낮으로 지펴야 하네.

세상의 모든 자식들이여,
이것이 부모 공경의 도리라네.
효도는 인간 세상의 기본이니,
하루도 잊어서는 안 되네.
대대로 이 도리를 전하고,
대대로 이어가게 해야 한다네.
다 같이: 싸―싸!

覺車里祖

제11장

줴처,
장터를 열다

줴처, 장터를 열다

覺車里祖[1]

薩拉阿依 —
最先建街子的是哪個?
最先趕街子的是哪個?
最先建街子的是覺車,
最先趕街子的是漢人.
最先建起來的街子是哪個?
最熱鬧的街子是哪個?
最先建起來的是烘阿歐德額里街,
最熱鬧的是漢人地方的斗楚街.

싸라아이 —
누가 처음 장터를 만들었을까?[2]
누가 처음 장터에 갔을까?
줴처가 처음 장터를 세웠고,
한족이 처음 장터에 갔네.
처음 생긴 장터는 어디일까?
가장 북적이는 장터는 어디일까?
가장 먼저 생긴 장터는 홍아어우더어리,
가장 떠들썩한 장터는 한족 지역의 더우추.

1_ [원주] '줴처리쭈'는 '줴처가 처음 장터를 열다'라는 뜻이다.
2_ (역주) '간제즈(趕街子)'는 '간지(趕集)' 또는 '간제(趕街)'라고도 하는데, '장날' 또는 '장이 서는 날'이라는 뜻이다. '간지(趕集)'는 중국 서남부 지역인 윈난성, 구이저우성, 쓰촨성 등에서 사용되는 방언으로, 지역에 따라 '간장(趕場)', '간가이(趕街, 昆明 방언으로 '街'를 'gai'로 발음한다.)', '간후이(趕會)' 등 다양한 명칭으로 불린다. '간지(趕集)'는 음력 초하루나 보름, 또는 주말에 마을이나 읍내 거리에서 열리는 정기적인 임시 시장으로, 전통적인 농촌 지역의 중요한 경제 활동 중 하나라고 할 수 있다. 시장에서는 식료품, 생필품, 수공예품 등 다양한 물건들이 거래되며, 사람들 간의 교류, 정보 전달, 사회적 관계 유지의 공간이기도 하다. 장날은 단순한 상거래를 넘어서, 지역 공동체 문화의 중요한 전승 매개체로서 역할도 한다. 많은 지역에서 장날에 맞춰 산가(山歌) 대창(對唱), 민속 공연, 전통 놀이 등이 함께 이루어지며, 사람들은 이날을 통해 서로의 안부를 묻고 문화적 정체성을 공유한다. 또한, 장이 서는 날은 인근 마을의 남녀가 모두 모여들기에 젊은이들이 만나는 장소이기도 하다.

覺麻三弟兄建起麻密寨,　　　쮀마 삼형제가 마미 마을을 세우고,
覺麻在麻密寨安了家.　　　　쮀마는 마을에 정착했네.
不趕街子不痛快,　　　　　　장터에 가지 않으면 신나지 않고,
不趕街子不熱鬧.　　　　　　장터에 가지 않으면 재미가 없네.

覺車離開麻密寨,　　　　　　쮀처는 마미 마을 떠나,
到各個地方趕街子.　　　　　이곳저곳 장터를 찾아다니네.
最先建起來的街子是哪個?　　가장 먼저 생긴 장터는 어디일까?
最熱鬧的街子是哪個?　　　　가장 북적이는 장터는 어디일까?
最先建起來的是烘阿歐德額裡街,　가장 먼저 생긴 장터는 훙아어우더어리[3],
最熱鬧的是漢人地方的斗楚街.　가장 북적이는 곳은 한족 지역인 더우추[4].
覺車來到了宊特地方,　　　　쮀처가 쥰터[5]라는 곳에 이르러,
轉來轉去眼睛四處瞧.　　　　이리저리 둘러보며 사방을 살펴보았네.
高高的山底下,　　　　　　　높고 높은 산자락 아래,
清清的龍潭旁,　　　　　　　맑은 용담 옆,
密密的樹林中間,　　　　　　울창한 숲 사이에,
有一塊寬寬的平地,　　　　　넓고 평평한 땅 있었으니,
是個趕街的好地方.　　　　　장터를 열기에 좋은 곳이었네.

覺車跑到各個村寨,　　　　　쮀처가 마을마다 다니며,
把趕街的事情告訴人們.　　　장터 소식을 전해주었네.
"龍日是個吉祥的日子,　　　 "용의 날은 길한 날이지,
宊特地方要趕龍街.　　　　　쥰터에 용 시장이 선다오."

3_　[원주] '훙아어우더어리'는 옛 지명이다.
4_　[원주] '더우추'는 옛 지명이다.
5_　[원주] '쥰터'는 '랑디(浪堤)'라는 곳으로 현재 윈난성 훙허하니이족자치구의 훙허현 경내에 있다.

街上買吃的人老實多,	장터에는 먹을 것 살 사람이 많으니,
要賣吃的就去趕龍街.	음식 장사할 사람은 용 시장[6]에 가 보시오.
街上買穿的人老實多,	장터에는 옷 살 사람이 많으니,
要賣穿的就去趕龍街.	옷 장사할 사람은 용 시장에 가 보시오.
街上買用的東西老實多,	장터에는 일용품 살 사람이 많으니,
要賣用的東西就去趕龍街.	일용품 장사할 사람은 용 시장에 가 보시오.
街上吃的東西樣樣有,	장터에는 갖가지 먹거리가 나와 있으니,
要換吃的就去龍街上.	먹을 것을 바꾸고 싶은 사람은 용 시장에 가 보시오.
街上穿的東西樣樣有,	장터에는 온갖 입을 것이 다 있으니,
要換穿的就去龍街上.	바꿔입고 싶은 사람은 용 시장에 가 보시오.
街上用的東西樣樣有,	장터에는 갖가지 일용품도 팔고 있으니,
要換用的就去龍街上.	바꿔쓰고 싶은 사람은 용 시장에 가 보시오.
到了屬龍那一天,	용의 날이 돌아오면,
趕街的人像溝水一樣湧來.	장 보러 온 사람들이 도랑물처럼 쏟아져 나오네.
趕馬做生意的漢人來了,	말 몰고 장사하는 한족도 오고,
穿寬袖衣裳的傣家婦女來了,	소매 넓은 옷 입은 다이족 여자들도 오고,
穿短褲的葉車姑娘來了,	짧은 바지 입은 예처[7] 아가씨도 오고,
戴公雞帽的彝家姑娘來了,	수탉 모자 쓴 이족 아가씨도 오고,
會打虎子的僕拉漢子來了,	문착을 잡는 푸라[8] 장정도 오고,

6_ (역주) '용의 날 서는 시장'이라는 의미의 '용 시장(龍街)'은 장이 서는 윈난 현지의 지역명(룽제龍街)으로도 사용되고 있다.

7_ [원주] '예처(葉車)'는 하니족의 한 지파이다.
(역주) '예처인(葉車人)' 또는 '이처인(奕車人)'은 역사가 오래된 하니족의 한 지파인데, 주로 윈난성 홍허현의 다양제(大羊街), 랑디(浪堤), 처구(車古) 세 지역에 분포해 있으며 인구는 2만 명이 채 되지 않는다. 이들은 독특한 복식과 혼인 제도, 특색있는 민족 축제 등으로 잘 알려져 있다.

8_ [원주] '푸라(僕拉)'는 이족의 한 지파이다.
(역주) '푸라(僕拉)'는 '푸라(夫拉)'로도 표기하는데 이는 다른 사람들이 이들을 부르는 호칭이다. 푸라인들의

穿短衣裳的羅美老表來了,	짧은 옷 입은 뤄메이[9] 사람들도 오네.
各種各樣的人都來了,	온갖 사람들이 다 나오고,
四面八方的人都來了.	사방에서 사람들이 다 몰려오네.

龍街街子老實熱鬧,　　　　　　　용 시장 장터는 정말 북적이네,
趕街的人像螞蟻一樣多.　　　　장 보러 온 사람들이 개미 떼처럼 많지.
趕街人的聲音,　　　　　　　　　장 보러 나온 사람들 소리가,
像打雷一樣響.　　　　　　　　　천둥소리처럼 우렁차네.
街上吃的東西樣樣有.　　　　　　장터에는 먹거리가 넘쳐나네.

하니족의 지파인 예처인 ˙홍허현 다양제촌 이처인(사진 제공: 紅河縣委宣傳部 馬永林)

대부분은 베트남 서북부의 라오까이성(Tỉnh Lào Cai, 老街省)에 거주하며 그보다 소규모로 중국 내에 거주한다. 그들은 스스로를 '푸와포(僕瓦潑)'라고 부르며 주로 윈난성 홍허하니족이족자치주 카이위안시(開遠市) 베이거향(碑格鄉), 자지촌(架吉村) 등에 거주한다. 독특한 복식 문화, 토기 제작, 관악기 및 현악기 연주, 용 제사 등의 문화를 갖고 있다. '푸라의 붉은색(僕拉紅)'으로도 유명한데, 복식은 주로 붉은 계열로 구성된다. 예전에는 소녀들이 어릴 때부터 자수를 배웠으며, 결혼 시 가족을 위해 직접 옷을 지어야 했다. 용수(龍樹)에 대한 신앙을 보존하고 있는데, 용에게 올리는 제사(祭龍)는 마을의 평안과 풍년을 기원하는 행사이다. 핵심 의식에 여성은 참여할 수 없는데, 이 의식은 현재 윈난성의 성급(省級) 비물질문화유산으로 지정되어 있다. 카이위안시 베이거향은 푸라 전통문화를 온전히 보존하고 있음을 인정받아 2009년에 성급 보호구역으로 지정되었으며, 푸라 자수와 산가(山歌)는 비물질문화유산 목록에 등재되었다.

9_　(역주) 윈난 룽제(龍街) 인근의 지역명으로 추정한다.

계관모鷄冠帽를 쓴 훙허 이족 여성 이 모자는 모양이 닭 볏과 닮았다고 해서 '계관모'라고 불린다.

이족의 지파인 푸라 이족은 '푸라훙(짙은 분홍색 등 붉은색 계열)' 복식으로 유명하다.

通海的黃煙黃生生,	퉁하이[10]-의 누런 담배는 황금빛으로 빛나고,

10_ (역주) 퉁하이현(通海縣)은 윈난성 중남부에 자리하는데, 위시시(玉溪市)에 속해 있으며 스핑(石屏), 젠수이와 맞닿아있다. 이곳은 원래부터 담배 생산지로 잘 알려져 있는데, 청나라 강희(康熙) 연간부터 2005년에 이르기까지 퉁하이 연초(煙草)의 역사를 볼 수 있는 『퉁하이현 연초지(通海縣煙草志)』(1662~2005)(通海縣史志編纂辦公室, 德宏民族出版社, 2007)라는 책이 나와 있다.

石屏的白魚亮晶晶,	스핑의 흰 생선 백조어[11]는 은빛으로 반짝이지,
漢人的冰糖甜又脆,	한족의 얼음 설탕은 달콤하고 오도독 씹히네,
僕拉的茄子有碓嘴粗,	푸라인의 가지는 절구통만큼이나 통통하지,
哈尼的泥鰍黃鱔老實肥,	하니족의 미꾸라지와 장어는 오동통하게 살이 올랐네,
捲粉涼粉到處擺,	여기저기서 쥰펀[12]과 량펀[13]을 팔고,
豬肉牛肉滿街香……	돼지고기와 소고기의 맛있는 냄새, 거리에 가득하네……
街上穿的東西樣樣有.	장터에는 입을 것도 정말 다양하네.
漢人的絲線刺眼睛,	한족이 파는 명주실 눈이 부시고,
白布花布俏生生,	흰 천과 꽃무늬 천 곱고 예쁘네,
彝家的棉花白花花,	이족의 솜은 눈처럼 새하얗고,
銀子鐲頭亮閃閃,	은팔찌는 반짝반짝 빛나지,
染布的藍靛青幽幽,	옷감을 물들이는 쪽의 빛깔 푸르르고,
鞋子帽子擺成一排排,	신발과 모자 줄지어 놓여있고,
衣裳褲子擺成一層層.	옷과 바지도 층층이 쌓여 있네.

11_ (역주) '백조어(白條魚)'는 잉어과에 속하는 어류로, 바이위(白魚), 다바이위(大白魚), 츠쭈이바이위(翅嘴白魚) 등으로 불린다. 스핑 지역은 잉어 종류를 재료로 한 '팔면전어(八面煎魚)' 등 생선 요리로 유명하다.

12_ (역주) '쥰펀(捲粉)'은 쌀을 갈아서 얇고 크게 찐 후, 그 안에 간 고기를 채소와 함께 양념해 넣어 김밥처럼 말아서 만든다. 쌀을 주재료로 하고 있어 주로 윈난성 남부 지역에서 많이 먹는다. 량펀과 함께 장터에서 간단하게 사 먹을 수 있는 음식이다.

13_ (역주) '량펀(涼粉)'은 '량펀차오(涼粉草)'라는 풀의 줄기를 삶아 그 물에 고구마나 옥수수의 전분을 넣어 묵처럼 굳혀서 양념하여 차갑게 먹는다. 여름날 더울 때 열기를 내려주고 해독 작용도 하여 윈난 남부 지역에서 즐겨 먹는 음식이다.

윈난성 다리大理 남문南門시장. 과일 시장(좌)과 어시장(우)

윈난 지역의 대표적 먹거리인 쌀국수 　　　　차갑게 먹는 량편

이족의 은 장신구 　　　　이족 여성들이 즐겨 착용하는 은팔찌

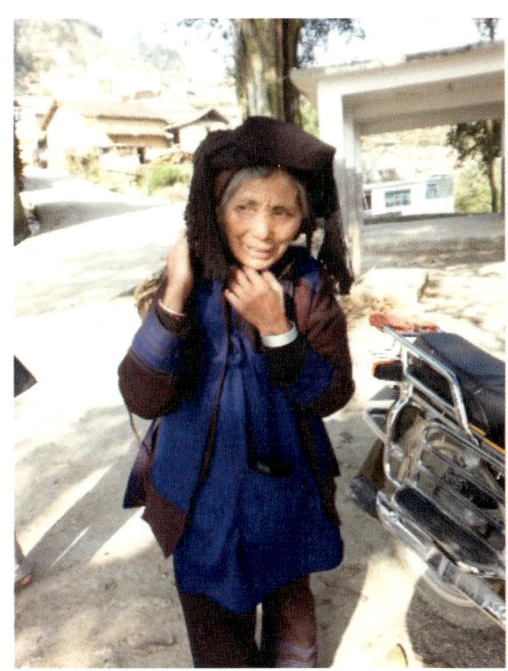

하니족이 즐겨 입는 검푸른 옷
(훙허 위안양현 뒈이수多依樹의 하니족 여성)

장날 팔고 있는 옷감
(윈난성 진핑金平 먀오족야오족다이족자치현)

街上用的東西樣樣有,
鋤頭斧子砍刀擺地上,
犁耙簸箕篾籮放地上,
葉車人織的席子滑嚕嚕,
仆拉人編的背籮鐵扎扎.
大小銀針一包包,
麻布口袋一打打,
土鍋瓦罐堆一片.

街子邊邊上,
賣的大豬小豬一窩窩,

장터에는 갖가지 일용품도 팔고 있다네.
괭이, 도끼, 벌목 칼을 땅 위에 펼쳐두었고,
쟁기며 광주리, 키에 대바구니까지 늘어놓았고,
예처 사람은 매끈매끈하게 짠 돗자리를 팔고 있고,
푸라 사람은 튼튼하게 짠 등짐 바구니를 팔고 있네.
크고 작은 은 바늘을 넣은 주머니들,
베로 만든 자루는 열두 개씩 한 묶음,
뚝배기와 항아리도 가득 쌓였네.

장터 구석구석에,
팔고 있는 큰 돼지와 새끼 돼지가 우리에 가득,

黃牛水牛騾馬一大場,	황소, 물소, 노새도 공터에 가득,
雞鴨裝在籠子裡,	닭장 속에는 닭과 오리,
狗像牛角彎彎地躺在地上,	개는 소뿔처럼 둥글게 몸을 말고 땅바닥에 늘어져 있고,
山羊咩咩叫,	염소는 메에 울고 있고,
小貓在雞籠裡抓.	고양이는 닭장 안에서 닭을 잡고 있네.
要買的東西買著囉,	살 건 다 사고,
要賣的東西賣掉囉.	팔 건 다 팔았네.
小夥子瞧著姑娘囉,	총각이 아가씨를 힐끗 쳐다보고,
小姑娘遇著夥子囉.	아가씨는 총각과 마주치네.
趕街大家都好玩,	장날이 되면 모두 신이 나고,
趕街大家都喜歡.	장날이 되면 모두 좋아하네,
從此一到屬龍的日子,	이제부터 용의 날만 되면,
大家都來趕街囉.	모두 장터로 나오겠구나.
覺車高興了,	줴처는 신났네.
覺車歡喜了,	줴처는 기뻤네.
單趕一個街子太孤單,	장터 한 곳만 다니는 건 너무 심심해,
還要建更多的街子才熱鬧.	장터를 더 많이 열어야 활기차겠지.
覺車又轉到別處,	줴처는 다른 곳을 돌아다니며,
去選趕街的地方.	장을 열 만한 곳을 골라보았네.
覺車來到葉車地方,	줴처가 예처[14]-에 와서,
轉來轉去到處瞧,	여기저기 다니며 둘러보았네.
看見高高的山底下,	높고 높은 산자락 아래,

14_ (역주) 앞서 예처는 하니족의 한 지파라고 했으나 여기서는 지역을 지칭하므로 예처 사람들이 다수 거주하는 지역이라고 추측할 수 있다.

寬寬的坎子旁邊,	널찍한 언덕 옆,
長長的河上面,	길고 긴 강물의 상류,
一個大大的埡口上,	커다란 고개 마루턱 위,
有一塊寬寬的草坪,	널찍한 풀밭이 펼쳐져 있으니,
是個趕街的好地方.	장터를 열기 좋은 곳이네.
覺車跑到各個寨子,	줴처가 마을마다 달려가서는,
把趕街的事情告訴人們.	장이 설 거라고 알려주었네.
"羊日是個吉祥的日子,	"양의 날은 길일이니,
葉車地方要趕羊街囉.	예처에 양 시장이 선다네."
街上的東西老實多,	장터에 물건이 정말 많으니,
要買東西就去趕羊街.	물건 살 사람은 양 시장[15]-에 가 보시오.
街上買東西的人老實多,	거리에는 물건 살 사람 정말 많으니,
要賣東西的就去趕羊街.	물건 팔 사람은 양 시장에 가 보시오.
街上俏俏的姑娘老實多,	장터에는 귀여운 아가씨 정말 많으니,
要瞧姑娘的就去趕羊街.	아가씨를 보려면 양 시장에 가 보시오.
街上稱稱的夥子老實多,	장터에 건장한 총각들 정말 많으니,
要瞧夥子的就去趕羊街."	총각을 보고 싶으면 장터로 가보시오.
到了屬羊那一天,	양의 날이 돌아오니,
趕街的人像搬家的螞蟻一樣走來.	이사하는 개미 떼처럼 엄청난 사람이 몰려오네.
背戥子做生意的漢人來了,	저울을 메고 장사하는 한족,
挑竹籃的傣傢夥子來了,	대나무 바구니를 짊어진 다이족 총각,

15_ [원주] 훙허현 경내에 위치한 지역이다.
   (역주) '양의 날 서는 시장'이라는 의미의 '양제(羊街)'는 장이 서는 윈난 현지의 지역명으로도 사용되고 있다. 현재의 '양제 자연촌(羊街自然村)'은 훙허하니족이족자치주 스핑현(石屏縣) 뉴제진(牛街鎭) 뉴제촌(牛街村)에 속한 인구 300여 명의 작은 마을이다.

會打馬鹿的瑤家來了,	사슴 사냥에 뛰어난 야오족,
戴白布帽的葉車女人來了,	하얀 천 모자 쓴 예처 여인,
戴銀泡帽的彝家姑娘來了,	은장식 모자 쓴 이족 아가씨,
穿短衣裳的羅美人來了.	짧은 옷 입은 뤄메이 사람도 왔네.
各種各樣的人都來了,	온갖 사람들이 모두 모이고,
四面八方的人都來了.	사방팔방에서 모두 모여드네.
羊街街子老實熱鬧,	양 시장 장터 마당은 정말로 북적이네.
趕街的人有一升芝麻多,	장 보러 나온 사람들이 깨 한 되 만큼 많네.
街場上的說話聲,	장터에서 들려오는 사람들 말소리,
像雨天暴發的洪水一樣響.	쏟아지는 큰비처럼 요란하네.
街上吃的東西樣樣有.	장터에는 온갖 먹거리 다 있으니,
玉溪的煙絲黃生生,	위시[16]-의 누런 연초,
新平的酒藥白花花,	신핑[17]-의 흰 누룩,
磨黑的鹽巴一馱馱,	모헤이[18]-의 소금은 꾹꾹 눌러 담았고,
元江的紅糖一籮籮,	위안장[19]-의 붉은 설탕 바구니에 한가득.
傣家的荔枝甜蜜蜜,	다이족의 달콤한 여지,
彝家的花生香嚕嚕,	이족의 고소한 땅콩,

16_ (역주) 윈난성 위시(玉溪)는 원래부터 연초(煙草) 생산지로 유명하다. 현재 중국 훙타연초공사(紅塔煙草公司)에서 생산하는 '위시(玉溪)'라는 이름의 담배도 있다.

17_ (역주) 윈난성 신핑(新平) 다이족이족자치현(傣族彝族自治縣)을 가리킨다. 동쪽으로 스핑현, 남쪽으로 위안장현(元江縣)과 접해 있다. 아이라오산(哀牢山) 중단에 위치하며 경내 최고봉인 다모옌(大磨岩)은 3,165미터에 달한다. 화야오다이족(花腰傣族)의 복식이 유명하며, 수자원이 풍부해서 양조업도 발달했다.

18_ (역주) 모헤이진(磨黑鎭)은 윈난성 푸얼시(普洱市) 닝얼(寧洱)하니족이족자치현에 속한 인구 2만여 명의 작은 지역이다. 일찍부터 암염(岩鹽)과 구리 등이 생산되는 곳으로 알려졌다.

19_ (역주) 위안장하니족이족다이족자치현(元江哈尼族彝族傣族自治縣)은 윈난성 위시시에 속한 곳으로 윈난성 중남부에 위치하며, 훙허현, 스핑현, 신핑현, 모장현(墨江縣) 등과 인접해 있다. 인구는 19만 명이고, 경내에 훙허대교(紅河大橋)가 지나간다. 위안장을 비롯한 윈난의 남부지역에서는 사탕수수를 원료로 만드는 다양한 종류의 붉은 설탕(紅糖)이 생산되는데, 여러 형태로 만들어지는 붉은 설탕은 단순한 먹을거리에 그치는 것이 아니라 이 지역의 '문화'를 대표하고 있다.

전통복장을 입고 장을 보러 나온 다이족 여인들

哈尼的螺螄一背背,
僕拉的粗煙一把把,
葉車的穀子黃燦燦,
羅美的大米齊刷刷,
米線捲粉到處擺,
豬肉牛肉炒得滿街香.

街上穿的戴的樣樣有.
白布青布滑嚕嚕,
銀鏈銀鐲亮閃閃,
絲線花辮惹人愛,
衣裳褲子擺得一層層,
鞋子帽子擺得一排排.

街上用的東西樣樣有.
鋤頭鐮刀擺地上,
穀船箢桌置地上,
葉車的蓑衣大又厚,

하니족의 우렁이 한 바구니,
푸라인의 연초 한 다발,
예처인의 벼는 황금빛으로 반짝이고,
뤄메이인의 쌀은 가지런히 쌓여 있네.
곳곳에서 쌀국수와 쥔펀을 팔고,
돼지고기 소고기 볶는 향, 장터 가득 퍼지네.

장터에는 입을 것, 꾸밀 것 다 있네.
매끄러운 흰 천과 푸른 천,
반짝반짝 빛나는 은목걸이, 은팔찌,
명주실로 예쁘게 땋은 머리 사랑스럽고,
옷과 바지 층층이 쌓여 있고,
신발과 모자 가지런히 놓여있네.

장터에는 필요한 물건 뭐든 다 있네.
괭이와 낫은 땅에 늘어놓았고,
곡선[20]과 대나무 탁자도 놓여있지.
예처인의 도롱이는 크고 두껍고,

臨安的瓦貨排成行,	린안[21]의 질그릇 나란히 놓여있고,
通海的小刀快又亮,	퉁하이의 작은 칼은 예리하게 빛나네.
街子邊的草地上,	장터 옆 풀밭에는,
一大場黃牛躺在樹蔭下,	황소들이 나무 그늘 밑에서 쉬고,
拴在椿椿上的大豬小豬搖尾巴,	말뚝에 매어놓은 돼지들은 꼬리를 흔드네.
雞鴨一籠籠,	닭장과 오리장이 나란히 있고,
紅腳桿鴿子一對對,	붉은 다리 비둘기는 짝을 이루고,
拴着的狗哭叫著咬索子.	묶여있는 개들은 짖으며 줄 물어뜯네.

需要的東西買著囉,	필요한 물건 다 샀고,
背來的東西賣掉囉.	지고 온 물건 다 팔았네.
小夥子看上了心愛的姑娘囉,	총각은 마음에 드는 아가씨 만났고,
姑娘跟合心的夥子訂好約會囉.	아가씨는 마음 맞는 총각과 약속을 하네.
趕街人人都得到好處,	장터에 온 사람 모두 좋아하고,
趕街人人都得到歡樂,	장터에 온 사람 모두 즐거워하지,
從此一到屬羊的日子,	그때부터 양의 날이 돌아오면,
大家都來趕羊街.	모두 양 시장으로 모여들었네.

覺車高興了,	줴처는 신났네,
覺車歡喜了,	줴처는 기뻤네.
可是他還不滿足,	하지만 아직 충분하지 않아,
還要趕更多的街子.	더 많은 장터를 열고자 하네.

20_ (역주) '곡선'은 하니족과 이족이 탈곡의 용도로 사용하는 배 모양의 목재 농구(農具)이다.
21_ (역주) '린안진(臨安鎭)'은 윈난성 훙허하니족이족자치주 젠수이에 속한 곳이다. 윈난성 젠수이는 일찍이 '임안부(臨安府)'라고 불렸고, 여러 고적이 남아있어서 국무원에서 지정한 '역사문화도시(歷史文化名城)'이다. '윈난 남부의 추로(滇南鄒魯)'라 불릴 정도로 문화적인 도시여서 민간에 '금임안(金臨安), 은대리(銀大理)'라는 말이 있을 정도였다. 린안고성(臨安古城)과 젠수이 문묘(建水文廟), 차오양루(朝陽樓) 등이 잘 알려져 있다.

覺車轉到各個地方,	줴처는 여러 곳으로 다니며,
去建新新的街子.	새로운 장터를 열고자 했네.
轉到車烏趕牛街,	처우[22]-로 가서 소 시장[23]-을 열고,
轉到打勐趕猪街,	다몡[24]-으로 가서 돼지 시장[25]-을 열고,
轉到阿丕趕馬街,	아피[26]-로 가서 말 시장[27]-을 열고,
轉到保瑪趕鼠街,	바오마[28]-로 가서 쥐 시장[29]-을 열고,
轉到西宄趕兔街,	시쥔[30]-으로 가서 토끼 시장[31]-을 열고,
轉到河壩趕虎街.	허바[32]-로 가서 호랑이 시장[33]-을 열고,

22_ [원주] 훙허현 경내에 위치한 지역이다.
 (역주) 현재의 '처우촌(車烏村)'은 윈난성 취징시(曲靖市) 후이쩌현(會澤縣) 톈바향(田壩鄉)에 있다. 인구 2,779명의 작은 마을이다. 원래 주석에서 '훙허현 경내에 있다'고 한 것은 현재의 '처웨이촌(車烏村)'이다. 처웨이촌은 윈난성 훙허하니족이족자치주 훙허현 처구향(車古鄉) 마당촌위원회(麼當村委員會)에서 관할하는 산지 촌락이다. 해발 1,730미터의 외진 곳에 자리하고 있다.
23_ (역주) '소의 날 서는 시장'이라는 의미의 '뉴제(牛街)'는 장이 서는 윈난 현지의 지역명으로도 사용되고 있다.
24_ [원주] 위안장현 경내에 위치한 지역이다.
25_ (역주) '돼지의 날 서는 시장'이라는 의미의 '주제(猪街)'는 장이 서는 윈난 현지의 지역명으로도 사용되고 있다. '주제촌(猪街村)'은 현재 윈난성 위시시(玉溪市) 위안장 하니족이족다이족자치현 나눠향(那諾鄉)에 속해 있는데, 남쪽으로 훙허현 다양제향(大羊街鄉), 처구향(車古鄉)과 강을 사이에 두고 마주하고 있고, 북쪽으로는 양제향(羊街鄉)과 인접해 있다. 다랑논으로도 잘 알려져 있다.
26_ [원주] 훙허현 경내에 위치한 지역이다.
27_ (역주) '말의 날 서는 시장'이라는 의미의 '마제(馬街)'는 장이 서는 윈난 현지의 지역명으로도 사용되고 있다. '마제향(馬街鄉)'은 현재 훙허하니족이족자치주 위안양현(元陽縣)에 속해 있다. 명나라 때에는 임안부 관할이었다. 현재 인구는 3만 3천여 명이다.
28_ [원주] 훙허현 경내에 위치한 지역이다.
29_ (역주) '쥐의 날 서는 시장'이라는 의미의 '수제(鼠街)'는 장이 서는 윈난 현지의 지역명으로도 사용되고 있다. 앞에서 언급한 것처럼 윈난 지역에서는 장이 서는 날을 기억하기 쉽게 하기 위해 12간지에 속하는 동물의 이름으로 장날을 정했다. 그래서 지금도 윈난성에는 '뉴제(牛街)', '마제(馬街)', '양제(羊街)' 등 지명이 많이 보이는데, '수제(鼠街)'만 하더라도 웨이산현(巍山縣), 쑹밍현(嵩明縣), 루량현(陸良縣), 광난현(廣南縣), 난화현(南華縣), 다야오현(大姚縣) 등 지역에 모두 '수제'가 있다. 하니족의 『스얼누쥐』가 '십이로(十二路)'라는 의미를 갖고 있는 것과도 연관 지어 생각해볼 수 있는 부분이 있다.
30_ [원주] 위안장현 경내에 위치한 지역이다.
31_ (역주) '토끼의 날 서는 시장'이라는 의미의 '투제(兔街)'는 장이 서는 윈난 현지의 지역명으로도 사용되고 있다.
32_ [원주] 훙허현 경내에 위치한 지역이다.
33_ (역주) '호랑이의 날 서는 시장'이라는 의미의 '후제(虎街)'는 장이 서는 윈난 현지의 지역명으로도 사용되고 있다. '후제촌(虎街村)'은 지금의 윈난성 훙허하니족이족자치주 훙허현 이싸진(迤薩鎮)에 속해 있는 인구 244명의 작은 촌락이다.

他轉遍了各個地方,	줴처는 각지를 두루 돌아다니며,
十二個日子都趕起街了.	열두 띠 날마다 열두 장터 열었네.

覺車高興了,	줴처는 신났네,
覺車歡喜了,	줴처는 기뻤네,
可是單趕十二個日子的街不如意,	하지만 열두 띠 장터로는 충분치 않아,
還要趕更多的街子.	더 많은 장을 열고자 했네.

覺車來到瓦渣地方,	줴처가 와자[34]에 와서,
轉來轉去到處瞧.	이곳저곳 오가며 눈여겨 봤네.
看見高高的山腳下,	높은 산자락 아래,
寬寬的壩子上邊,	넓디넓은 평지 위,
清清的龍潭旁,	맑은 용담 옆,
有一塊寬寬的草坪,	널찍한 풀밭이 펼쳐진 곳,
是個趕街的好地方.	장터를 세우기 좋은 곳이네.
覺車跑到各個寨子,	줴처가 마을마다 달려가,
把趕街的事情告訴人們.	장이 설 거라고 알려주었네.
"老博是個好地方,	"라오보[35]는 좋은 곳이니
大家快去趕老博街了.	얼른 장 보러 오시오.

街上樣樣東西都有,	장터에는 무엇이든 다 있으니,
要買哪樣東西就去趕老博街.	무엇을 사고 싶든 라오보 장터로 가시오.

34_ [원주] 위안장현 경내에 위치한 지역이다.
   (역주) '와자촌(瓦渣村)'은 윈난성 원산좡족먀오족자치주(文山壯族苗族自治州) 마리포현(麻栗坡縣) 다핑진(大坪鎭)에서 관할하는 촌락이다. 해발고도는 1,100미터이며 인구 2천여 명의 마을이다. 제취가 훙허 지역에서 벗어나 상당히 먼 곳까지 왔음을 보여준다.

35_ [원주] 훙허현 경내에 위치한 지역이다.
   (역주) '라오보(老博) 상채자연촌(上寨自然村)'은 윈난성 훙허하니족이족자치주 자인향(甲寅鄕)에 속한 촌락으로 해발고도 1,750여 미터의 산지에 위치한다.

街上好多人等著買東西,	장터에는 물건 사려는 사람 많으니,
要賣哪樣東西就去趕老博街.	무엇을 팔고 싶든 라오보 장터로 가시오.
街上的姑娘像花一樣俏,	장터의 아가씨들 꽃처럼 예쁘니,
要瞧姑娘就去趕老博街.	아가씨를 보려거든 라오보로 가시오.
街上的夥子像金竹一樣標直,	장터의 총각들 금죽[36]처럼 훤칠하니,
要找男人就去趕老博街."	사내를 찾으려면 라오보 장터로 가시오."
到了趕街那一天,	장날이 되자,
趕街的人像回窩的蜜蜂一樣飛來.	벌집으로 돌아가는 벌떼처럼 사람들이 장터로 몰려오네.
趕馬做生意的漢人來了,	말 끌고 와서 장사하는 한족,
挑竹籃的傣家來了,	대바구니 멘 다이족,
戴包頭的哈尼姑娘來了,	머릿수건 쓰고 있는 하니족 아가씨,
抬煙鍋的彝家夥子來了,	물 담뱃대 들고 있는 이족 총각,
敢打老虎的瑤家漢子來了,	호랑이도 때려잡는 용감한 야오족,
會喝酒的仆拉老倌來了.	술 잘 마시는 푸라 아저씨도 왔네.
各種各樣的人都來了,	온갖 사람들이 모두 다 왔고,
四面八方的人都來了.	사방팔방에서 사람들이 몰려왔네.
老博街子老實熱鬧.	라오보 장터는 정말 북적이네.
趕街人像山上的樹一樣多,	산 위의 나무만큼이나 사람들이 많네.
街場的喧嘩聲,	장터의 시끌벅적한 소리,
像野火燒山一樣響.	산 태우는 거친 불처럼 요란하게 울리네.
街上吃的東西樣樣有.	장터에는 온갖 먹거리가 있지.
蒙自的刁煙黃生生,	멍쯔[37]에서 온 누런 연초[38],

---

[36] (역주) '금죽(金竹)'은 6미터에서 15미터 높이까지 자라는 키가 큰 대나무로, 중국이 원산지이다.

달걀을 파는 하니족 여인(좌)
윈난 장터에서 팔고 있는 붉은 설탕(우)

磨黑的鹽巴白花花,
石屛的白魚亮閃閃,
建水的紅糖紅生生,
傣家的芒苺老實甜,
伯納的蕎粑粑香噴噴,
草包雞蛋鴨蛋一背背,
淌油的火雀一串串,
木耳香菌一籮籮,

모헤이에서 온 흰 소금,
스핑에서 온 싱싱한 흰 물고기,
젠수이에서 온 붉은 설탕,
다이족의 달콤한 망고,
보나[39]-에서 온 맛있는 메밀 바바,
짚으로 싼 달걀과 오리 알이 한가득,
기름 발라 구운 참새 꼬치는 줄줄이,
목이버섯과 표고버섯도 한 바구니씩,

37_ (역주) '멍쯔시(蒙自市)'는 윈난성 훙허하니족이족자치주에 속한 현급시(縣級市)이다. 인구는 58만 명 정도이며 오래된 역사를 가진 도시이고 일찍부터 외부와 연결되는 통로였다.

38_ (역주) 윈난 사람들이 물 담배통(水煙筒)으로 흡입하는 담뱃잎을 '도연(刀煙)'이라고 한다. 햇볕에 말려 노랗게 된 담뱃잎을 가늘게 썬 것인데, 윈난 사람들에게 멍쯔에서 생산되는 도연은 최고 품질의 담배로 여겨진다.

39_ [원주] 훙허현 경내에 위치한 지역이다.

메밀로 만든 바바

刺竹筍子一堆堆,	가시 대나무 죽순도 한 무더기씩.
哈尼的穀子滿街場,	하니족이 파는 쌀이 장터에 가득하고,
彝家的紫米紫又亮.	이족이 파는 흑미는 검붉고 윤기가 흐르네.
卷粉涼粉到處擺,	곳곳에서 쥐펀과 량펀을 팔고,
豬肉牛肉滿街香.	돼지고기와 소고기 향내가 장터에 가득하네.
街上穿的戴的樣樣有.	장터에는 입을 것, 꾸밀 것 모두 다 있네.
白布青布滑嚕嚕,	매끄러운 흰 천과 푸른 천,
銀鏈銀鐲亮閃閃,	반짝반짝 빛나는 은목걸이와 은팔찌,
絲線花瓣有七樣色,	일곱 색깔 명주실로 예쁘게 땋은 머리,
毛巾花布有七十二種花,	일흔두 가지 꽃무늬 수건이 있지,
衣裳褲子擺得一層層,	옷과 바지는 층층이 쌓여 있고,
鞋子帽子擺得一排排.	신발과 모자 가지런히 늘어놓았네.
街上用的東西樣樣有.	장터에는 온갖 일용품이 다 있네.
鋤頭鐮刀一把把,	괭이와 낫은 한 자루씩 나란히,
背籮飯兜一堆堆,	등짐 바구니와 도시락도 한 무더기씩,
土鍋土缸擺地上,	뚝배기와 질그릇은 땅에 늘어놓고,

碗罐瓦盆隨人揀,	그릇과 항아리, 옹기도 마음껏 고르네.
倮卜的箴帽亮閃閃,	뤄보[40]-의 대나무 모자는 반짝반짝,
左能的席子滑又亮.	쭤넝[41]-의 돗자리는 매끄럽고 윤기 나네.
街子邊上喲,	장터의 한쪽 모퉁이,
賣的牛馬一群群,	팔려는 소와 말들이 모여 있고,
山羊咩咩一幫幫,	메에 우는 염소도 있네.
大豬小豬一大片,	큰 돼지와 작은 돼지도 한 무리,
雞籠鴨籠擺了一大場,	닭장과 오리장도 한쪽에 가득,
貓在雞籠裡打瞌睡,	고양이는 닭장에서 졸고 있고,
狗像牛角彎彎地睡在地上.	개는 소뿔처럼 둥글게 몸을 말고 땅바닥에 늘어져 있네.
要買的東西買著囉,	살 물건 다 샀고,
要賣的東西賣掉囉.	팔 물건 다 팔았네.
小夥子瞧上姑娘囉,	총각이 아가씨를 힐끗 쳐다보고,
姑娘瞧著夥子囉.	아가씨는 총각을 바라보네.
趕街個個都好玩,	장날이 되면 모두 신나고,
趕街人人都喜歡,	장날이 되면 모두 좋아하네,
從此一著老博街,	그때부터 라오보의 장터에는,
大家都從四面八方聚攏來.	사방팔방에서 사람들이 몰려왔다네.
覺車歡喜囉,	줴처는 기뻤네,
覺車高興了.	줴처는 신났네.
可是他還不滿足,	하지만 아직도 충분치 않아,

40_ [원주] 훙허현 경내에 위치한 지역이다.
41_ [원주] 훙허현 경내에 위치한 지역이다.

還要趕更多的街子,	더 많은 장터를 열려 하네.
覺車轉到各個地方,	줴처는 각지를 돌아다니며,
去建新新的街子.	새로운 장터를 세우려 하네.
轉到臘哈地方趕新街,	라하[42]에서 신제를 열고,
轉到多仰地方趕牛洪街,	둬양에서 뉴훙제[43]를 열고,
轉到伯納地方趕達德街,	보나에서 다더제[44]를 열고,
轉到洛恐趕戈比街.	뤄쿵에서 거비제를 열고,
轉到思陀趕仰書德街,	쓰퉈에서 양수더제를 열고,
轉到老密趕尼俁街.	라오미에서 니뤄제를 열었네.
虛洛街子趕起來了,	쉬뤄제에 장터가 열리고,
里沙街子趕起來了,	리사제에 장터가 열리고,
合然街子ㅉ起來了,	허란제에 장터가 열리고,
布洪街子趕起來了,	부훙제에 장터가 열리고,
勐只街子趕起來了,	멍즈제에 장터가 열리고,
依瑪街子趕起來了……	이마제에 장터가 열렸네……[45]
覺車轉遍了各個地方,	줴처는 각지를 돌아다니며,
在世間建起了七十二個街子,	세상에 일흔두 개 장터를 열었네,
七十二個街子七十二個名字,	일흔두 개 이름의 일흔두 개 장터가,
各個街子趕起來,	각각 시작되자,
世間一天天熱鬧起來了.	세상은 날마다 북적였다네.

42_ [원주] 훙허현 경내에 위치한 지역이다.
　　(역주) '라하촌(臘哈村)'은 윈난성 훙허하니족이족자치주 훙허현 데마향(垤瑪鄉)에서 관할하는 촌락으로 인구는 천여 명이다. 벼와 옥수수 농사를 주로 지으며 고차수(古茶樹)와 대나무도 많다.
43_ [원주] 둬양과 뉴훙은 뤼춘현(綠春縣) 경내에 위치한 지역이다.
44_ (역주) 윈난 보나 인근의 지역명이자 지역 이름을 딴 장터로 추정한다.
45_ [원주] 다더, 뤄쿵, 거비, 스퉈, 라오미, 쉬뤄, 리사, 허란, 부훙, 멍즈, 이마는 모두 훙허현 경내에 위치한 지역이다.

男女老少都好玩,
四面八方的人都喜歡,
街子一天也不會打失,
人們一天也不會把覺車忘記.
衆: 薩—薩!

남녀노소 모두가 재미있어하고,
사방팔방의 사람들 모두 좋아했네.
하루도 장이 닫히는 날이 없으니,
하루도 줴처를 잊을 수 없었지.
다 같이: 싸—싸!

伙及拉及

제12장

1년 사계절

1년 사계절

伙及拉及[1]

| 冬月 | 동짓달 |

薩拉阿依 —
舊的一年過去,
新的一年開始了.
冬月哪樣蟲蟲叫?
草窠裡的蛐蛐叫.
河壩的霧氣,
像長翅膀一樣飛來了,
冷風刮進寨子,
翻動房頭上的茅草.
小鳥縮在牆角不動,
樹上的落葉滿地跑.

싸라아이 —
한 해가 지나고,
새로운 한 해[2]가 시작되었네.
동짓달에는 어떤 벌레가 우나?
풀 더미 속에서 귀뚜라미가 울지.
강둑의 안개가,
긴 날개 달고 날아오듯 피어오르면,
차가운 바람 마을로 불어와,
지붕의 띠풀을 뒤집어 놓네.
작은 새 담 모퉁이에 움츠린 채 움직이지 않고,
낙엽이 온 땅을 굴러다니네.

1_ [원주] '휙지라지'는 '1년은 사계절'이라는 뜻이다.
2_ [원주] 하니족 역법에 따르면 동월(冬月)인 11월이 한 해의 시작이다.

척박한 땅을 개간하여 산비탈에 만든 하니족의 다랑논(홍허, 위안양)

冬天不來,	겨울이 오지 않으면,
牛馬不得養身子,	소와 말은 기운을 비축하지 못하고,
冬天不來,	겨울이 오지 않으면,
草木不得睡覺.	초목도 잠을 푹 잘 수 없지.
勤勞的人,	부지런한 사람에게,
冬天是備耕的好時節.	겨울은 농사 준비하기 좋은 시기네.
不要怕冷風像針戳,	살을 에는 찬바람도 두려워 말고,
不要怕冰水裂開手腳,	차가운 물에 손발이 갈라질지 걱정하지 말아라.
上山砍蕎地,	산에 올라가 메밀밭을 개간하고,
下山開梯田.	산에서 내려와 다랑논을 일구네.
挖田打埂要抓緊,	서둘러 논 일구고 논두렁도 단단히 다지고,
灌滿田水心安閑.	논에 물을 채워 놓으면 마음이 편안하네.
衆: 薩―薩!	다 같이: 싸―싸!

臘月 / 섣달

薩拉阿依― / **싸라아이―**

舊的一月過去了,	낡은 한 달이 지나가고,
新的一月來到.	새로운 한 달이 왔네.
高山鋪冰雪,	높은 산엔 눈과 얼음이 깔려있고,
寒霧罩寨子.	차가운 안개가 마을을 덮고 있네.
大樹砍得斷,	큰 나무는 베어 넘길 수 있지만,
霧帳撕不開.	안개 장막은 걷히지 않네.
地上蛇不跑,	땅 위엔 뱀도 다니지 않고,
天上蟲不飛.	공중에는 벌레도 날아다니지 않네.
蟲爲何不飛?	벌레는 왜 날아다니지 않나?
鑽進土裡去了.	흙 속으로 파고 들어가서지.
蛇爲何不跑?	뱀은 왜 다니지 않나?

윈난 소수민족이 일할 때나 비가 올 때 쓰는 도롱이
(추숭楚雄 이족박물관 소장)

縮在洞裡睡覺.

什麼樹葉枯樹不死?
山坡上的麻栗樹.
什麼樹死葉不枯?
山谷裡的蕨蕨草.
高山飄雪花,
寨旁的梨樹要死一回了,
路邊的蒿枝要死一回了,
地上的茅草要死一回了.

草枯根不死,
蛆蟲冬睡人不要貪閑,

굴속에서 웅크리고 잠자고 있지.

나뭇잎이 말라도 죽지 않는 나무는 무엇일까?
산비탈의 밤나무라네.
나무가 죽어도 잎이 마르지 않는 것은 무엇일까?
산골짜기의 고사리라네.
높은 산에 눈꽃이 흩날리니,
마을 옆 배나무가 죽게 되었고,
길가의 쑥 풀도 죽게 되었으며,
땅 위의 띠풀도 죽게 되었네.

풀이 말라도 뿌리는 살아있는 법,
유충은 겨울잠을 자도, 사람은 게으름을 피울 수 없네.

快離開火塘,	얼른 화덕 앞을 떠나,
把蓑衣披上,	도롱이를 걸치고,
修好田間的水溝,	논 사이 물꼬를 잘 정비해 두고,
積滿寨邊的糞塘.	마을 옆 거름통을 가득 채워야 하네.
衆: 薩—薩!	다 같이: 싸—싸!

正月 / 정월

薩拉阿依—	싸라아이—
舊的一月過去了,	낡은 한 달이 지나가고,
新的一月來到.	새로운 한 달이 왔다네.
過了一日變一日,	하루 또 하루가 새롭게 변하듯이,
翻過一月是一樣.	한 달 또 한 달도 새롭게 변하네.
霧氣慢慢散開,	안개가 천천히 걷히더니,
竹子尖尖吹笛簫,	대나무 끝에서 피리 소리가 들리네.[3]
大地醒來,	대지가 깨어났지,
大地要翻身了.	대지가 기지개를 켜네.
小蟲從洞裡伸出頭,	작은 벌레들이 구멍 안에서 머리를 내밀고,
樹木冒起芽苞,	나무는 새싹을 틔우지,
四周聽見小蟲的叫聲,	사방에서 작은 벌레 울음소리 들려오고,
樹林裡有鳥叫的聲音.	숲속에는 새소리가 나네.
河壩裡先發芽的是什麼樹?	강가에서 가장 먼저 새싹이 돋는 것은 무슨 나무일까?
河壩裡先發芽的是楊柳樹.	강가에서 가장 먼저 새싹이 돋는 것은 버드나무지.

3_ [원주] 대나무 끝에 봄바람이 불면 들려오는 소리를 묘사한 것이다.

高山上先冒頭的是什麼草?	높은 산에서 가장 먼저 고개를 내미는 풀은 무엇일까?
高山上先冒頭的是蕨蕨草.	높은 산에서 가장 먼저 고개를 내미는 건 고사리라네.
寨邊櫻桃開花,	마을 어귀에 앵두꽃이 피고,
溝邊索可瑪依飄香,	개울가의 쑤커마이[4]-꽃향기가 퍼지네,
山頂妥底瑪依怒放,	산꼭대기에는 퉈디마이[5]-꽃이 흐드러져 있고,
河壩攀枝花染紅樹梢.	강둑에는 목면화가 나무를 붉게 물들이고 있네.
正月來了,	정월이 오면,
鳥兒飛出來找食.	새들이 먹이를 찾아 날아다니네.
最先飛來的是燕子,	가장 먼저 제비가 날아오고,
布穀鳥也跟著飛來了.	이어서 뻐꾸기도 날아오지.
燕子從哪裡飛來?	제비는 어디에서 날아왔을까?
從遙遠的沙咪中仰飛來,	멀리 바다 한가운데 섬에서 날아왔다네[6]-.
那裡有茫茫的格通,	그곳에는 끝없이 펼쳐진 넓은[7]- 바다가 있고,
還有九重高的圍牆.	아홉 겹으로 둘러쳐진 높은 성벽이 있네.
布穀從哪裡飛來?	뻐꾸기는 어디서 날아왔을까?
從遙遠的沙咪中仰飛來,	멀리 바다 한가운데 섬에서 날아왔다네
那裡有茫茫的格通大海,	그곳에는 끝없이 펼쳐진 큰 바다가 있고,
還有九重高的圍牆.	아홉 겹의 높은 담에 둘러싸여 있네.
格通大海有多寬?	바다는 얼마나 넓을까?

4_ [원주] 하니어 '쑤커마이'는 '칠리향화(七里香花)'를 의미한다.
5_ [원주] 하니어 '퉈디마이'는 붉은 철쭉의 일종이다.
6_ [원주] 하니어 '사미중양'은 '바다 한가운데의 섬'이라는 뜻이다.
7_ [원주] 하니어 '거통'은 '넓은 바다'를 의미한다.

哈南要飛七天.	까마귀[8]-도 이레를 날아야 하네.
格通大海有多長?	바다는 얼마나 길까?
鴻回要飛十個早上.	기러기[9]-도 열 번의 아침을 날아간다네.
燕子飛過大海,	제비가 바다 건너 날아가고,
布穀飛過大海.	뻐꾸기가 바다 건너 날아가네.
燕子先飛到哈沙,	제비가 먼저 하사[10]-에 날아오고,
布穀跟著飛到哈沙.	뻐꾸기도 이어서 하사로 날아오네.
一隻飛到傣家河壩,	한 마리는 다이족의 강가로,
一隻飛到漢人地方,	한 마리는 한족이 사는 곳으로,
一隻飛到哈尼山鄉.	한 마리는 하니족 산골로 날아든다네.
一路飛來一路叫.	날아오는 내내 지저귄다네.
春天來到了!	봄이 왔네!
燕子飛進山寨,	제비가 산골 마을로 날아와,
燕窩築在屋樑上,	들보 위에 둥지를 틀고,
燕子九年不搬家,	아홉 해 동안 둥지도 옮기지 않고,
舊家上面蓋新房.	옛 둥지 위에 새 둥지를 트네.
燕子歡喜地叫,	제비가 즐겁게 지저귀니,
春耕的時間到了.	농사철이 왔구나.
布穀歡喜地叫,	뻐꾸기가 즐겁게 지저귀니,
安排活計的日子來到.	농사 계획 세울 때가 왔네.
萬事萬物醒了,	만물이 깨어나고,
萬事萬物動了.	모든 것이 움직이기 시작하네.

8_　[원주] 하니어 '하난'은 '까마귀'를 의미한다.
9_　[원주] 하니어 '훙후이'는 '멧비둘기', '기러기'를 의미한다.
10_　[원주] 하니어 '하사'는 '위안장(元江)' 지역을 지칭한다.

正月到,
男人愛想女人,
女人愛想男人.
家裡的禽畜動起來了,
不動的沒有了.
大公雞冠子閃亮,
飛上屋頂啼叫,
忙爬糞塘糠堆去了.
鴨子翅膀下水,
抬起頭嘎嘎叫.
黃狗蹦上蹦下,
使勁在灰地上扒窩.
小公豬東竄西竄,
一步不離跟母豬跑.
公羊晃動長角,
追逐母羊吃草.
馬兒揚起鬃毛,
閃開四蹄撒歡.
水牛搖動尾巴,
在泥塘裡打滾……

正月到,
山野的鳥獸動起來了.
松林鷓鴣飛,
草叢鵪鶉叫,
山上馬鹿躍,
山凹草豹叫,
山溝野豬鬧,
崖邊麂子跳……

정월이 오면,
남자는 여자를 그리워하고,
여자는 남자를 그리워하네.
집안에 가축들도 움직이기 시작하니,
움직이지 않는 것이 없다네.
큰 수탉의 볏이 반짝거리며,
지붕으로 날아올라 울어대고,
거름통과 쌀겨 더미 위를 다니느라 바쁘네.
오리는 날개를 물에 담그고,
머리를 치켜들며 꽥꽥 운다네.
누렁이는 깡충깡충 뛰어다니며,
흙바닥을 힘껏 파내고 있네.
수돼지 새끼는 이리저리 달아나지만,
어미 곁을 한 발짝도 떠나지 않네.
숫양은 긴 뿔을 건들거리면서,
암양 따라다니며 풀 뜯고 있네.
말은 갈기를 휘날리면서,
네 발굽 부딪치며 신나게 내달리네.
물소는 꼬리를 흔들며,
진흙탕 속에서 뒹굴고 있네……

정월이 오면,
산과 들의 동물들 움직이기 시작하네.
소나무 숲에서 자고새 날고,
풀숲에서 메추라기 지저귀네.
산 위에는 고라니가 뛰어다니고,
산속의 움푹 파인 곳에서는 표범이 우네.
산골짜기에는 멧돼지가 장난을 치고,
벼랑 끝엔 작은 사슴이 뛰어다니네……

正月到,	정월이 오면,
水裡的魚蟲動起來了,	물속의 물고기와 벌레들이 움직이기 시작하네.
雜草下泥鰍擺尾,	잡초 아래 미꾸라지 꼬리 흔들고,
浮萍下魚兒翻起波浪,	부평초 밑 물고기 물결을 일으키네.
泥塘裡蚯蚓扭動腰肢,	진흙탕 속 지렁이는 허리를 뒤틀고,
田水中蝦巴蟲舞蹈.	논 속의 수채水蠆[11]-는 춤을 춘다네.
正月到,	정월이 오면,
五穀籽種動起來:	오곡의 씨앗들이 꿈틀거리기 시작하네.
篾籮裡的穀種伸腰,	대바구니 속 볍씨가 기지개를 켜고,
豆莢裡的豆種眨眼,	콩깍지 속 콩알들이 눈을 깜빡이네.
封火樓上芋頭冒芽噴噴響.	봉화루[12]-위에 놓인 토란이 쑥쑥 싹 틔우는 소리가 나네.
燕子叫了,	제비가 지저귀니,
春耕的時節來到.	농사철이 왔다네.
布穀鳥叫了.	뻐꾸기가 지저귀니,
下種的時節來到.	씨 뿌릴 때 되었네.
挖田種地的人,	밭 갈고 땅 일구는 사람,
閑著的心癢起來了.	한가하던 마음이 근질근질해지네.
雞肥要看好雞種,	닭이 살찌려면 좋은 품종 골라야 하고,
穀壯要靠好穀種.	튼실한 벼는 좋은 씨앗에 달려있네.
篩子篩穀種,	체로 씨앗 체질하고,
籤箕籤穀種,	키로 씨앗 키질하면,

11_ (역주) '수채(水蠆)'는 잠자리의 유충이다.
12_ (역주) '봉화루(封火樓)'는 하니족 가옥 내부의 천장과 띠풀로 이은 지붕의 경사면 사이 공간을 가리킨다. 봉화루는 가옥 내부에 화재가 발생했을 경우 띠풀 지붕으로 불이 옮겨붙지 않게 하기 위해 천장과 지붕 사이를 띄워두어 생긴 공간이다.

秕穀落下地, 쭉정이는 바닥에 떨어지고,
穀種籮裡裝. 알곡은 광주리에 담네.
清水泡穀種, 맑은 물에 씨앗 담그고,
瓦缸泡穀種, 단지에 씨앗 담그지,
雞蛋獻一個, 달걀 한 알 올려,
穀神來保佑. 곡물 신의 축복을 비네.

小雞要由母雞抱, 병아리는 암탉이 품어야 하고,
穀種要用樹葉捂. 볍씨는 나뭇잎으로 덮어야 하네.
哪樣樹葉才暖和? 어느 나뭇잎이라야 따뜻할까?
寬厚的泡桐樹葉最暖和. 두꺼운 오동나무 잎이 가장 따뜻하네.
採回泡桐葉, 오동나무 잎을 따다가,
背籮捂穀種. 바구니에 담아둔 볍씨를 덮어두네.
冷水澆三次, 찬물로 세 번 물 주고,
熱水澆三回, 더운물로 세 번 물 주고,
三天三夜蓋被子, 사흘 밤낮 이불 덮어두면,
根芽出來白生生. 하얗게 싹이 나오네.

快整好寨腳的秧田, 서둘러 마을 어귀의 모판을 정리하고,
穀種要叫阿爸了, 볍씨가 아빠를 부르려고 할 즈음,
寨腳平滑的秧田阿爸等它. 마을 어귀의 매끈한 모판이 아빠를 기다린다네.
穀種要叫阿媽了, 볍씨가 엄마를 부르려고 할 즈음,
穀種要吃奶水了, 볍씨가 젖 달라고 할 때,
龍潭邊的秧田阿媽來抱它. 엄마가 와서 용담 가의 모판을 안아주네.

背出穀種撒秧田, 볍씨를 등에 지고 모판에 뿌리지,
上埂撒三把, 위 두렁에 세 줌,
下埂撒三把, 아래 두렁에 세 줌,
中間撒三把. 가운데 두렁에 세 줌 뿌리네.

은 장식으로 가득한 하니족 어린이의 모자

撒穀種要雨點樣均勻,
要像姑娘帽子上的銀泡花.

穀種的奶汁是哪樣?
龍潭裡出來的清泉水.
看秧田要像照管娃娃,
不要讓牛馬, 鼠雀糟蹋.
一天要放三回水,
一天要灑三回水,
讓穀種快快成長.

穀種撒下去,
大田要翻犁,
犁耙沒有牛,
腳手粗壯難種田.

請問寨頭的長老,
犁田的牛去哪裡找?

볍씨는 빗방울처럼,
아가씨 모자 위 은방울꽃처럼 골고루 뿌려야 하네.

볍씨의 젖줄은 무엇일까?
용담에서 나오는 맑은 샘물이라네.
모판은 아기를 돌보듯 해야 하고,
소나 말, 쥐나 새로부터 잘 지켜야 하네.
하루에 세 번 물 주고,
하루에 세 번 물 뿌려,
볍씨가 빨리 자라게 하네.

볍씨를 뿌리고,
논에 쟁기질을 해 줘야 하지,
쟁기질하는데 소가 없으면,
손발이 튼튼해도 농사짓기 어렵네.

마을의 어르신께 여쭤보았네,
"쟁기질할 소는 어디서 찾습니까?"

윈난 소수민족 거주 지역에서 흔히 볼 수 있는 물소

犁田的牛松格這地方有,	"쟁기질할 소는 쑹거[13]라는 곳에 가면 있고,
買牛的銀子要石頭一樣多.	소를 살 은은 돌멩이처럼 많네."
身背飼午飯,	점심밥 등에 지고,
各去一條路,	각자의 길을 떠나지,
買牛來到松格地方.	소를 사러 쑹거에 왔네.
問水牛價錢値多少.	물소 값이 얼마인지 물었네.
看水牛兩角開不開.	물소의 두 뿔이 넓게 벌어졌는지 보고,[14]
瞧水牛尾巴花不花.	물소의 꼬리가 얼룩덜룩한지 보네.[15]
兩隻牛角如竹筍,	죽순 같은 소뿔 두 개가,

13_ [원주] 훙허현 경내에 위치한 지역이다.
14_ [원주] 소의 형태를 보고 소의 힘을 판단하는 하니족의 경험에 따르면, 두 뿔이 벌어져 사이의 거리가 멀수록 소의 힘이 약하다고 여긴다.
15_ [원주] 하니족은 소꼬리가 얼룩덜룩하면 불길하다고 여긴다.

大弓一樣朝裡彎,	활처럼 안으로 구부러져 있고,
牛尾上下沒有花,	소꼬리 위와 아래엔 잡털이 없네.
犁田力氣大,	쟁기질은 힘이 많이 드는데,
一根索子拉著就會耙.	줄 한 가닥으로도 쟁기질하겠네.
威咀看著會順眼,	웨이쭈이 신께서 보시면 흡족하시겠지,
實車望見會喜歡.	스처[16]께서 보시면 기뻐하시겠지.
牛價不高把牛買,	싼값에 소를 사고,
高高興興趕回家,	신나게 집으로 돌아간다네,
拉著牛回家的是哪個?	소 끌고 집에 오는 건 누구일까?
拉著牛回家的是跛腳里德.	소 끌고 집으로 돌아오는 이는 절뚝거리는 리더라네.

松格梁子的牛在不慣高山,	쑹거 산등성이의 소는 높은 산이 익숙하지 않아 데려온 지 며칠 만에 죽어버렸네.
買來幾天就死了.	
犁田耙田的尖角牛死了,	쟁기질하던 날카로운 뿔의 소가 죽어버렸지,
男人老實着急,	남자는 정말 조급해져서,
二天敬獻威咀的飯,	이틀 동안 웨이쭈이께 밥을 올리며,
沒有牛來犁田怎樣栽?	쟁기질할 소가 없이 어떻게 농사를 지을지 여쭈었다네.

二天敬獻實車的飯,	이틀 동안 스처께 밥을 올리며,
沒有牛來耙田怎樣種?	쟁기질할 소가 없이 어떻게 농사를 지을지 여쭈었다네.

請問寨中的長老,	마을 어르신께 여쭈었다네,
松格買來的牛死了,	"쑹거에서 사온 소가 죽어버렸어요.
犁田耙田的牛哪裡去找?	쟁기질할 소를 어디 가서 찾아올까요?"

16_ [원주] 하니족 전설에서 곡식을 관장하는 신이다.

白宏垤瑪有牛賣,	"바이홍[17] 사람들이 사는 데마[18]에서 소를 판다지.
一頭牛要兩頭牛的價錢,	소 한 마리 값이 배이긴 하지만,
買牛的銀子要石頭一樣多.	소 살 돈은 돌멩이처럼 많았네."
請問白宏垤瑪的牛主人,	바이홍 사람들이 사는 데마의 소 주인에게 물었지,
牛的價錢要多少?	"소 가격이 얼마요?
牛身子多大,	소가 아주 크니,
不能要牛身子重的錢.	소 무게로 값을 치면 안 되오.
牛毛有多少根,	소털이 몇 가닥이든
不能要牛毛一樣多的錢.	소털만큼 많은 가격을 치면 안 되오.
買賣雙方不吃虧,	거래는 서로 손해 보지 않게,
牛價給你銀子四五錢.	소 값으로 은 너덧냥을 치르겠소."
兌了銀子買成牛,	은으로 소를 샀네,
拉著耕牛轉回家,	논 갈 소를 끌고 집으로 왔지,
吆喝耕牛快快走,	소에게 얼른 가자고 소리치면서,
早早回家犁田耙田.	집으로 돌아와 쟁기질하고 써레질했네.
挖田的人,	농사짓는 사람들아.
四個眼的犁快安好,	성에 넷인 쟁기를 잘 갖춰두고,
九個齒的木耙快修理.	이빨 아홉인 나무써레 얼른 손봐 두시게.
犁田要犁三回,	쟁기질 세 번 하고,
耙田要耙三道.	써레질 세 번 하네.
威咀吃的穀米要栽出來,	웨이쭈이가 드실 벼를 심으세,

17_ [원주] 하니족의 한 지파이다.
18_ [원주] 훙허현 경내에 있다.

소와 함께 농사를 짓는 소수민족의 모습
(추숭 이족박물관 소장)

實車吃的穀米要栽出來.

布穀叫了,
春耕時節來到.
燕子叫了,
安排農活的時節來到.
田裡的水一天比一天變熱了,
男人女人趕快去下田.
衆: 薩—薩!

二月

薩拉阿依 —
舊的一月過去,
新的一月來到.
山上的桃花開了,
寨邊的染飯花香了.

스처가 드실 벼를 심으세.

뻐꾸기가 우니,
농사철이 되었구나.
제비가 우니,
농사 준비할 계절이 왔네.
논에 물이 나날이 따뜻해지니,
남자 여자 할 것 없이 논으로 가세.
다 같이: 싸—싸!

이월

싸라아이 —
낡은 한 달이 지나가고,
새로운 한 달이 왔다네.
산 위에는 복사꽃이 피었고,
마을 어귀에서는 히말라야나비나무 꽃[19]-이 향기

女人織布忙,
家家織機滴答響.
男人犁田不知太陽落山,
燒起篝火歇田房.
不是過年的時候,
要染黃糯米過一回節.

高山上撒蕎子的時節到了,
河壩裡栽棉花的時節到了,
背肥的女人不歇腳,
像採花的蜜蜂出出進進.
砍地的男人,
左手拿鉤把,
右手把彎刀握得緊緊,
砍倒刺叢雜草.
挖田的男人,
忙得淌汗的時節來到了,
一天幹十天吃的日子,
揮動亮閃閃的大鋤頭,
泥水沾臉不怕,
挖斷土狗, 蚯蚓的頭不怕,
挖斷泥鰍, 黃鱔的腰不怕,
你挖我不停,

를 풍기네.
여인들은 옷감 짜기 바쁘니,
집 집마다 달그닥 베틀 소리 들려오지.
남자들은 쟁기질로 해지는 줄 모르고,
모닥불 피워 농막에서 휴식 취하네.
새해가 아니지만,
찹쌀을 노랗게 물들여 한 차례 명절을 지내네.

산 위에 메밀 씨를 뿌릴 때가 왔네,
강둑 평지에 목화를 심을 때가 왔네,
거름 진 여인들은 쉬지도 않고,
꽃을 따는 꿀벌처럼 드나드네.
땅 파는 남자들은,
왼손에 고우바[20] 들고,
오른손에 벌목 칼 움켜쥐고,
가시덤불과 잡초 베어 넘기네.
밭 일구는 남자들이,
바쁘게 땀 흘릴 때가 왔네,
하루에 열흘 먹을 일을 하네,
번쩍이는 큰 괭이를 휘두르며,
얼굴에 진흙 묻어도 개의치 않지,
땅강아지, 지렁이 머리 잘린 것도 겁나지 않고,
미꾸라지, 드렁허리 허리 잘린 것도 겁나지 않지,
각자 멈추지 않고 파고,

19_ (역주) '染飯花'는 '추엽취어초(鄒葉醉魚草)'라고도 하는데 학명은 'Buddleja crispa Benth.'이고, '히말라야나비나무(Himalayan Butterfly Bush)'라고도 불린다. 중국의 윈난성, 쓰촨성, 티베트 지역에 자라며 은빛 잎과 향기로운 꽃을 갖고 있다. 많은 나비에게 꿀을 제공하기에 '나비나무'라고 불린다.
20_ [원주] 풀을 벨 용도로 대나무로 만든 공구.

我挖你不閒.	서로 쉬지 않고 파네.
布穀鳥叫了,	뻐꾸기가 우니,
春耕的時間來到.	농사철이 돌아왔구나.
燕子叫了,	제비가 우니,
催生產的日子來到.	농사를 재촉하는 날이 왔다네.
漢人下種的季節到了,	한족이 씨를 뿌릴 때가 되었고,
哈尼栽秧的季節快來了.	하니 사람들은 모를 심을 계절이 다가온다네.
寨邊的小秧蓋滿秧田水,	마을 어귀의 작은 모들 논을 뒤덮는데,
嫩汪汪像床緣行毯.	어린 모종은 침대의 담요처럼 부드럽고,
秧苗望著山下了,	모종은 산 아래를 바라보며,
等著要嫁大田了.	큰 논으로 시집가길 기다린다네.[21]
弟兄不分家會在一處,	형제는 분가하지 않아도 함께 있을 수 있지만,
穀秧不分家不會在一處.	벼 모종은 분가해야 함께 모일 수 있네.
衆: 薩—薩!	다 같이: 싸 — 싸!

三月 / 삼월

薩拉阿依 —	싸라아이 —
舊的一月過去了,	낡은 한 달이 지나가고,
新的一月來到.	새로운 한 달이 왔다네.
勤勞的夥子,	부지런히 일하는 젊은이,
挖田地的男人,	농사짓는 남자,
快上山砍錐栗木,	재빨리 산에 올라 밤나무 베고,
修理九齒木耙.	이빨 아홉인 나무써레 손보네.

21_ [원주] '큰 논으로 시집을 간다'는 것은 모내기를 의미한다.

快下箐扯老藤子,	재빨리 덩굴을 잡아당겨,
扭成牢牢的耙索.	단단하게 갈퀴 줄을 꼬네.
架起彎角的牯子牛,	뿔이 구부러진 황소에 멍에를 매어,
耙田要耙三回.	쟁기질을 세 번 해야 하네.
一天幹十天吃的日子,	하루 열심히 일해서 열흘을 먹으니,
吃奶的小牛叫娘不要心疼,	젖을 먹는 송아지가 어미를 찾아도 괴로워하지 않고,
三歲的小牛上耙不要手軟,	세 살 난 송아지 쟁기 씌울 때 사정 봐주지 않고,
九歲的老牛上耙不要心軟.	아홉 살 된 늙은 소 쟁기 씌울 때 맘 약해지지 않네.
滿月的小娃,	한 달 된 아기도,
一天變一個樣.	하루하루 달라지지.
弟兄不分家會在一處,	형제는 분가하지 않아도 함께 있을 수 있지만,
秧田不分家不會在一處,	모는 분가해야 함께 모일 수 있네.
秧苗姑娘長大,	모가 다 자라면,
要嫁婆家了.	시집가야 하지.
耙田過後三天,	쟁기질하고 사흘 후,
歡歡喜喜開秧門.	기쁘게 모판을 여네.
勤勞的女人,	부지런히 일하는 여인은,
半夜起來燒火煮飯,	한밤에도 일어나 불을 때고 밥을 하네.
床上娃娃蹬開被窩忙不得看,	침대 위의 아기들이 이불을 차도 보지 않고,
腰帶散落地上顧不得管,	허리띠가 바닥에 떨어져도 상관 않고,
栽秧吃的飯菜煮好了,	모심을 때 먹을 밥과 반찬 다 해두네.
公雞還未跳出窩.	그래도 수탉은 아직 닭장을 뛰쳐나오지 않았네.
栽秧要先栽三耙,	모를 심기 전에 먼저 쟁기질 세 번,
不是我家先栽秧,	우리가 먼저도 아니고[22]

22_ [원주] 하니족은 예전에 가장 먼저 모내기를 하면 불길하다는 말이 있었다.

하니족의 계단식 논은 천수답으로, 물고기나 조개를 키우기도 한다.

不是我家後栽秧,	우리가 나중도 아니네.[23]
先栽的頭把秧,	먼저 심는 첫 번째 모는,
是人的面份.	사람을 위한 것이네.
中間栽的第二把秧	중간에 심는 두 번째 모는,
是莊稼的面份,	곡식들을 위한 것이지.
後栽的第三把秧,	마지막에 심는 세 번째 모는,
是牛馬牲畜的面份,	소와 말, 가축을 위한 것이네.
栽秧要用什麽獻?	모를 심을 때 신에게 무엇을 올리나?
要染黃糯米飯敬獻,	노랗게 물들인 찹쌀밥을 올리고,
要染紅雞蛋來敬獻.	붉게 물들인 달걀을 올리지.

23_ [원주] 하니족은 모내기를 늦게 하는 것이 신에게 불경스러운 일이라고 여겼다.

찹쌀로 만든 밥은 논밭에 일하러 갈 때 가장 흔히 먹는 음식이다.

栽秧的日子,	모를 심는 날은,
田壩像趕街子一樣熱鬧.	논이 시장처럼 북적거리네.
阿爸阿媽來栽秧,	아빠 엄마도 와서 모내기하고,
兄弟姐妹來栽秧,	형제자매도 와서 모내기하고,
親戚朋友來栽秧.	친척과 친구도 와서 모내기하네.
彝家栽秧的日子,	이족 사람이 모를 심는 날,
傣家栽秧的日子,	다이족 사람이 모를 심는 날,
哈尼栽秧的日子.	하니 사람이 모를 심는 날,
阿爸阿媽不要害羞,	아버지 어머니 부끄러워 마시고,
哥哥姐姐不要害羞.	형님, 누님 부끄러워 마세요.
你栽秧我不歇手,	남이 모를 심는다고 내가 쉴 수 없고,
我栽秧你不閑著.	내가 모를 심는다고 남이 한가하지는 않네.
威咀吃的栽下了,	웨이쭈이가 드실 것 심었지,
實車吃的栽下了.	스처가 드실 것도 심었네.
一季栽秧一年糧.	한 철 심은 모가 한 해 양식이 되네.
衆: 薩—薩!	다 같이: 싸—싸!

四月	사월

薩拉阿依 ―
舊的一月過去了,
新的一月來到.
梨樹結出嫩嫩的綠果,
仰阿娜的日子來到了.

低洼的地方有千百處,
最低的是河水淌的地方.
高高的山峰有千座萬座,
最高的是孟資山[25]-
地上大大小小動物出來游,
天上星星鬥鬥出來游.
山頭的妥底瑪依開放,
山溝的索都扎依開放.
女人的包頭角,
像老鷹翅膀扇動,
姑娘身上的腰帶亮閃閃,
比妥底瑪依還漂亮.

姑娘小夥仰阿娜,
老人小娃仰阿娜,
村村寨寨仰阿娜,

싸라아이 ―
낡은 한 달이 지나가고,
새로운 한 달이 왔다네.
배나무는 부드럽고 푸릇푸릇한 열매를 맺고,
양아나[24]-의 날이 왔다네.

수천 곳의 낮은 지대 중,
가장 낮은 곳은 강물이 흐르는 곳이지.
수많은 산봉우리 중에서,
가장 높은 곳은 멍쯔산이라네.
크고 작은 동물들이 나와서 놀고,
하늘의 별도 다투어 나와 노네.
산꼭대기에는 튀디마이가 피어있고,
산골짜기에는 쒀두자이[26]-가 피어있네.
여인들의 머릿수건은,
독수리가 날개를 펄럭이는 듯하고,
아가씨 몸에 허리띠가 반짝반짝 빛나니,
튀디마이보다 아름답구나.

아가씨도 총각들도 양아나에,
노인도 아기도 양아나에,
마을마다 양아나에서,

24_ [원주] 하니족 예처인의 전통 활동이다. 매년 음력 4월에 논에 모를 심은 후 거행한다. '양아나'는 '휴식'이라는 뜻이다.
25_ [원주] 훙허현 경내에 있다.
26_ [원주] 철쭉의 일종이다.

본문에 나오는 예처인이 바로 이처인인데, 이처인의 복식에는 그들의 고달픈 삶의 역사가 담겨있다. 오곡의 곡식을 넣고 소가죽으로 만든 북을 치면서 춤을 추고 있다. 이 춤은 곡식의 성장을 기원하는 유감주술 행위를 보여준다. (홍허현 다양제촌大羊街村)

敲起牛皮鼓仰阿娜,
敲起鋩鑼仰阿娜,
不上山歡樂的人沒有了,
臉上不見笑的人沒有了.

古時候阿皮拾德棕莫,
站在孟資山上,
一眼一眼望下去,
傣家地方讓它穀子好,
漢人地方讓它穀子好.
一眼一眼朝上看去,

소가죽 북을 울려대고,
꽹과리를 울려대네.
산에 올라온 모두가 기뻐하고,
모두가 웃음 짓고 있네.

옛날에 아피 스더쭝모[27]께서는,
멍쯔산에 서서,
꼼꼼하게 일일이 내려다 보시며,
다이족 사람들 사는 곳 농사 잘되게 해 주시고,
한족 사람들 사는 곳 농사 잘되게 해 주셨네.
꼼꼼하게 일일이 위로 올려다보시며,

27_ [원주] '아피'는 나이 많은 여성에 대한 존칭이며 '스더쭝모'는 하니족 전설에서 가장 먼저 양아나를 시작한 조상이다.

高山的蕎子讓它飽滿, 五穀是人不死的藥.	높은 산에 메밀이 가득 차게 하시니, 오곡이 사람에게는 불사약이네.
四月到了, 田地等著要梳頭了, 比哭阿媽飛出來了, 安排女人來薅頭道秧. 比哭阿媽住在哪裡? 住在墨索地方. 它從遠遠的地方叫着來, 催促人們快薅秧. 家裡的女人, 丟開吃奶的娃娃, 像鴨子一樣鑽進田裡, 黑草要拔乾淨, 黃草要拔乾淨, 你薅秧我不歇手, 我薅秧你不閑着. 衆: 薩―薩!	4월이 오면, 밭에서는 머리 빗길 기다린다네. 비쿠아마[28]-가 날아들고, 여자들이 나와서 모를 살짝 당겨주게 하네. 비쿠아마는 어디에 사나? 헤이쒀[29]- 지역에 살지. 비쿠아마를 머나먼 곳에서 불러다, 어서 김매라고 재촉하네. 집 안의 여자들, 젖먹이 아기 집에 두고, 오리처럼 논으로 들어오지, 검은 풀도 깔끔하게 뽑고, 누런 풀도 깔끔하게 뽑아버리지, 너도나도 쉬지 않고 손 움직여 김매고, 너도나도 바쁘게 김매네. 다 같이: 싸―싸!
五月	오월
薩拉阿依 ― 舊的一月過去了,	싸라아이 ― 낡은 한 달이 지나가고,

28_ [원주] '비쿠아마'는 작은 새의 일종이다.
29_ [원주] 옛날 지명이다.

新的一月來到,	새로운 한 달이 왔네.
雨水下地了,	빗물이 땅으로 내리고,
竹筍節節冒土了.	죽순이 마디마디 솟아난다네.
一年不滿過第三次年的日子來了,	한 해가 다 지나기도 전에 세 번째 축제가 돌아왔지,
矻扎的時節來了.	커자의 계절이 다가왔네.
威咀不請自己來,	초청하지 않아도 웨이쭈이가 오시고,
實車不請自己來,	초청받지 않아도 스처가 오시네.
威咀要來看山寨,	웨이쭈이는 마을을 돌아보러 오시고,
實車要來保莊稼.	스처는 농작물을 살피러 오시네.
砍棵直直的松樹安磨秋,	쭉쭉 뻗은 소나무 한 그루 베어다가 모추 기둥 세우고,
背來綠綠的松枝撒馬路.	푸릇푸릇 솔가지 지고 와서 길에 뿌리네.[30]
好馬忘不了走過的路,	좋은 말이 가본 길을 잊지 않듯,
哈尼人忘不了磨秋場.	하니 사람은 모추 기둥 잊지 않지.
七十歲的老人來了,	칠순의 노인도 오셨고,

하니족 마을의 출입문에는 소나무 가지를 꺾어서 걸어 놓는다. 소나무는 요괴를 몰아낼 수 있는 신령한 힘을 갖고 있다고 믿는다. (훙허 위안양, 징커우)

30_ [원주] '다여우'는 하니족어로 '매미'라는 뜻이다.

三歲的小娃來了,	세 살배기 아기도 왔지,
小夥子一對對騎磨秋,	총각들은 짝을 지어 모추를 타고,
小姑娘一個一個打鞦韆.	아가씨들은 한 명씩 그네를 타네.
鞦韆高高地飛,	그네가 높이 날아,
把病害甩開.	모든 병을 날려버리고,
磨秋團團地轉,	모추가 뱅뱅 돌아,
把魔鬼撑走.	나쁜 귀신들을 내쫓아버리네.
男人女人平平安安,	남자나 여자나 모두 평안하고,
大寨小寨熱熱鬧鬧.	크고 작은 마을 모두 활기 넘치네.
放倒磨秋吹熱風,	모추가 끝나고 더운 바람 불어오면,
水田要薅第二道草.	논에 다시 김을 매줄 때라네.
薅紅草不留根,	붉은 풀뿌리째 김을 매고,
薅黑草不留根,	검은 풀뿌리째 김을 매지,
看去秧苗綠油油,	푸르른 모를 보면,
家家戶戶心喜歡.	집 집마다 마음이 흐뭇해지네.
衆. 薩—薩!	다 같이: 싸—싸!

六月 유월

薩拉阿依 — **싸라아이** —
舊的一月過去了, 낡은 한 달이 지나가고,
新的一月來到. 새로운 한 달이 왔네.
樹林裡達優鳴叫了, 숲속에는 다여우[31]가 울고,
秧棵的肚子圓圓打苞了. 모의 배에 둥그렇게 봉오리가 맺히네.

31_ [원주] 웨이쭈이신을 맞이하는 의미로 솔가지를 큰길에 뿌린다.

닭은 윈난 지역 소수민족의 제사에서 가장 중요한 제물이다.
이족의 제룡祭龍 의례에서 사제인 베이마가 나무에 닭 피를 발라
제사를 지내는 모습(開遠市 碑格鄕 架吉村 僕拉鄕)

雷, 你不要打,
雨, 你不要下,
風, 你不要刮,
讓秧棵平安生長.

家裡的男人,
不要四處竄玩,
快磨亮甩草刀,
去砍淨田邊的雜草.
快扛起鋤頭,
去把田埂鏟光滑.
鏟下雜草漚肥料,
老鼠不敢來做窩,
害蟲不敢來吃秧.

번개야, 치지 말아라,
비야, 내리지 말아라,
바람아, 불지 말아라,
모가 평안하게 자랄 수 있게.

집 안의 남자들은,
사방으로 놀러 다니지 않고,
풀 베는 칼을 반짝반짝 갈아,
논 가의 잡초를 베어버리네.
괭이를 들고,
논두렁을 매끈하게 깎지.
잡초를 뽑고 비료를 푸네.
쥐가 굴을 만들지 못하게,
해충이 와서 모를 갉아먹지 못하게.

殺隻小雞祭穀神,	작은 닭 잡아서 곡식신께 제를 지내니,
穀神長在秋苗旺.	곡식신이 모를 무럭무럭 자라게 하시네.
衆: 薩—薩!	다 같이: 싸—싸!

七月　　　　　　　　　　　　칠월

薩拉阿依—　　　　　　　　**싸라아이**—
舊的一月過去了,　　　　　　낡은 한 달이 지나가고,
新的一月來到.　　　　　　　새로운 한 달이 왔네.
七月吹熱風,　　　　　　　　7월에는 뜨거운 바람이 불어,
穀子抽穗穀花香.　　　　　　벼꽃향이 흩날린다네.
達優處處叫了,　　　　　　　매미가 곳곳에서 울고,
一年的糧掛到嘴邊了.　　　　한 해의 양식이 눈앞에 있네.
勤勞的男人,　　　　　　　　부지런한 남자들,
快拿起七尺長的竹刀,　　　　서둘러 7척짜리 긴 대나무칼로,
砍倒田埂上的茅草.　　　　　들판의 억새를 베어 넘기네.
快去砍來木條子,　　　　　　나뭇가지 잘라 와,
修理漏雨的田房.　　　　　　비 새는 농막을 고치지.
七月吃新穀的節氣來到了,　　7월이면 햅쌀을 먹는 절기가 오니,
挖來甜甜的竹筍,　　　　　　맛있는 죽순을 뽑아오고,
摘來嫩嫩的豆莢,　　　　　　보드라운 콩깍지를 따오고,
炸出白生生的米花,　　　　　새하얀 쌀을 볶아서,
再祭一次穀神.　　　　　　　다시 곡식신께 제사를 올리네[32].

32_ (역주) 곡식의 영혼에게 제사를 지내는 것은 하니족, 와족, 징포족 등 여러 민족에게 전승되는 습속이다. 김선자, 『오래된 지혜』(어크로스, 2012), 나상진, 「윈난성(雲南省) 남부 소수민족의 곡물신화와 의례 - 윈난성 하니족 · 와족을 중심으로」(『외국학연구』 제31집, 2015. 3.) 참조.

雷, 不要驚跑穀魂,
雨, 不要衝走穀魂,
風, 不要吹散穀魂,
願穀子的臉轉向寨子,
望著哈尼的大門.
眾: 薩─薩!

번개야, 벼의 영혼을 놀라게 하지 마라,
비야, 벼의 영혼을 쓸어가지 마라,
바람아, 벼의 영혼을 흩어버리지 마라,
벼의 얼굴이 마을로 향하기를,
하니의 대문을 보고 있기를 바라네.
다 같이: 싸─싸!

八月

팔월

薩拉阿依 ─
舊的一月過去了,
新的一月來到.
達優不停地叫,
達優催秋收的時節到了.

싸라아이 ─
낡은 한 달이 가고,
새로운 한 달이 왔네.
매미는 쉬지 않고 울면서,
가을걷이를 재촉한다네.

穀穗彎腰了,
穀子要回家了.
勤勞的男人,
快把打穀船收好,
溝上的木橋要加固,
進村的大路要修寬.
勤勞的女人,
快縫補裝糧的麻袋,
快準備割穀的鋸鐮.

이삭으로 허리가 굽고,
벼가 집으로 돌아가려 하네.
부지런한 남자들은,
서둘러 곡선[33]으로 탈곡해서 거둬들이고,
개울 위에 나무다리 튼튼하게 덧대고,
마을로 들어오는 큰길 넓게 닦아두네.
부지런한 여자들은,
쌀을 담을 마대 서둘러 기워두고,
벼를 벨 톱 낫 서둘러 준비하네.

33_ [원주] '곡선(穀船)'은 탈곡하는 용구로, 모양이 배와 같다.

栽在河壩的棉花開了,
快背上布包拾棉花.
種在山樑上的高梁紅了,
快背著背簍去採.
梯田裡的穀子黃了.
汗水淌出來的糧食到口了,
尼像蜜蜂忙的日子來到了!

鋸鐮快快地割,
穀船重重地打,
你割穀我不歇手,
打穀你不松閒,
莊稼收到家,
殺一隻母雞,
殺一隻公雞,
蒸一甑糯米飯,
祭獻守倉的穀神.
衆: 薩 — 薩!

강가에 심은 목화꽃이 피었으니,
서둘러 포대 매고 목화 따러 가네.
산등성이에 뿌려둔 수수가 빨갛게 익었으니,
서둘러 등짐바구니 메고 담으러 가네.
다랑논에 벼가 누렇게 익으니,
땀 흘려 키운 양식이 입으로 들어오네,
하니 사람들 꿀벌처럼 바빠지는 날이 오네.

톱 낫으로 서둘러 베고,
곡선으로 탈곡하고,
너도나도 쉬지 않고 벼를 베고,
부지런히 탈곡하네.
곡물을 거두어 집으로 와서,
암탉 한 마리 잡고,
수탉 한 마리 잡고,
찹쌀밥 한 시루 쪄서,
곳간을 지키는 곡식신에게 제사를 올리네.
다 같이: 싸 — 싸!

九月

薩拉阿依 —
舊的一月過去了,
新的一月來到.
樣樣莊稼收回來了,
家裡糧倉滿滿的了.

勤勞的人,

구월

싸라아이 —
낡은 한 달이 가고,
새로운 한 달이 왔네.
갖은 곡식 거두어서 돌아왔으니,
집안의 곳간이 가득 찼네.

부지런한 사람은,

吃著新米要想著明年,	햅쌀을 먹으며 내년을 생각하네.
鋤頭要加鋼,	괭이를 날카롭게 갈아놓고,
趁天熱好挖田.	날씨가 더워서 땅이 잘 파지는 틈을 타,
你挖我不歇手,	너도나도 쉬지 않고 땅을 파지,
我挖你不松閑.	너도나도 땅 파느라 바쁘네.
搭好騾子背一樣的埂子,	좋은 노새 등 같은 논두렁 타고,
挖過頭道田,	첫머리 논을 파두고,
哈尼要過十月年.	하니 사람들 열 달 한 해를 지내려고 하네[34].
衆: 薩—薩!	다 같이: 싸—싸!

十月

시월

薩拉阿依 —
舊的一年過去,
新的一年來到.
最後的一日翻過來了,
最後的一月翻過來了.
住河壩的傣家,
有自己過年的日子.
住大寨子的漢人,
有自己過年的日子.
不是山上的樹沒有脚,
哈尼也有過年的時候.
哈尼的年哪時過?
年頭年尾怎樣分?

싸라아이 —
낡은 한 달이 가고,
새로운 한 달이 왔네.
한 해의 마지막 날로 넘어왔네,
한 해의 마지막 달로 넘어왔지.
강가 평지에 사는 다이족은,
자기들만의 새해가 있고,
큰 마을에 사는 한족도,
자기들만의 새해가 있네.
산 위의 나무도 발붙일 곳 있듯이,
하니 사람들도 새해가 있네.
하니족은 새해를 어떻게 보내나?
연말과 연시는 어떻게 나뉘나?

34_ [원주] 하니족 역법은 10월을 한 해의 시작으로 정해두었다. '시월년(十月年)'은 하니족의 가장 성대한 명절이다.

哈尼過年在十月間,	하니족 새해는 10월이니,
吃新穀飯的那天算一年.	햅쌀밥 먹는 그 날을 새해 첫날로 치네.
最先吃年飯的是哪個?	누가 가장 먼저 새 밥을 먹나?
最先吃年飯的是臘咪阿母.	라미아무[35]-가 가장 먼저 새 밥을 먹지.
最先踩粑粑的是哪個?	누가 가장 먼저 디딜방아를 밟아 바바를 만들었나?
最先踩粑粑的是歐紅然依.	어우훙란이가 가장 먼저 바바를 만들었지.
葉車最先煮年飯的是哪個?	예처에서 누가 가장 먼저 밥을 지었나?
是阿皮火白火谷阿媽.	아피 휘바이휘구[36]- 할머니라네.
花開有最好的一朵,	가장 예쁘게 핀 꽃 한 송이,
一日有最好的時辰,	하루 중 가장 좋은 시간,
哈尼過年哪天日子好?	하니 사람들 새해에 어느 날이 가장 좋을까?
屬兔的日子最好.	토끼 날이 가장 좋다네.
天神保平安,	하늘신이 평안하게 지켜주시고,
地神保平安,	땅의 신이 평안하게 지켜주시고,
寨神保平安,	마을 신이 평안하게 지켜주시니,
寨寨熱熱鬧鬧,	마을마다 활기가 넘치고,
家家喜喜歡歡.	집 집마다 즐거워하네.
衆: 薩―薩!	다 같이: 싸―싸!

35_ [원주] 하니족 전설 속의 여성 조상 중 한 명.
36_ [원주] 하니족 전설 속의 여성 조상 중 한 명.

원서 편자 후기

　56개의 민족이 어우러져 하나의 '중화민족'이 된 것은 그 기원이 유구하다. 중화민족은 길고 긴 역사 속에서 여러 민족이 어우러져 살아가면서 서로 교류하고 함께 발전하여 풍부하고 찬란한 민족문화를 창조했다. 중국에서 가장 다양한 민족이 거주하는 윈난성雲南省의 민간문화는 특히 놀라울 정도로 풍부해서 그 뿌리가 깊고 찬란하다. 그중에서도 윈난 민간문화의 핵심 구성 부분인 민간문학은 여러 민족이 전승해온 무한한 창조적 감각과 천재적인 미적 감각을 집중적으로 표현한 언어예술이다. 그 안에는 수많은 문학적 의미가 들어있어 영원히 보존해야 할 가치가 있다. 윈난성에 거주하는 여러 민족이 구비전승과 문헌 전승으로 함께 전해온 그 문학작품 속에는 고대로부터 현대까지 이어져 온 기나긴 역사가 들어있으며, 각 민족의 종교 신앙과 역사, 생활 모습 등 그 민족의 인식과 지혜가 응축되어 들어있다. 그래서 그 작품들은 민족문화의 뿌리이며 영혼의 고향일 뿐 아니라 인류학이나 민족학 등 관련 분야를 연구하는데 가장 귀한 자료이기도 하다. 또한, 그것은 조화롭고 평등하게 공동 발전하는 민족 관계를 설정하게 해주며, 여러 민족이 '중화민족'이라는 '대 가정' 안에서 서로 왕래하며 함께 번영하는 방향으로 나아갈 수 있게 한다.

　지난 수십 년 동안 각 민족을 대표하는 학자들과 문화 분야 종사자들은 여러 대에 걸친 끊임없는 노력으로 윈난성의 많은 민간문학 작품을 수집, 정리하여 민간문학 연구에 필요한 귀한 자료들로 만들어왔다. 물론 이 작업은 지금도 계속 이어지고 있다. 윈난인민출판사雲南人民出版社는 1950년대부터 이러한 분야의 작품들을 꾸준히 출판해왔다. 이런 기초 작업 위에서 윈난인민출판사는 〈윈난 민족 민간문학 전장雲南民族民間文學典藏〉 시리즈를 펴내어 윈난 민족문화의 경전들을 재현해냈다. 『열두거리十二奴局(스얼누쥐)』는 그중의 하나이다.

『열두거리』는 하니족哈尼族 민간에서 광범하게 전해지고 있는 서사시이자 하니족 사람들이 오랜 기간 집단 창작한 장편 대작으로써 '하니哈尼'의 전통 곡조형식으로 민간에서 불리며 대대로 전승되어왔다.

'누쥐奴局'는 한문漢文의 '편篇', '장章' 혹은 한족 음악에서 '곡목曲目'에 해당하는 하니어이다. 즉, 『열두거리』란 '열두 종류의 노래'를 뜻한다. 한 곡의 '거리'는 다른 곡들과 서로 관련이 있으면서도 별도로 한 곡만 따로 불릴 수 있게 독립적인 주제가 있는 형식을 일컬어 '하바哈巴'라고 한다. 그래서 하니족 민간에서 "12종의 누쥐, 72개 하바"라는 말이 전해진다.

『열두거리』는 오랜 옛날 하니족 선조들의 독특한 상상과 천체현상, 인류의 번영, 하니족의 역사, 역법 계산, 사계절별 규칙, 농사 활동 등 각 분야에 대한 인식을 반영하고 있다. 『열두거리』에는 천지창조, 인류의 기원, 민족 이동에 대한 하니족 선조들의 인식이 고스란히 나타남으로써 창세 신화와 영웅 서사시를 합한 성격을 지닌다. 이는 하니족이 가장 중시하는 문화이자 고전문학 가운데 하나이자, 진정한 의미의 동양적 분위기로 심금을 울리는 "창세기"라고 할 수 있다.

『열두거리』를 수집, 정리하는 작업은 전반과 후반 두 차례에 걸쳐 진행되었다. 첫 번째 작업은 사라져가는 소수민족의 민간문화유산을 긴급히 발굴하기 위해 1979년 훙허紅河의 관계 기관들이 개최한 민가대회에서 시작되었다. 이 민가대회에 하니족哈尼族과 이족彝族의 장뉴랑張牛郎, 리저루李遮祿, 리정싱李正興, 리칭루李慶祿와 같은 명창들이 하니족과 이족의 민간 시가를 부르고 민담을 연행했다. 바로 여기서 하니족 명창 장뉴랑이 연창한 곡을 하니족 문화인 리자순李家順이 하니어를 중국어로 번역하고, 자오관루趙官祿와 귀춘리郭純禮가 기록, 정리하여 『열두거리』가 완성되었다. 그 가운데 세 곡이 『훙허문학紅河文學』에 게재되었다. 두 번째 작업은 황스룽黃世榮, 궈춘리郭純禮가 다시 하니족 명창 투훠사涂伙沙, 바이쭈보

白祖博, 리커랑李克朗을 초청해 연창을 보충했으며, 이를 1979년 장뉴랑 연창본과 결합해 비교적 빠짐없이 갖추어지고 어느 정도 대표성을 갖춘 『열두거리』 판본이 완성되었다. 그리고 윈난인민출판사에서 1989년 10월에 이 판본을 출판했다.

이 책은 윈난인민출판사의 1989년 10월 판본을 채택했으며 재판본은 수정없이 출판했다.

〈단행본〉

雷兵, 『哈尼族文學史』, 雲南民族出版社, 2014.
鄧麗娜, 『雲南紅河縣哈尼族奕車女子傳統服飾中的"層次"風格研究與創新』, 北京服裝學院碩學位論文, 2018. 12.
李娜, 『哈尼族遷徙史詩的歷史記憶與民族認同研究』, 雲南師範大學文學院碩士學位論文, 2022. 5.
李克忠, 『寨神 - 哈尼族文化實證研究』, 雲南民族出版社, 1998.
白們普 等 演唱, 盧保和·龍元昌 等 搜集·整理·翻譯, 『都瑪簡收 - 哈尼族神話古歌』, 雲南民族出版社, 2004.
孫潭, 『哈尼古歌『十二奴國局』的族群記憶研究』, 雲南藝術學院碩士學位論文, 2021.
雲南省民間文學集成辦公室編, 『哈尼族神話傳說集成』, 中國民間文藝出版社, 1990.
雲南省少數民族古籍整理出版規劃辦公室 編, 『斯批黑遮』, 雲南民族出版社, 1990.
_____, 『指路經』 第1輯(「羅平『指路經』」), 雲南民族出版社, 1989.
王夢婷, 『習慣法視覺下雲南紅河哈尼族自然禁忌研究』, 南開大學博士學位論文, 2020. 5.
王清華, 『梯田文化論 - 哈尼族生態農業』, 雲南人民出版社, 2010.
尹紹亭, 『雲南山地民族文化生態的變遷』, 雲南教育出版社, 2009.
趙媛媛, 『哈尼族』, 吉林文史出版社, 2010.
趙呼礎·李期博, 「殺魚取種」, 『中國民間故事集成·雲南卷』(上冊), 北京, 中國ISBN中心, 2003.
張多, 『神話觀的民俗實踐 - 稻作哈尼人神話世界的民族誌』, 中國社會科學出版社, 2022.
周志民·李澤然, 『哈尼族』, 遼寧民族出版社, 2014.
朱小和 演唱, 史軍超 等 整理, 『哈尼阿培聰坡坡』, 雲南民族出版社, 1986.
朱小和 演唱, 盧朝貴 等 搜集·整理·翻譯, 「窩果策尼果·嵯祝俄都瑪佐」, 西雙版納州民委 編, 『哈尼族古歌』, 雲南民族出版社, 1992.
左代楠, 『哈尼族民歌哈巴研究』, 西南大學碩士學位論文, 2010. 5.
巢譯方, 『雲南哈尼族水井的生態人類學解讀』, 雲南大學民族研究院碩士學位論文, 2015. 5.
陳永鄴, 『歡騰的聖宴: 哈尼族長街宴研究』, 雲南大學出版社, 2009.
『哈尼族簡史』編寫組 編寫, 『哈尼族簡史』 修訂本, 民族出版社, 2008.

〈논문〉

丁桂芳,「儀式操演與價値記憶: 哈尼族奕車人"苦扎扎"獻祭儀式分析」,『中南民族大學學報』第30卷 第5期, 2010. 9.
羅夏梓平,「世易時移: 哈尼族長街宴中的共餐行爲與共同體意識」,『懷化學院學報』2024年 第43卷 第4期, 2024. 8.
劉復生,「族群問題三議 - 以藏彜走廊民族爲例」,『四川大學學報』(哲學社會科學版) 總第133期, 2004年 第4期.
李子賢,「魚 - 哈尼族神話中生命, 創造, 再生的象徵」,『思想戰線』1989年 第2期.
毛佑全,「哈尼族的神靈類型」,『西南民族學院學報』第2期, 1990. 5.
白永芳,「哈尼族口述史地名"谷哈"考及哈尼族南遷歷史」,『雲南師範大學學報』(哲學社會科學版) 2013年 第2期.
史軍超,「哈尼族遷徙史詩斷想」,『民族文學研究』1986年 第3期.
_____,「中國濕地經典 - 紅河哈尼梯田」,『雲南民族大學學報』(哲學社會科學版) 第21卷 第5期, 2004. 9.
_____,「瀬海文化與高原文化的嫡裔 - 哈尼族遷徙史詩研究」, 紅河哈尼族彜族自治州民族研究所 編,『哈尼族研究文集』, 雲南大學出版社, 1991.
孫官生,「從傳說與歷史看哈尼族族源」,『雲南社會科學』第二期, 1990.
姚敏·崔保,「哈尼梯田湿地生态系统的垂直特征」,『生态学报』2006年 26(7), 2006.
王蘭鳳,「哈尼族原始宗教信仰研究」,『學週刊』2013年 第8期, 2013. 8.
衛夢夢·司漢武,「哈尼族長街宴的功能分析」,『中國民族博覽』2020年 第8期, 2020. 4.
雲南省少數民族古籍整理出版規劃辦公室 編,「窩果策尼果(古歌十二調)」,『雲南少數民族古典史詩全集』(上卷), 雲南教育出版社, 2009.
張多,「敍事指向: 哈尼族創世神話溯源研究的方法論探索」,『神話學與中國西南民族』(李子賢教授學術紀念論文集)(下), 雲南教育出版社, 2021.
_____,「反思口頭傳統研究中的本土文類 - 以哈尼族"哈波"爲例」,『文化研究』2020年 第3期.
張莉·童紹玉,「雲南省元陽哈尼族梯田水文化: 傳統與變遷」,『楚雄師範學院學報』第29卷 第4期, 2014. 4.
長石,「歷史的迹化 - 哈尼族送葬頭飾"吳芭"初考」,『山茶』1988年 第2期.
哲赫,『哈尼考辯』, 雲南民族出版社, 2010.
鄭碩夫,「論哈尼族宗教中的生命觀」,『歌海』2013年 第1期, 2013. 1.
鄭宇,「哈尼族宗教組織與雙重性社會結構 - 以箐口村"摩匹—咪穀"爲例」,『民族研究』2007年 第4期, 2007. 7.
鄒輝,「植物的祭禮與象徵 - 哈尼族"昂瑪突"意義的再解讀」,『雲南社會科學』2008年 第5期, 2008. 9.
陳燕,「哈尼族遷徙研究的回顧與反思」,『思想戰線』2014年 第5期 第40卷.
傅永壽·常亞昕,「梯田莫批奴局哈巴 - 哈尼族史詩『十二奴局』的影像志書寫」,『雲南藝術學院學報』2021年 第2期.
韓穎琦·方蓉蓉,「生態批評視域中的哈尼族史詩『十二奴局』」,『紅河學院學報』第19卷 第6期, 2021. 12.
黃紹文·關磊,「哈尼族梯田灌漑系統中的生態文化」,『紅河學院學報』第10卷 第6期, 2011. 12.
黃紹文·王晏·滿麗萍,「以樹爲神的民族 - 從"昂瑪窩"個案解讀哈尼族的生態文化」,『紅河學院學報』2009年 第7卷 第1期, 2009. 2.
黃紹文·王晏·滿麗萍,「哈尼族自然宗教的神職人員 - 莫批」,『宗教學研究』2010年 第1期.

〈국내자료〉

김명현, 「하니족의 생태농업과 제전(梯田)」, 『농업사연구』 제8권 2호, 2009. 11.

김선자, 『중국 소수민족 신화기행』, 안티쿠스, 2010.

_____, 「영혼의 길 밝혀주는 노래, 『지로경』」, 이옥순 · 심혁주 · 김선자 · 이평래 · 선정규 · 이용범, 『아시아의 죽음문화』, 소나무, 2010.

_____, 『오래된 지혜』, 어크로스, 2012.

_____, 「중국 강족(羌族) 계통 소수민족 신화에 나타난 흰 돌[白石]의 상징성 - 빛과 불, 그리고 천신」, 『중국어문학논집』 제91호, 2015. 4.

_____, 「중국 서남부 지역 강족(羌族) 계통 소수민족의 용(龍) 신화와 제의에 관한 연구」, 『중국어문학논집』 제95호, 2015. 12.

_____, 「중국 윈난성 소수민족의 '곡혼(穀魂)' 신화와 머리사냥(獵頭) 제의에 관한 고찰」, 『중국어문학논집』 제102호, 2017. 2.

_____, 「중국 소수민족 신화와 생태, 그리고 '공유(commons)' - 담론의 전쟁에서 공유의 담론으로」, 『중국어문학논집』 제129호, 2021. 8.

_____, 「애도와 공포, 그 사이 - 중국 소수민족 신화와 의례에 나타난 죽음과 치유」, 『중국어문학논집』 제138호, 2023. 2.

김선자 엮어옮김, 『나시족 창세신화와 돔바문화』, 민속원, 2019.

나상진, 「윈난성(雲南省) 남부 소수민족의 곡물신화와 의례 - 윈난성 하니족 · 와족을 중심으로」, 『외국학연구』 제31호, 2015. 3.

_____, 「〈중화문명탐원의 신화학 연구〉와 비물질문화유산 - 윈난성 이족의 '지룽(祭竜)'을 중심으로」, 『중국어문학논집』 제111호, 2018. 8.

나상진 엮어옮김, 『오래된 이야기 메이거(梅葛)』, 민속원, 2014.

_____, 『이족 창세신화와 만물의 기원(彝族 査姆)』, 민속원, 2019.

연세대학교 중국연구원 신화연구소 엮음, 『아시아 신화 속 지혜로운 존재』, 민속원, 2005.

찾아보기

| 지명 |

가루가쩌(嘎魯嘎則) 20, 21
거주(個舊) 22
곤주(昆州) 18
구하미차(谷哈密査) 20, 21

나퉈(那妥) 20, 21
난와 216
난젠(南澗) 22
난젠이족자치현(南澗彝族自治縣) 22
낭주(郞州) 18
노수(瀘水) 17
누강수계(怒江水系) 23
뉘마아메이 21, 34, 184, 185, 189, 220
닝얼(寧洱) 22
닝얼하니족이족자치현(寧洱哈尼族彝族自治縣) 13

다두하(大渡河) 17, 21
다리(大理) 16, 21, 22
다멍 249
다모옌봉(大磨巖峰) 23
다양제 36
다양제향(大羊街鄕) 28
더우추 237

데마 271
덴츠(滇池) 16
둬양 255

라싸 199, 201, 206, 216, 220
라오미 255
라오보 250, 251, 254
라하 255
란창(瀾滄) 21, 22
란창강(瀾滄江) 13, 14, 21, 22
란창강수계 23
란창라후족자치현(瀾滄拉祜族自治縣) 13
랑터 85
랑티(浪堤) 36
량산(凉山) 185
량산이족자치주(凉山彝族自治州) 17
러뤄푸추(惹羅普楚) 20, 21
러양 191, 197, 220
렁숴강(楞梭江) 22
룽쯔룽바 138
뤄마 86
뤄메이 88, 239, 246, 247
뤄보 254
뤄비 88
뤄쿵 255

찾아보기 295

뤼예강(綠葉江) 22
뤼춘(綠春) 12, 15, 21
뤼춘현(綠春縣) 22, 29
리셴강(李仙江) 22
린안 248

마관(馬關) 16
마미 172, 237
마호강(馬湖江) 17
멍라(勐臘) 22
멍롄(孟連) 21
멍쯔(蒙自) 22, 251
멍쯔산 278
모장(墨江) 15
모장하니족자치현(墨江哈尼族自治縣) 13
모헤이 246, 252
문산(文山) 18
미니칸 219

바볜강(把邊江) 22
바옌카라산(巴顔喀拉山) 21
바오마 249
바이사강(白沙江) 17
바이훙 15
반주(盤州) 18
보나 255
부훙 88
비자산(筆架山) 23

샤오헤이강(小黑江) 22
서주(敍州) 17
스마오(思茅) 22
스쑤이호(什雖湖) 20, 21
스치(石七) 20, 21
스핑(石屛) 22, 241, 252

스핑현(石屛縣) 21
시멍(西盟) 21
시솽반나(西雙版納) 13
시준 249
신핑(新平) 22, 246
신핑이족다이족자치현(新平彝族傣族自治縣) 13
써어쭤냥(色厄作娘) 20, 21
쑹거 269
쓰마오(思茅) 15
쓰촨분지(四川分地) 23
쓰촨성 21
쓰퉈 255

아뤄어우빈(阿倮歐濱) 98, 100
아모강(阿墨江) 22
아무산(阿姆山) 38, 100, 111
아쑹 88
아이라오산(哀牢山) 5, 13, 20, 21, 22, 33, 38, 41
아이라오산맥(哀牢山脈) 100
아포리산(阿波黎山) 38
아피 86, 249
안남 18
안닝하(安寧河) 17, 21
야룽강(雅礱江) 17, 21
약수(若水) 17
양수데 86
양저성 136
어미 212, 220
얼하이(洱海) 16, 21
연산(硯山) 18
와자 250
요주(姚州) 17
우량산(無量山) 13, 22
우산산맥(巫山山脈) 23
워니 191, 194, 220

296 하니족 창세서사시 『열두거리』

워룽룽포 138
웨이산현(巍山縣) 22
위수(玉樹) 22
위시(玉溪) 12, 22, 246
위안강(元江) 100
위안장(元江) 15, 22, 246
위안양(元陽) 12, 15, 22, 24, 34, 41, 259
위안양현(元陽縣) 29, 36
위안장하니족이족다이족자치현(元江哈尼族彝族傣族自治縣) 13
윈구이고원(雲貴高原) 23
윈링산맥(雲嶺山脈) 23
육조산(六詔山) 18
의빈현(宜賓縣) 17
이뤄와디강수계(伊洛瓦底江水系) 23
이주(梨州) 18

자눠강(扎糯江) 22
장와이 217
장청하니족이족자치현(江城哈尼族彝族自治縣) 13
장청현(江城縣) 21
전(滇) 18
전위안(鎭沅) 15, 22
전위안이족하니족라후족자치현(鎭沅彝族哈尼族拉祜族自治縣) 13
젠수이(建水) 22, 197, 252
주강수계(珠江水系) 23
준터 237
진사강(金沙江) 17
진핑(金平) 15, 21, 22, 41
징구(景谷) 15, 22
징둥(景東) 22
징커우(箐口) 29
징훙(景洪) 22
쭤녕 254

창강수계(長江水系) 23
처구(車古) 36
처우 249
찬시고원(川西高原) 23
찬하(川河) 22
추슝(楚雄) 22, 261
취안푸좡(全福莊) 24
츠가거어우 86
친링산맥(秦嶺山脈) 23
칭니 86
칭짱고원(靑藏高原) 23
칭하이성(靑海省) 21

쿤밍 21

텅탸오강(藤條江) 22, 100
퉁하이 240, 248
퉁하이현(通海縣) 21
튀푸 86

페이바오진 138
푸얼(普洱) 12, 15
푸얼시(普洱市) 13, 21

하니스어 152
하사 264
하자비두지아러 91
허바 249
허커우(河口) 16, 21, 22
헝돤산맥(橫斷山脈) 23
헤이쉐 280
후니후나(虎尼虎那) 20, 21
훙아 191, 192, 220
훙아어우더어리 237
훙아쭝냥 98

홍하(紅河) 12, 14, 16, 22, 23, 41
홍허(紅河) 5, 15, 22, 41, 207, 216, 259
홍하수계 23
홍허하니족이족자치주(紅河哈尼彝族自治州) 13, 15, 21, 28
홍허현(紅河縣) 100
흑수(黑水) 17

| 인명 |

금빛 물고기 여신 33

당 현종 18
데마 33

라뎨 50
라미아무 288
루이투이레이 120, 121, 125, 126
룽누아서우 136
룽더우아사 136
룽보아여우 136
룽충뉴터우 55
뤄타지 50
리더 270
리자순(李家順) 41
리저루(李遮祿) 41
리정싱(李正興) 41
리칭루(李慶祿) 41
리커랑(李克朗) 41

맹곡오(孟谷誤) 18
모루 6, 59, 63, 64, 68, 71
모미(摩米) 6, 26, 29, 30, 34, 38, 47, 49, 50, 51, 78, 88, 89, 95, 102, 103, 118, 120, 121, 123, 124, 126, 166

모퇴쿠루서 66, 68, 72
미페이페이춰 32
밍옌차 32

바이쭈보(白祖博) 41
비추아마마쉐 79

샤벙 6, 59, 63, 64, 68, 71
서우뤄아추 55
송미워가 32
스미루이 119
스처 270, 272, 277, 281

아가 106
아랑 72, 73, 76
아보 87
아비양저 55
아왕 72, 73, 74, 76
아처커스예예모아마 89
아푸건러아춰 89
아피 스더쭝모 279
아피 훠바이훠구 288
안주이 33
앙마 31
양동부(楊棟附) 18
양저(仰者) 37, 199, 200, 202, 210, 214
어마(俄瑪) 33, 36
어우뉴 55, 86, 218
어우바 55, 86
어우비지모 55
어우훙란이 288
어쭈이(俄咀) 167
옌뎨 33
옹번벙랑 32
왕가충(王伽沖) 18

왕낭기(王郞祁) 18
워추이루이 32
이모란마 6, 49, 51, 54
이사란하 6, 49, 51, 54
이처(奕車) 37

자오관루(趙官祿) 41
장구령(張九齡) 18
장뉴랑(張牛郎) 41
저이저처 55
젠서우 98
주비라사 6, 45
주비아룽 6, 45
중밍옌 32
줴마 152, 172, 237
줴처 152, 172, 236, 244, 248, 254, 256
줴충 152, 172

차시티 32
찬인철(爨仁哲) 18
추이루이중 32
취이 199
츠가거어우 216

커아 55
커저 55

탕파 33
투훠사(涂伙沙) 41
티시리 32

허쩌메이팡 55
황스룽(黃世榮) 41

| 민족명 |

강(羌) 17, 125
거허(各和) 15
고강(古羌) 130
궈춰(鍋銼) 15
나면(羅緬) 15
나비(糯比) 15
나시족 122, 125, 130, 232
뉘메이(糯美) 15
뉘비(糯比) 15

다이족(傣族) 14, 74, 82, 86, 88, 107, 109, 110, 144, 238, 245, 246, 251, 252, 277, 279, 287
둬니(多尼) 15
둬타(多塔) 15

라미(臘米) 15
라바이(臘白) 20
라보인(臘伯人) 190
라후족(拉祜族) 14
로필(路弼) 15

먀오족(苗族) 14
모쏘인 122

바이족(白族) 14, 16
바이훙(白宏) 15, 271
백월족(白越族) 16
보나 252
부랑족(布朗族) 14
부자오(補角) 15
부쿵(布孔) 15
비웨(碧約) 15

찾아보기 299

서이만(西洱蠻) 18
스두(市都) 15
시모뤄(西摩洛) 15

아니(俄泥) 15
아니(阿泥) 15
아목(阿木) 15
아무(阿木) 15
아쉬(阿梭) 15
아이니(愛尼) 15
아이뤄(艾羅) 지파 29
아적(阿迪) 18
알니(斡泥) 15
야니(雅尼) 15
야오족(瑤族) 14, 16, 82, 88, 246, 251
어누(哦怒) 15
예처 199, 207, 238, 243, 246, 247, 288
예처인 239
와니(窩泥) 15
와족 166
왜니(倭泥) 15
요자(僚子) 18
이어지계(彝語支系) 17
이족(彝族) 14, 16, 41, 50, 74, 82, 88, 107, 144, 178, 188, 238, 246, 251, 253, 277
이처(奕車) 15
이처인(奕車人) 28, 36, 167, 169

잡타(卡惰) 15
좡족(壯族) 14
지눠족(基諾族) 178
징포족(景頗族) 178

치디(期弟) 15

카둬(卡多) 15
카볘(卡別) 15

타탑(惰塔) 15
토번(吐番) 17
티베트족 125

푸라 106, 238, 243, 247, 251
필약(畢約) 15

하니(哈尼) 15, 274, 277
하니족(哈尼族) 5, 12, 14, 15, 18, 21, 26, 32, 35, 38, 41, 107, 125, 166, 247, 251, 253
하어우(哈歐) 지파 29
하오니(豪尼) 15
하우-(哈烏) 15
하이니(海尼) 15
한족(漢族) 14, 74, 82, 88, 107, 144, 238, 241, 245, 251, 274, 279, 287
합니(哈尼) 15
허니(和尼) 15
현화만(顯和蠻) 17
화니(和泥) 15
화니(禾泥) 15
화만(和蠻) 15, 18
화이(和夷) 15, 17
후이족(回族) 14

| 작품명 |

두다나가(杜達納嘎) 40, 39, 182

만서(蠻書) 운남관내물산(雲南管內物產) 24
무디미디(牡底密底) 39, 44

무스미가(牡實米憂) 39, 40, 174
무푸미파(牡普謎帕) 39, 58
물고기 조상신이 산으로 올라오다(祖先神上山) 19

벽옥잠(碧玉簪) 70

사기(史記) 24
상서(尙書) 우공(禹貢) 17
서남이열전(西南夷列傳) 24
수경주(水經注) 17
신당서(新唐書) 남만전(南蠻傳) 17
쓰피헤이저(斯批黑遮) 20, 34

아짜둬라(阿扎多拉) 39, 40, 114
아쯔쯔더우(阿資資斗) 39, 40, 98
아카짠(阿卡贊) 19
아페이아다아이(阿培阿達埃) 19
아포양저(阿波仰者) 19
아피쑹아(阿匹松阿) 39, 40, 130
앙사시쓰(昂煞息思) 19, 39, 40, 78
야니야가짠가(雅尼雅嘎贊嘎) 19, 182
열두거리(十二奴局, 스얼누쥐) 5, 6, 12, 19, 38, 41
옌번훠번(煙本霍本) 18
왕쭈이다마(汪咀達瑪) 39, 40, 224
우공추지(禹貢錐指) 17
워궈처니궈(窩果策尼果) 18, 36
워번훠번(窩本霍本) 18
이주의 슬픈 노래(遷徙悲歌) 20

자치통감(資治通鑑) 당기(唐紀) 17
줴마푸더(覺麻普德) 39, 40, 152
줴처리쭈(覺車里祖) 39, 40, 236
지로경(指路經) 34, 168

차무(查姆) 50, 66

천지인귀(天地人鬼) 32
칙안남수령찬인철등서(勅安南首領爨仁哲等書) 18

푸가나가(普嘎納嘎) 19
푸야더야쭤아(普阿德阿佐阿) 19

하니 조상이 강을 건너오네(哈尼祖先過江來) 19
하니아페이충포포(哈尼阿培聰坡坡) 19, 31, 120, 182
하니족의 옛 노래(哈尼古歌) 32, 36
하니하바(哈尼哈巴, 하니족 옛 노래) 39, 41
한비자(韓非子) 해로(解老) 60
한서(漢書) 지리지(地理志) 17
휘지라지(伙及拉及) 39, 40, 258

| 의례 및 기타 |

'개년문(開年門)' 의례 30
가카 55
계관모(鷄冠帽) 240
궈춘리(郭純禮) 41

나미두허 71
니마(尼瑪) 27

다두다 101
다랑논 5, 12, 14, 23, 33, 259, 286
다부스(打不死, 죽지 않는 꽃) 37
독목인(獨目人) 50
둬자오둬(多交奪) 28

먼궈주 168
모추(摩秋) 28, 29, 166, 182, 187, 188, 193, 212, 281
모추 타기 의식(摩秋儀式) 29
모춰춰(莫搓搓) 35

모피(莫批) 27, 34
문착 116
미구(咪谷) 29

버섯집(蘑菇房) 5
베이마(貝瑪) 27, 89, 130, 134, 136, 139, 169, 178, 193
베이자아마 48
분수석(分水石) 24

산가 179
소의 날(牛日) 31
수동과 64
숲의 신(樹林神) 26
시월년(十月年) 28

아푸 183
아피 87
앙마미자(昂瑪咪紮) 31
앙마아오(昂瑪奧) 31
앙마장(昂瑪章) 31
앙마쭝(昂瑪棕) 31
앙마투(昂瑪突) 25, 28, 30, 171
양아나 278
어우카 55
어추 48
용담 68
용(龍)의 날 26
용수(龍樹) 25, 187
용수림 212
용신(龍神) 26, 31
용의 날(龍日) 29, 31
용주 187, 193
웨이쭈이 166, 167, 270, 271, 277, 281
유월년(六月年) 28

자고 33
자러터(扎勒特) 28, 29, 166
장가연(長街宴) 27, 28, 29, 30
장인 134, 136, 141
저이(者奕) 왕 37
제룡(祭龍) 의식 25
제룡절 31
조롱박 49, 59
족장 134, 135, 139
즈자오바(知交把) 28

차이바바(踩粑粑) 31
찹쌀바바 168, 169

커자 281
쿠자자(苦扎扎) 28, 166, 169, 182, 188

파창(帕常) 38
푸마(普瑪) 27, 164, 187, 192, 212
푸마미자(普瑪迷紮) 31
푸마투(普瑪突) 31

하무 54
호랑이 날(虎日) 31

연세대학교중국연구원신화연구소
민족신화번역총서 006

하니족 창세서사시 『열두거리』

초판1쇄 발행 2025년 9월 23일

엮어옮김 이석구

주간 조승연
편집·디자인 오경희·조정화·오성현·신나래·박선주·정성희
관리 박정대

펴낸이 홍종화
펴낸곳 민속원
창업 홍기원
출판등록 제1990-000045호
주소 서울 마포구 토정로 25길 41(대흥동 337-25)
전화 02) 804-3320, 805-3320, 806-3320(代)
팩스 02) 802-3346
이메일 minsokwon@naver.com
홈페이지 www.minsokwon.com

ISBN 978-89-285-2174-6
S E T 978-89-285-0605-7 94380

ⓒ 이석구, 2025
ⓒ 민속원, 2025, Printed in Seoul, Korea

이 책은 저작권법에 따라 보호를 받는 저작물이므로 무단전재와 복제를 금지하며,
이 책의 전부 또는 일부를 이용하려면 반드시 저작권자와 출판사의 서면동의를 받아야 합니다.